中国财政科学研究院年度智库报告

解析经济V型复苏

中国经济运行分析与形势展望报告（2021）

宏观经济形势分析课题组
著

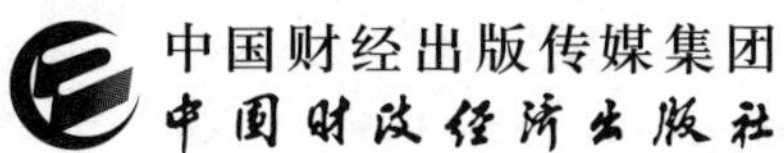

图书在版编目（CIP）数据

解析经济V型复苏．2021：中国经济运行分析与形势展望报告／宏观经济形势分析课题组著．-- 北京：中国财政经济出版社，2021.4
（中国财政科学研究院年度智库报告）
ISBN 978-7-5223-0445-8

Ⅰ.①解… Ⅱ.①宏… Ⅲ.①中国经济–经济运行–研究报告–2021 Ⅳ.①F123

中国版本图书馆CIP数据核字（2021）第050183号

责任编辑：闫　娟　李肇晗　　　　责任校对：徐艳丽
封面设计：陈宇琰

解析经济V型复苏
——中国经济运行分析与形势展望报告（2021）
JIEXI JINGJI V XING FUSU
——ZHONGGUO JINGJI YUNXING FENXI YU XINGSHI ZHANWANG BAOGAO（2021）

中国财政经济出版社出版
URL：http：//www.cfeph.cn
E-mail：cfeph @cfemg.cn

社址：北京市海淀区阜成路甲28号　邮政编码：100142
营销中心电话：010-88191537
天猫网店：中国财政经济出版社旗舰店
网址：https：//zgczjjcbs.tmall.com
北京财经印刷厂印刷　各地新华书店经销
成品尺寸：185mm×260mm　16开　18印张　232 000字
2021年4月第1版　2021年4月北京第1次印刷
定价：88.00元
ISBN 978-7-5223-0445-8
（图书出现印装问题，本社负责调换，电话：010-88190548）
本社质量投诉电话：010-88190744
打击盗版举报热线：010-88191661　QQ：2242791300

宏观经济形势分析课题组

指　导：

刘尚希　中国财政科学研究院院长，研究员

组　长：

石英华　中国财政科学研究院宏观经济研究中心主任，研究员

成　员：

王志刚　中国财政科学研究院宏观经济研究中心副主任，研究员

张　鹏　中国财政学会秘书处副处长，研究员

王宏利　中国财政科学研究院宏观经济研究中心 研究员

武靖州　中国财政科学研究院宏观经济研究中心 研究员

苏京春　中国财政科学研究院宏观经济研究中心 副研究员

李承怡　中国财政科学研究院宏观经济研究中心 助理研究员

刘　帅　中国财政科学研究院宏观经济研究中心 助理研究员

张　帅　中国财政科学研究院宏观经济研究中心 助理研究员

刘天琦　中国财政科学研究院宏观经济研究中心 助理研究员

吉　嘉　中国财政科学研究院宏观经济研究中心 博士后

新阶段宏观经济形势分析要有新逻辑、新思维

（代序）

刘尚希

一、经济数字化、经济金融化的趋势下，传统理论的局限性凸显

从经济运行的基础来看，宏观经济呈现出两大变化。其一是经济数字化，其二是经济金融化。这两者叠加，相互演进，使经济运行由原有的实体状态转向虚拟状态，这与过去说的“虚拟经济”不是一码事。在这种趋势下，供求关系、定价机制以及资产负债等都具有了新的不同于传统教科书所界定的内涵外延，都难以用传统的理论来进行阐释。例如，运用原有的货币和债务定义、运行特征和影响机制来解释、理解现在的问题有很大局限性。

货币是一种资产，既有“数量”多寡，也有“状态”变化。按照我们传统的定义，货币就是一个价值尺度，是一个交易媒介。随着货币化、市场化，尤其是转向金融化，货币的功能结构在发生变化，货币的持有者对货币的态度或认识其实也在发生变化。货币不只是一个流通手段，它既具有货币的性质，也具有资产的性质。长期以来，学界对于货币只有“数量”概念，没有“状态”概念，基于一种确定性的无条件同质化假设。从数量的角度来说，货币超发了就会涨价，但若是从货币状态的角度来理解，货币超发也不一定出现所谓的通货膨胀。

若用水来比拟，货币存量在不同宏观条件下会呈现出三种状态。一般状态下，货币就像水一样，流动性很强；在经济过热的情况下，货币就像蒸汽一样，水变成蒸汽，货币运动就会加快，即使没有增发货币，也会出现所谓通胀。但是在经济过冷的情况下，就像是气温下降，接近零度，货币就变成半水半冰，甚至变成冰的状态。在这种状况下，流动性就会降低很多，需要增发货币才能维持经济运行。

我们过去假定宏观环境是相对确定的，或者公共风险水平是一定的，在这种情况下，观察货币运动，可以只考虑货币数量，而不需要考虑货币状态。但如果宏观条件发生变化，就不仅要考虑货币数量，更要考虑货币状态。若把货币状态这个情形包括进来，货币数量论就只是一种特殊情形罢了，货币多了就会导致通胀，这个结论不具有普遍意义。货币作为一种短期无风险资产，和其他资产可以进行替换，形成一种与风险结构相匹配的资产结构。持有一定的货币资产，也是防范风险的一种措施。出于资产配置的需要，资产结构的调整会使货币存量的扩张不会导致通胀。

债务与利率是直接相关的。当利率降到很低，甚至接近于零的时候，债务本身直接就变成了资产。我们知道，在企业资产负债表里，资产=负债+所有者权益，企业的一部分资产是由债务转化而来的。在利率为零的情况下，债务本身就是零收益资产，根本就不需要转化；若利率为负，债务反转成为有收益的资产。在这种情况下，债务本身已经资产化了。我们说债务高了，杠杆率高了，会引发金融风险，这往往是忽略了利率的一种逻辑推断，或假设利率任何条件下都大于零，不等于零，也不是负数。

利率下降或是上升，过去是由供需关系来决定的，就是资金的定价是由资金的供求关系来决定的。但在不确定性很大的环境下，定价、尤其是金融产品定价，主要是依据风险来定价。从这一点来看，在公共风险水平很高的条件下，资产与负债、货币与通胀之间的关系已经发生了根本性转变。用传统的理论来解释它们之间的关系，并以此来观察当前的经济形势，很可能会产生误判。

二、观察当前的经济形势与宏观政策需要有新的思维和视角

未来经济增长潜力来自非实体的新经济。经济数字化、金融化的情况下，原来存在于物理世界的农业、工业、服务业等旧经济，越来越沉淀为发展的基础。未来发展的真正潜力，可能在虚拟化的新经济当中。工业和制造业依然很重要，它是一个国家经济的基础，但不再是增长的主导者。经济增长的潜力已经从工业化转移到数字化、金融化。

宏观政策的逻辑转向公共风险权衡。当前宏观政策的内在逻辑也发生了突破性变化，就是从传统的需求管理逻辑，即社会总供求平衡转向了公共风险的权衡。这个逻辑的转换，意味着不仅仅要从短期来考虑经济运行的波动怎样被抑制、即所谓的逆周期调节，现在更为需要的是权衡风险。财政政策、货币政策其实就是以风险去对冲风险。当通货膨胀风险很小的时候，货币政策的对冲力度就可以跳出传统的框架。能否跳出老套路，关键是如何认识、判断公共风险——赤字债务风险、通货膨胀风险。从这个角度去分析宏观政策，赤字率、债务率、货币超发等基本问题和宏观变量，恐怕需要重新定义新的规则。因此，要基于新经济的新逻辑去研究新阶段的宏观经济走势及政策，要结合宏观环境的变化，重新思考财政、金融乃至宏观经济中的问题，尤其是预期和风险的问题。

目录

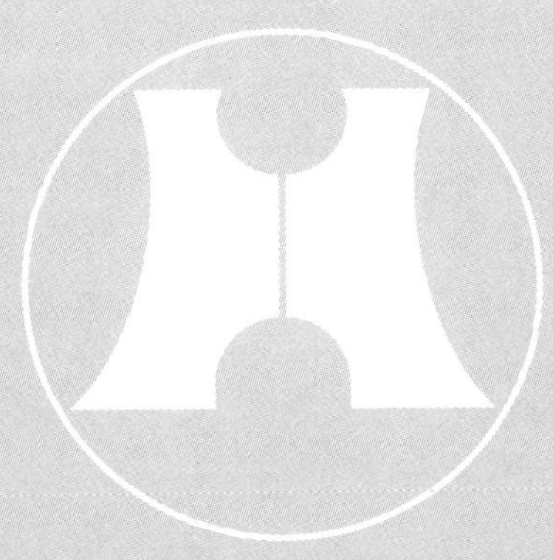

畅通双循环，
宏观调控应避免“三化”

执笔：刘尚希　石英华

结合数据分析，我们认为，经济复苏短期可期，中长期影响循环畅通的公共风险成本仍居高不下，长期可持续发展的隐忧值得关注：实体经济营利能力长期来看受低附加值和高成本双重制约；消费提振受制于收入预期和分配差距；投资增速趋缓和边际报酬率递减；全球来看高杠杆与经济衰退并存。现有宏观调控模式在应对中长期风险等方面有待改进。应对新发展阶段的全新挑战，实现双循环发展，宏观调控要避免“三化”：微观化、地方化、避邻化，以为经济社会领域协同改革、协调发展创造条件。

一、经济复苏短期可期，中长期可持续发展的隐忧值得关注

总体上看，经济仍是恢复性增长，内外循环畅通仍存阻滞，经济内生动力不足，观望情绪普遍，投资、消费行为依然谨慎。

从中长期看，实体经济营利能力受低附加值和高成本双重制约。制造业受关键技术、创新能力、高品质供给等方面的制约严重，低附加值和高成本形成对制造业的双重约束。

消费提振受制于居民收入预期和分配差距。从整体和长期看，城乡二元

社会结构导致的社会权利不平等，使分配差距的缩小受到硬约束，直接制约国民消费率。2019年中国基尼系数为0.469，处于较高水平。我国收入分配还呈现城乡居民收入差距大、收入增长缓慢、财产性收入占比提高等三大结构性问题，直接拖累国内消费需求的释放。2014—2018年中等偏上、中等、中等偏下收入组的收入增速持续下行。2013—2019年，中国居民人均财产净收入增长率明显高于可支配收入增长率，其占比提高至15.2%，会导致富者更富。

投资增速趋缓和边际报酬率递减。我国经历了很长时间的建设黄金期，以土木为主的基础设施急剧扩张期已过，传统工业投资的空间很小，资本密集型产业将逐步被技术密集型、知识密集型产业所替代，从中长期看，投资增速将趋缓。2009年，固定资产投资增速达30.4%，十年后的2019年仅为5.4%。2010—2019年，资本形成率一直在45%左右，而经济增速不断下降，这说明投资效率在不断降低。GDP每增长一个百分点比过去需要更多的投资，而投资增速同时下行，反映在宏观上，就表明经济增长的难度更大了。

高杠杆与经济衰退并存，全球已处于金融危机边缘。疫情的后续发展可能催化全球金融体系多年累积的脆弱。全球范围内企业债务占GDP比重已达到历史高位，部分国家公共债务水平同样经历了大幅提升，全球遭遇债务杠杆快速上升与经济深度衰退并存的脆弱局面。政府与企业不断增高的杠杆率将使宏观政策空间日渐收窄，全球处于经济金融危机的边缘。

二、畅通循环，激发活力，宏观调控应避免“三化”

要化解中长期可持续发展的隐忧，一个重要的方面，就是要改进政府现有宏观调控模式，提升其在应对中长期风险方面的能力。促进双循环发展，宏观调控要跨周期调节，必须努力避免“三化”：微观化、地方化和避邻化，以为经济社会领域的协同改革、协调发展创造条件。

（一）避免宏观调控微观化

与以往相比，当前经济在复苏过程中面临的最大障碍是公共风险转化而来的社会成本和交易成本迅速增大、而且呈现中长期化的趋势，如疫情防控带来的额外成本、产业链供应链改变带来的交易成本、投资和消费行为转向收缩带来的供给成本等等都呈明显上升势头。在这种具有高度不确定性的宏观环境下，企业预期模糊、不稳定，其创新活动也会大幅度收缩，经济附加值也难以提高。

在这种情况下，针对微观主体成本的减负政策措施和创新的激励措施只具有临时效应和局部效果。好比池塘的水出现了问题，而只是针对一条条鱼去施救，其效果是有限的。这时候需要的是换水，改变鱼生存成长的环境。也就是说，只有对冲公共风险，降低公共风险水平，微观经济活动才会舒展开来，成本利润率才能提高，经济循环的宏观条件才算具备。不言而喻，宏观调控应聚焦于公共风险，回归到“宏观”这个本原，才能真正实现“六保”和“六稳”。

传统的宏观调控思路主要是调节“实体变量”，如投资、消费、货币供应等，且日渐微观化，这样的政策当前虽有必要，但效果不佳，况且也难以转向着眼于长期的跨周期调节。面对宏观不确定性和公共风险，宏观政策要更加注重调节“虚拟变量”，如投资预期、消费预期、营商环境预期等，把改善企业的中长期预期置于宏观调控的中心。市场主体的预期是公共风险和市场变化的函数，政府应干预的是公共风险，而不是市场变化。在调控方式上，对冲公共风险，注入宏观确定性，需要集成性、组合型、规模性的政策。若是宏观调控政策过于部门化、分散化，过多、过频，以精准的名义微观化，政策效果通常是一次性的，像是投入水中的石头过一会儿就归于平静，难以改善未来预期，甚至会使市场主体对政策“大礼包”产生等待和依赖的心理。同时，把宏观调控政策纳入法治化轨道，纳入改革方案当中，更有利于对冲公共风险，注入确定性，为市场主体提供自救和创新的预期。

（二）避免宏观调控地方化

自2008年应对国际金融危机冲击以来，我国的宏观调控由中央与地方共同承担，且地方承担的分量越来越重。这与我国之前的宏观调控和国际通行做法是不一样的。从我国实际出发，临时性地让地方适当承担一些宏观调控责任是可以考虑的选项，但若宏观调控越来越多地交给地方承担，则其宏观效果将会随之加速递减，甚至会演变为各级政府的行政行为，在市场上产生挤出效应，并给其带来更大的不确定性。

在中央应对疫情冲击的“六保”综合部署中，既有宏观调控的内容，也有社会支持的内容。对于社会支持政策，在社会一体化不够的条件下，无疑更多地要依靠地方来落实，如基本民生保障；而对于宏观经济政策，则应更多地由中央来实施（不只是决策）。若过多地通过地方来实施宏观调控，如大幅度扩大地方赤字和债务、地方融资担保、地方政府基金以及地方改变规划、临时大量增设项目等等，难以产生宏观效果。这从中长期来看，可能导致更大的公共风险，引发市场的疑虑。由于不同级次政府的治理能力不同，特别是处置和对冲风险的能力不同，即便是配置了足够的资金，宏观调控事项也不宜固化为地方承担。宏观调控地方化，可能强化区域之间的博弈，影响经济社会要素的自由流动和配置，对经济一体化和社会一体化的相关改革产生妨碍，降低潜在增长率和全要素生产率。对此应高度关注和重视。

（三）避免风险防范的避邻化

避邻效应（Not-In-My-Back-Yard）是环保、健康领域的名词，指居民或在地单位因担心核电厂、垃圾场、殡仪馆等建设项目对身体健康、环境质量和资产价值等产生诸多负面影响，从而产生嫌恶情结，滋生“不要建在我家后院”的想法，进而采取高度情绪化的集体反对甚至抗争行为。在疫情防控中，曾一度产生了严重的区域避邻行为。

在宏观调控中也存在类似的“避邻化”倾向。各部门和地方对问题、风险和成本的局部考虑、本位思维和风险规避倾向，导致各级各部门都在避免问责，而不是在承担风险。这样一来，可能导致宏观政策难以达到对冲风险的目标，而是转移风险、转嫁风险和隐藏风险，风险表面上被控制，实质上是“风险大锅饭”，等到风险暴露，最终靠中央财政来买单。为更好地解决经济社会领域面临的中长期问题，宏观调控中要防范这种避邻效应，建立系统的公共风险防范化解机制。

（四）宏观调控要助力经济、社会领域的协同改革

我国经历改革开放40余年的经济发展奇迹，经济发育快于社会发育，经济改革也快于社会改革。随着技术创新的突飞猛进、城镇化进程的加速、老龄化程度的加深，社会改革发展与经济改革发展相互掣肘、脱节日益凸显。从长期可持续发展来看，当前迫切需要塑造“人力资源是第一资源”“创新是第一动力”的体制载体。就此而言，当前社会领域的改革变成了前置条件，变得比经济领域的改革更重要了，人力资源的优化配置是创新的条件，也变得比物质资源的优化配置更重要了。宏观政策要更多地考虑人力资本的积累及其机会公平，并为此创造条件，促进效率与公平的长期融合，而不是钟摆式地调整两者重要性排序来兼顾。

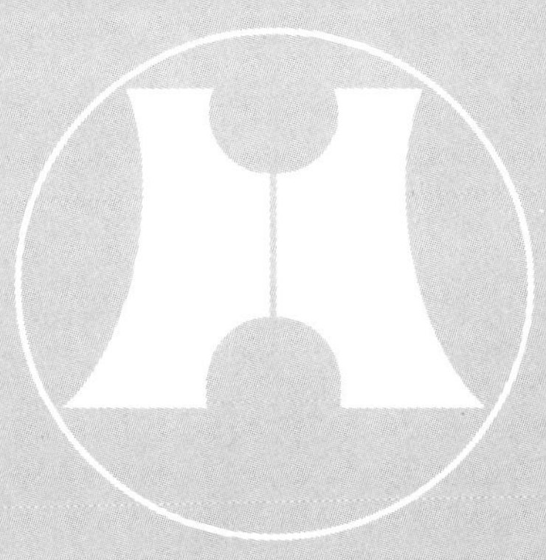

经济复苏态势延续，稳定各方预期是关键

执笔：石英华

2020年12月的一系列经济活动指标显示，与工业和建筑相关的活动基本正常化，但消费，尤其是服务类消费仍有待进一步恢复。12月工业增加值同比增长7.3%，比上月增加0.3%；固定资产投资累计同比增速为2.9%，较11月低0.3%；社会零售总额同比增速放缓至4.6%，较11月降低0.4%，也低于市场预期。2020年第四季度我国GDP同比增长6.5%，比三季度提高1.6个百分点，全年GDP增长2.3%。

一、2021年中国经济有望延续复苏向好态势

从中长期看，随着构建以国内大循环为主体、国内国际双循环相互促进的新发展格局，扩内需、促消费政策将持续起效发力，消费市场稳定恢复的基础将更加牢固，有望延续回升向好态势。支持科技创新和产业升级的政策将为经济增长注入新动能，土地、劳动力、资本、技术、数据等要素市场化改革等方面的政策红利逐步释放。供给侧结构性改革深化、营商环境进一步优化，有利于市场主体活力激发，企业盈利能力将逐步修复，支持中国经济稳步复苏。随着国民经济持续稳定恢复，服务业转型升级有望深入推进，新动能进一步激

发，发展潜力显著增强，这些因素都将有利于“十四五”良好开局。

从短期来看，有利因素包括：疫苗研发生产的积极进展，国内疫情的有效防控，宏观政策保持延续性和稳定性，操作更精准有效、不急转弯，保持必要的支持力度。这些都将为我国经济的持续向好提供支撑。

预计2021年中国经济增速呈现前高后低格局，全年经济增速约为6.5%—7.5%，一、二、三、四季度的GDP增速预计处于8%—8.5%、7%—8%、6%—7%、6%—6.5%，其中GDP的基数效应在3个百分点左右。

二、预期不稳仍是当前需要关注的重点

2020年经济恢复主要来自政策外力推动，中央和地方政府出台一揽子政策，有效对冲疫情冲击，明显上升的基建投资和宽松的货币信贷仍是促进经济恢复的主力。经济内生动力不足，经济复苏基础尚不稳固。市场主体预期不稳，民营经济投资萎靡，用工需求增长难，就业改善效果不佳；居民预期不稳，低收入人群收入预期不乐观，消费乏力。中高收入人群预防性动机强化，边际消费倾向降低。产业、市场与经济社会之间、金融与实体经济之间、供给和需求之间的良性循环仍未形成，国际国内两个循环受全球疫情的严峻形势影响仍存在阻滞。2021年经济增长面临新的不确定性。新发展格局下，畅通循环需要从宏观微观方面打通堵点、断点。预期不稳仍是当前政策和改革需要关注的重点。

（一）市场主体的投资预期不稳

我国工业处于持续的报酬递减趋势中，有效投资增长乏力。2020年工业

经济持续稳定恢复，企业生产经营明显改善。疫情及其衍生风险的不确定性仍然影响企业经营效益和预期。海外疫情持续蔓延对产业链供应链稳定造成不利影响，国内疫情防控形势仍较紧张，企业应收账款较快增长和库存增加问题仍较突出。2020年末，规模以上工业企业应收账款16.41万亿元，比上年末增长15.1%；应收账款平均回收期为51.2天，比上年末增加5.8天；产成品存货4.60万亿元，增长7.5%；产成品存货周转天数为17.9天，比上年末增加1.2天。小微企业仍面临市场需求不足、成本上升的制约，工业经济全面恢复的基础尚不牢固。工业企业盈利在连续20个月负增长后在疫情状态下逆势转正，但当前的盈利修复局面还没有构建促进制造业投资实现较高速稳定增长的坚实基础。消费需求低迷将制约制造业的恢复和回升。服务消费受到抑制，服务业需求不足。近期我国北方的局部疫情和相关封锁措施预计会使服务业恢复的步伐放缓，其影响可能会延续至2月。

（二）外需的稳定预期尚未形成

考虑全球疫情持续蔓延，疫苗产能、接种意愿等因素，疫情对全球经济的负面影响仍将持续。疫情导致全球全要素生产率增速放缓、贫富分化加剧、逆全球化以及高杠杆等长期问题和矛盾进一步显化和加剧，全球经济呈弱复苏态势。2020年出口强势拉动，但2021年疫情仍然具有不确定性，外需的稳定预期并未完全形成。

（三）就业和收入预期不稳

消费的恢复有利于整体就业质量改善、收入预期稳定、社会保障体制完善和居民杠杆率水平的控制。从数据看，2020年保就业的目标完成了，但就业恢复的质量不佳，劳动力供需的结构性矛盾仍很突出，农民工、个体工商户就业群体的就业弹性偏大，就业恢复并没有很好地形成稳定的收入预期，也不利于消费需求的进一步释放。社会保障未能平等覆盖全体就业群体，流动人口的社会保障尚待进一步完善。收入分配差距较大，2019年基尼系数测算仍高于0.47。边际消费倾向高的低收入群体和消费潜力大的中等收入群体的收入增长预期差，以房地产贷款为主的居民杠杆率快速攀升，均对未来预期收入形成约束，对当期和未来的收入安排产生明显影响。

（四）地方政府的预期不稳

政府间财政关系处在改革进程中，政府间事权和支出责任调整频繁，不利于地方政府形成稳定预期。随着公共风险水平上升，发展的整体性、系统性越来越明显，地方政府事权与其治理能力不相匹配，在一些跨区域的事项上地方“小马”难拉“大车”。融资规范、严格问责下地方政府行为趋于保守，加上经济下行压力叠加疫情冲击，地方财政收入低位运行，财政支出刚性不减，财政收支矛盾更为凸显。这些都不利于地方政府的预期稳定。

三、稳定和改善预期仍是政策出台和制度改革的关键所在

预期是影响市场主体决策的基本要素，这一虚拟变量也是宏观经济理论和政策需要关注的核心变量。无论是北欧学派事前事后分析、凯恩斯学派比较静态分析、货币主义附加预期的菲利普斯曲线，还是新古典宏观经济学的理性预期学派，都体现了预期的重要性。2018年7月以来，中央政治局会议将“稳预期”列为“六稳”要求之一。

当前，经济复苏基础尚不稳固，城乡结构、产业结构、社会阶层结构快

速变化，东中西之间、南北方之间区域分化明显，身处其中的经济主体预期难稳。金融市场、要素市场不完善，传导机制不够畅通也会影响市场主体对风险的有效识别和市场预期的充分评估。特殊时期，各项政策措施出台多、频度密，宏观调控政策多项目标之间的冲突或不一致，也会引发预期不稳。疫情冲击与体制层面、政策层面和经济运行层面的变化相叠加，公共风险水平明显上升，稳定预期、改善预期是宏观经济治理的关键。这需要改革与政策相结合来实现。政策能在短期内救急和改善预期，而改革则能提振信心、引导预期，有利于长远发展。

（一）稳定和改善不同层次市场经济主体预期

在通过政策防控疫情和促进经济复苏的同时，还需加快改革与政策引导，改善不同层次市场经济主体的预期。一是改革科研投入和管理体制，强化国家战略科技力量，持续激发市场主体创新动力和活力，增强产业链供应链自主可控能力。二是进一步提速国有企业改革，加快混改，激发国有企业活力。三是完善产权等法律制度，保护民营企业家利益，为民营企业提供公平竞争的环境，增强民营企业家信心。四是通过产业政策、工业地图提供产业发展分类指导，促进大中小微企业之间的产业分工协调。

（二）稳定和改善不同收入群体的收入预期

1.加快推动户籍、社保制度改革。推动户籍制度变革，将社会保障体系与常住地挂钩，提升养老保障的统筹层次，扩大社会保障的覆盖面，从制度层面改善居民收入预期。

2.控制贫富差距扩大，稳定和改善居民收入预期。一是通过增加公共消费缩小消费差距。结合人口流动趋势优化公共服务的资源配置和服务供给，建立基本公共服务供给随人走、可携带的机制，增加教育、医疗、社保等领域的公共消费。适当增加公共消费，有利于促进人力资本的平等积累，提升创业就业的质量，改善居民收入预期。二是完善社会保障制度，增加低收入人群的收入，减少中低收入群体的养老和医疗支出，改善中低收入群体的收入预期，提高其消费意愿和能力。促进新市民群体融入城市，实现在城市生产、生活和消费，逐步扩大中等收入群体规模。三是通过落实保就业，促进稳就业，促进居民收入预期的稳定。四是合理有序地增加住宅建设用地有效供给，扩大人才住房和保障性住房有效供给，抑制房价的不理性上涨，削弱购房支出对消费的挤出效应。

（三）稳定各级地方政府预期

稳定各级地方政府预期，调动地方政府积极性，对于促进经济复苏增长、社会治理、生态环境保护至关重要。鉴于此，有必要综合考虑经济稳定、社会发展、生态环境改善、乡村振兴等因素，进一步推进中央与地方财政关系的改革。加快中央与地方财政事权与支出责任划分改革，逐步提高中央政府支出占整个支出的比重。健全地方税体系，合理调整中央与地方收入划分，保障地方政府基本的财政能力。稳定地方政府预期，调动地方的主动性和积极性。

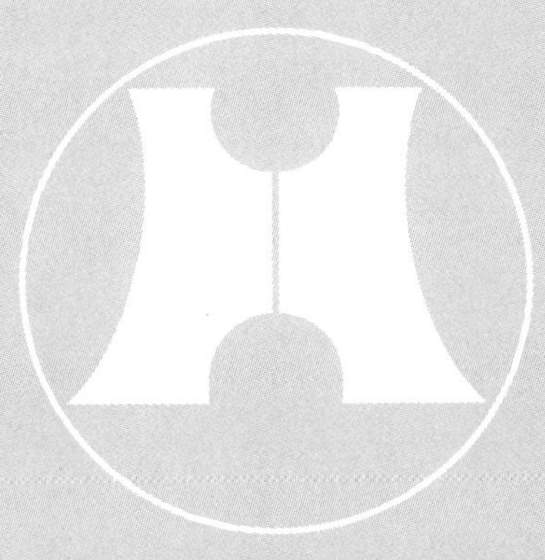

总报告：经济持续回暖，下行压力依然存在

——2020年经济运行分析及2021年经济形势展望

总撰：石英华

执笔：石英华、王志刚、张鹏、王宏利、武靖州、

苏京春、李承怡、刘帅、张帅、刘天琦、吉嘉

结合2020年全年的数据，报告分析了2020年经济运行及2021年经济形势展望。认为2020年中国经济复苏向好，但经济恢复基础尚不牢固。2021年中国经济持续回暖，下行压力依然存在。新冠疫情对全球经济具有深远结构性影响，世界金融市场较为平稳，货币政策维持宽松基调。主要的政策建议包括：全球看宏观经济政策短期应稳定支持力度，长期应推进经济结构改革；应对未来不确定性，我国积极财政政策需保持持续稳定，货币政策常态化须协调推进；政策和改革并举提振消费需求，稳定工业生产向好趋势，精准施策解决就业结构性问题；稳定和改善预期仍是政策出台和制度改革的关键所在。

一、2020年中国经济复苏向好，但经济恢复基础尚不牢固

受疫情冲击，2020年我国GDP同比增速回落至2.3%，第四季度我国GDP同比增长6.5%，比三季度提高1.6个百分点。经济发展稳中向好、长期向好的基本面没有变。但也要看到内外部环境存在不确定性，我国经济恢复基础不牢固，下行压力依然存在。

（一）居民消费反弹向好但不及预期

1.2020年消费运行基本特征。一是居民消费恢复慢于收入。2020年1—12月，全国居民人均消费支出实际累计同比下滑4%，同期居民人均可支配收入实际增长2.1%。居民消费恢复落后于收入恢复进度，不仅有疫情冲击因素的影响，更是体制性深层次因素所致。二是CPI转正，终端消费仍然低迷。2020年12月CPI同比增速转正，主要受到食品价格和油价支撑，核心CPI有所回落，终端消费依然低迷，居民消费信心依然不足。

2.2020年消费结构特点。一是消费升级短期遇阻。居民消费支出结构上，四季度延续三季度的基本趋势，消费升级[①]遇阻。2020年四季度居民在教育文娱、医疗保健和交通通信上支出累计同比增速进一步下挫，其中教育文娱消费远未恢复到往年同期水平。二是网上消费保持高增速，2020年再上新台阶。受“双十一”提振，2020年12月网上商品和服务零售额累计同比增速达10.9%，比三季度提高1.2个百分点。三是新能源汽车消费强劲，地产销售维持增长态势。根据中汽协统计，2020年，新能源汽车共销售136.7万辆，同比增长10.9%，增速较上年实现了由负转正。自2020下半年地产销售同比转正以来，房地产消费维持高景气度。主要原因包括：宽松货币政策刺激地产需求、疫情助推居民对住房品质改善需求、房地产融资新政下地产商加速资金回流而采取的各种促销手段。

（二）多方面原因导致2020年基建整体不及市场预期

2020年上半年，在疫情冲击之下，经济短期恢复到正常增速仍然需要依

① 从居民人均消费支出的角度看，按照消费特点可以分为两大类，一类是代表“消费升级”的交通通信、文教娱乐、医疗保健、居住等消费支出，另一类代表“基础需求”的食品、衣着、家庭设备及用品等消费支出。

赖投资，新旧基建相继发力是拉动投资增速回升的主要原因。2020年下半年以来，虽然投资累计增速首次实现年内正增长，但基建投资恢复速度进一步放缓，整体弱于市场预期，主要原因在于：第一，财政资金投放速度偏慢，导致基建资金从源头上受到制约；第二，专项债资金转化使用效力相对偏缓，项目落地的时滞因素可能导致专项债资金出现淤积；第三，其他项目对基建投资资金形成挤占；第四，缺乏满足专项债使用要求的、能够收益自平衡的项目。

（三）2020年进出口整体景气度回升

2020年，我国外贸进出口从一季度大幅震荡、二季度快速回稳到三季度全面反弹，再到全年稳步增长，进出口规模和国际市场份额再创历史新高。从出口来看，出口维持高景气，高新技术产品贡献持续提升。2020年国内出口增长强劲，且已经明显带有全球贸易复苏的迹象，全年出口防疫物资先升后降，传统优势产品出口继续保持增长，出口主要矛盾未来也将更加集中在常态结构中。从进口来看，我国国内超大规模市场优势明显，为扩大进口提供了有力支撑，其中我国新能源汽车、工业制造等行业的高景气，国内增长动能修复带动的需求较好，带来较强增量效应。

（四）2020年制造业生产持续上升

1.制造业生产领跑2020年全年经济复苏。第一，2020年第二产业恢复进度快于第三产业。2020年全年，以制造业为主的第二产业GDP增速2.6%，高于整体GDP增速0.3个百分点，高于第三产业增速0.5个百分点。这是2013年以来，第二产业GDP增速首次超过第三产业，在三次产业中引领经济增长。第二，制造业生产全年恢复进度较快。2020年一季度结束以来，规模以上制造业企业增加值当月同比增速逐月提升，11月达到7.7%，12月持平，高于去年同期水平；累计规模增速在第一季度曾大幅下滑10.2%，但也已在7月转正，2020年全年规模以上制造业企业增加值累计增长3.4%。第三，制造业生产恢复的结构性特点：国资稳健、民营及外资反弹强劲、高技术产业引领作用明显。

2.制造业盈利及投资情况的总量表现与结构性表现。第一，工业企业盈利在连续20个月负增长后在疫情状态下逆势转正。自2019年1—2月规模以上工业企业利润总额下滑14%以后，工业企业盈利一直处于负值区间。但是，在疫情冲击的不利条件下，2020年1—10月规模以上工业企业利润总额累计同比增速转正为0.7%，1—11月继续提升至2.4%，工业盈利实现修复。第二，制造业投资恢复进度略滞后于盈利修复进度。2020年，全社会投资恢复的进度也较制造业投资要快，全年增速2.9%，较制造业高出5.1个百分点。所以，当前制造业投资虽在恢复中，但恢复进度还是略滞后于盈利修复进度。第三，制造业投资修复的结构性特点。2020年，制造业内部各行业投资呈现分化。在制造业细分行业中，有5个行业的投资增速为正，分别是医药制造业（27.3%）、钢铁冶炼加工（25.4%）、计算机等电子设备制造（14.5%）、石油煤炭加工（6.1%）和废弃资源综合利用业（2.2%）。而其他大部分行业的投资下滑程度较为剧烈。这些行业连接制造业的中上游，也连接着消费端，其投资疲软是当前需求不振的体现，也会使下一阶段的生产受阻。

（五）能源供应保障能力稳步提升，结构性矛盾依然突出

1.能源供应逐步提速。2020年，全年生产原煤38.4亿吨，比上年增长0.9%；生产原油1.95亿吨，比上年增长1.6%，进口原油5.4亿吨，比上年

增长7.3%；生产天然气1888亿立方米，进口天然气1.02亿吨，比上年增长5.3%；发电74170亿千瓦时，比上年增长2.7%。

2.能源消费恢复常态。2020年，全年煤炭销量约35.3亿吨，比上年增长1.6%；全社会用电量75110亿千瓦时，比上年增长3.1%。截至11月，天然气消费量为2911亿立方米，同比增长5.8%。除原油加工品外，各类能源消费已恢复常态。但是，原油加工品消费呈现出不同走势。

3.能源结构性矛盾依然突出。首先，原油对外依存度仍然较高。2020年全年生产原油1.95亿吨，但进口原油5.4亿吨，约为前者的2.8倍。其次，煤炭供应紧张。2020年，很多北方地区比往年提前启动供暖，用煤需求出现较快增长，但煤炭供应呈现紧平衡状态。最后，煤电占比仍然较高。尽管“十三五”期间，可再生能源发电的占比逐步提升，但整体占比依然低于30%。

（六）交通运输物流业平稳恢复，疫情或延缓行业全面复苏

1.交通运输经济总体平稳，基本面持续向好。交通客运量与货运量持续增加，反映经济持续平稳复苏迹象。2020年运输业销售收入同比增长9.6%。快递业务稳步上升。随着复工复产有序推进，社会消费品零售总额逐步增加，激发了快递业潜力。新服务业态及非接触式消费快速发展，促进物流企业活力显著增强。

2.交通运输经济风险未消，疫情压制复苏势头仍在持续。一是疫情反复延缓交运行业全面复苏，拖累经济持续复苏。国外疫情二次爆发叠加国内疫情风险升级，削弱了交通物流业强劲回归势头。受疫情影响，12月服务业生产指数增速下降0.3%，持续改善被迫中断。二是成本偏高，小微企业再度承压。交运行业小微企业运行成本高企，威胁供应链安全稳定。该行业小微

企业成本指数处于高位区间，风险指数持续上升，小微企业复苏延缓。三是投资增长低位徘徊，经济复苏新引擎缺位。传统基础设施固定资产投资持续走低，疫情爆发后更凸显。运输及邮政业民间固定资产投资同比为负，民营企业信心不足。同时，新基建占比小，难以成为经济复苏的中坚力量。

（七）消费不足致CPI下行，生产恢复促PPI回升

2020年CPI增速呈下滑趋势。1月后CPI累计同比增速持续下降，月度同比增速虽小幅波动，但整体呈较快速下降趋势。12月，CPI当月同比增速降至0.2%，虽较11月增速环比上升0.7个百分点，但仍为2009年国际金融危机后的较低水平。全年CPI累计增速为2.5%,较2019年低3.4个百分点。

2019—2020年CPI先升后降的走势一定程度上受猪肉供给变动引发的价格变化影响，但2020年CPI下行的主要原因不是猪价，而是消费恢复不足。观察剔除了能源和食品影响的核心CPI走势，可见其自2018年以来一路下行,而2020年下行趋势的速率明显加快。

2020年，PPI月环比增速呈现下降又回升态势。5月至年末，PPI月同比增速从-3.7%升至-0.4%，接近转正。这一趋势与CPI增速的持续下降背离，是生产恢复进度快于消费的年度主基调在价格指数上的反映。

（八）就业规模与数量趋稳，质量与结构矛盾强化

1.失业率重回疫情前水平，保就业目标基本完成

2020年2月，城镇登记失业率达到峰值6.2%，此后在6%上下小幅反复，6月份降至5.7%，7月持平，8—11月连续下降，分别为5.6%、5.4%、5.3%和5.2%，12月持平，已经恢复到上年同期水平，说明随着经济走出V型反弹的路径，就业压力逐步缓解。2020年1—12月，全国城镇新增就业

1186万人，完成全年目标任务的131.8%，但比2019年下降12.28%，说明新增就业水平仍未恢复到正常状态。

2.就业恢复质量有待提升，结构性矛盾有所强化

2020年居民收入实际增速仅2.1%，较2019年下降3.7个百分点；消费支出实际同比增速-4%。而往前回溯，居民实际可支配收入已连续三年下降，实际消费支出增速也连续两年下降，消费率也在近年逐年下滑，从2016年的71.8%下降至2020年的65.9%。居民收入增长低迷、消费下滑，显示就业恢复的质量不佳。

2020年，制造业复苏明显，人才需求较大，但呈现一定结构性矛盾。疫情影响下，部分农民工留乡或二次返乡，劳动力供给明显减少，传统制造业劳动力短缺问题有所凸显。据农业农村部数据，截至2020年8月末，近3000万农民工留乡或二次返乡，其中1700多万人通过灵活就业或在政策支持下实现就地就近就业或创业，跨省输送的劳动力供给明显减少。另一方面，高校应届毕业生就业压力较为严峻，根据部分高校披露的就业报告，代表性高校的2020届毕业生签约率较2019年普遍下跌5—15个百分点。

二、2021年中国经济持续回暖，下行压力依然存在

随着构建以国内大循环为主体、国内国际双循环相互促进的新发展格局，扩内需、促消费政策将持续起效发力，消费市场稳定恢复的基础将更加牢固，有望延续回升向好态势。支持科技创新和产业升级的政策将为经济增长注入新动能，土地、劳动力、资本、技术、数据等要素市场化改革等方面的政策红利逐步释放。供给侧结构性改革深化、营商环境进一步优化，有利于市场主体活力激发，企业盈利能力将逐步修复，支持中国经济稳步复苏。随着经

济持续稳定恢复，服务业转型升级深入推进，新动能进一步激发，发展潜力进一步增强，这些因素都将有利于“十四五”良好开局。

（一）全年经济增速将呈前高后低态势

预计2021年中国经济增速呈现前高后低态势，全年经济增速约为6.5%—7.5%，一、二、三、四季度的GDP增速预计处于8%—8.5%、7%—8%、6%—7%、6%—6.5%，其中GDP的基数效应在3个百分点左右。

1.乐观分析。宏观整体积极因素增多的情况下，2021年，疫情冲击减轻，经济社会活动迅速恢复。制造业投资增加，消费和服务业回暖，新发展格局的构建促进新经济较快增长，全面扩大开放使贸易与投资改善。乐观假设下，四个季度的GDP增速预计为8.5%、8%、7%和6.5%，全年GDP增速可能达到7.5%。

2.中性分析。中性情景下，预计2021年二季度部分地区仍受疫情影响，于年中恢复。消费受制于社交距离。货币政策正常化及优惠政策到期等带来信用紧缩。二季度GDP的增长相对平稳，下半年增长面临压力。中性假设下，四个季度GDP增速预计分别为8.5%、7%、6.5%和6%，全年GDP增速预计为7%。

3.保守分析。基于不确定性增大的考虑，假设2021年疫情延续，消费、投资、出口三驾马车疲软，经济下行压力加大。悲观假设下，四个季度GDP增速预计分别为8%、7%、6%和6%，全年GDP增速预计为6.5%。但在宏观调控的支撑和各项稳定政策的托底下，全年增速低于6.5%的可能性不大。

（二）居民消费有望延续反弹向好趋势

一是疫苗研发节奏和接种有效性是影响短期消费的关键变量。疫苗是

2021年疫情走势的核心变量。根据牛津大学疫苗跟踪数据库，截至2021年1月20日，中国疫苗渗透率为1.04%，低于英国（7.47%）和美国（4.75%），居民注射意愿有待进一步提高。若疫苗能够有效覆盖高风险人群以及老人等重点群体，居民消费信心将有望逐步恢复。

二是需求侧改革有利于实现扩大中长期消费战略目标。预计未来将有系统性的改革举措，增强消费增长的内生动力。这些改革措施可能包括收入分配制度改革、社保制度改革、户籍制度改革、土地制度改革、扩大公共消费等，有望逐步解决居民需求不振的长期症结，居民消费潜力将得到进一步释放。

三是数字化转型增强了消费的韧性。新冠疫情加快了中国数字化转型步伐，智能汽车、智能家居等各类新型数字化、智能化产品供给增加，以网购为主的跨区域、跨境消费日益增多，银发族亦加入网购大军。数字化不仅为人们生产生活带来便利，也在悄悄培育新的消费偏好和消费习惯，消费的韧性得到增强，未来有望出现更多新型消费形态。

（三）预测基建投资或维持弱增长

2021年基建投资是否依旧低迷取决于财政政策的力度。短期内专项债发行对基建投资有支撑，长期随着经济恢复对逆周期调节需求将逐步减少。项目质量问题短期未能得到解决，依然压制资金拨付进度。2021年经济内生动力增强，缺乏加码基建的必要性，预计专项债额度缩减、土地财政弱化，财政对基建支持力度将有所收敛。但是，2020年投资项目被占用资金将在2021年回补、改善资金到位情况，“十四五”规划开局有重大工程新开工，预计基建投资保持温和增长。在完善宏观政策跨周期调控的思路下，2021年政府债新增规模缩减，基建逆周期力量将趋缓。在对地方政府债务监管仍然趋严的情况下，基建投资的增长需要伴随城市群、都市圈发展的红利释放，短期难有大幅提速。

“新基建”投资加码，撬动多行业，为新兴产业赋能。2021年基建的关注点是结构的变化。在国家高质量发展、交通强国、新基建战略和浪潮的推动下，传统基建必然将与新基建走向深度融合，进一步形成和衍生出基于数字技术的融合基础设施和创新基础设施。地方政府在投资基建项目过程中应当关注基建投资后带动的需求与当地产业的关联性；通过强化基建的定向投资，来带动当地产业的发展。因此，未来的基建投资需要进一步加强与地方产业的关联。“十四五”规划中提出，要优化投资结构，保持投资合理增长，发挥投资对优化供给结构的关键作用。从当下的环境来看，需要加快补齐基础设施、市政工程、农业农村、公共安全、生态环保、公共卫生、物资储备、防灾减灾、民生保障等领域短板，推动企业设备更新和技术改造，扩大战略性新兴产业投资。

（四）进出口高速增长的趋势仍将持续

展望2021年，内外经济增长向好趋势延续会带动进出口景气持续，进出口高速增长的趋势仍将持续。

1.出口将走向全球复苏与制造业景气共振新阶段。当前的出口景气已经明显带有全球贸易复苏的迹象，出口型企业的盈利修复进入加速期。从短期来看，疫情仍占主导，替代效应延续，传统制造领域依然有支撑，国内出口依然受替代效应和海外需求韧性支撑，传统制造中的地产后周期产品依然有支撑，这一形式预计在二季度之前延续。中长期来看，出口景气将走向新阶段，在供给替代与全球贸易修复的轮换中，全球制造业景气共振将支撑我国出口。未来在全球经济修复、制造业景气上行周期，叠加制造业投资提升，设备类、零部件类以及高技术产品的出口具有向上的动力。

2.未来需持续优化贸易结构，塑造对外贸易竞争新优势。近年来，在国际经济形势发生很大变化、贸易保护与单边主义十分猖獗的情况下，进出口贸易也面临严峻的考验。“十四五”时期，外贸发展必然迈向更高质量，我国需抓住时间窗口，加快转动力调结构，促进产业链、供应链向高端迈进，改善进出口贸易结构，塑造外贸国际竞争新优势。第一，改善进出口贸易的结构，提高进口的比重。第二，改善出口企业结构，推动外商投资企业和国企的贸易出口提升。第三，改善进出口贸易地区结构，充分利用RCEP的区域优势，扩大国内企业出口市场，增加优质商品和服务进口。第四，改善产品结构，我国传统产业仍然具有明显的竞争优势，但高新技术产业普遍缺乏国际竞争力。第五，鼓励外贸新业态发展和完善，做大做强跨境电商，完善监管和服务政策，提高其在进出口贸易中的比重。

（五）制造业生产持续上升，主要不确定性来自消费需求

预计2021年制造业生产将继续维持上升态势到2020年之前的正常水平，但进一步增长的空间或已不大。这主要是由两方面的因素决定的。一方面，出口可能会进一步拉动制造业生产朝向正常状态恢复，但出口进一步扩张的逻辑已不坚固。2021年，随着疫苗普及，全球经济复苏的主要特点应是生产端的复苏以及服务消费复苏。发达国家商品供给缺口收敛会制约出口的改善，而发达国家商品需求已经超过疫情之前的水平，继续扩张的空间已经不大。另一方面，2021年将继续受消费动力不足的影响，消费的动力减弱并不是2020年疫情冲击的特殊现象，疫情只是强化了消费不足的趋势。释放消费潜力、提振消费需要通过制度建设改善就业和收入预期，并完善社会保障体系，但这方面的工作难言在短期内产生效果，消费在2021年继续低迷的可能

性较大。

盈利方面的积极因素在于税费成本已经压降，但生产如果缺乏进一步回升的动力，营业收入也难有增长空间。2021年及之后一段时间，制造业恢复和回升的主要不确定性还是来自消费需求是否能够进一步得到释放。消费恢复的基础是覆盖全就业群体的稳定就业、良好的收入预期、完整的社会保障和可控的债务水平，但当前，就业领域的突出问题是农民工、个体工商户就业群体的就业弹性偏大，收入预期不稳，社会保障未能将其平等覆盖。收入领域的显著障碍是收入差距较大与居民债务水平节节攀升，其中要重点关注以房地产贷款为主要组成部分的居民债务水平，债务是对未来预期收入的限制，会显著地影响当期收入和未来的收入安排。

（六）能源供应增速放缓，消费稳步增长，结构进一步优化

1.能源供应增速放缓。煤炭供应增速呈下降趋势。第一，受“倒查20年”行动影响，内蒙古煤炭产量很难维持高速增长，而山西和陕西等煤炭主产区继续增产的潜力不足；第二，进口政策收紧，煤炭进口呈现下降趋势；第三，环境和能源政策限制煤炭生产。2020年，由于国际油价的持续走低，原油和天然气进口高速增长，但随着减产协议再次延长，国际油价将持续升高，2021年进口速度将呈下降趋势。

2.能源消费稳步增长。2021年煤炭消费占比很难低于50%，煤炭消费总量仍将增长。交通运输业逐步恢复正常，汽油、柴油消费将快速增长。全社会用电将继续增长，工业用电将恢复快速增长。

3.能源结构进一步优化。2021年，煤炭消费比重进一步下降。油气结构进一步优化。随着可再生能源和核电能源发电设施的大力建设，电源结构将进一步优化。

（七）交通运输经济向好态势未变，但仍需防范疫情滋生复苏动力不足风险

制造业与服务业强劲恢复，促进交通运输经济在景气区间运行。疫情再度点状爆发，挫伤了春节期间本应加速回暖的运输经济。可喜的是，逐步完善的疫情防控长效机制也为运输经济全面恢复创造良好条件。2021年运输经济向好态势未变，但仍需防范疫情滋生复苏动力不足风险。

维持运输经济向好，一是助力小微企业纾困解难，培育跨境电商物流龙头企业。保持积极财政政策对运输行业支持的稳定性连续性，加速小微企业复苏；走“专精特新”国际化道路，培育跨境电商“领头雁”。二是联合创建交通运输消费走廊，引导绿色消费新模式：联合创建交通出行消费集聚区；采用“互联网+交通+金融+传媒”消费模式，推动线上线下消费有机融合。三是加快数智化和绿色低碳转型。以运输物流行业为载体，加快布局新一代智能信息基础设施；加大运输物流基础设施绿色改造，支持行业绿色转型。

（八）2021年CPI有望震荡上行，PPI回升速度加快

2021年CPI走势仍取决于供需结构变化。综合判断，核心CPI难言触底，可能会继续受消费不足影响再次探底；整体CPI受食品和能源扰动大，将在震荡中缓慢上行。供给方面，猪肉供给在2021年稳步回升的趋势基本确认。需求方面，释放消费潜力、提振消费需要通过制度建设改善就业和收入预期，并完善社会保障体系，这方面努力在短期内难以产生效果，消费在2021年继续低迷的可能性较大。此外，需求方面最大的不确定性因素在于应对疫情的政策调整能否增强其确定性。

PPI回升的趋势在2021年大概率延续，且回升速率可能提高。这主要基于国内制造业“生产—利润—投资”循环的向好趋势和国外需求进一步回升

的判断。一方面，2020年工业生产在整体经济复苏中领跑，并得益于有力的减税降费政策，企业降成本效果明显，工业企业利润修复显著。另一方面，从全球范围内来看，疫情的负面影响正在减弱。

（九）2021年整体就业形势有望好转，结构性矛盾依然存在

2021年经济复苏态势有望持续，低基数引致的2021年高增速有利于引导预期，激活消费市场潜力，进一步缓解就业压力，预计就业形势将持续稳中向好，城镇调查失业率有望继续下降。但由于经济结构调整、产业转型升级，以及教育培训领域相关改革滞后于劳动力市场需求等因素，供需错配现象会持续存在。全球经济尚未出现突破性的技术进步，疫情中经济恢复如果没有新的需求出现，会对我国经济和就业总量造成压力。

三、世界金融市场及经济形势展望

（一）持续性的高风险环境将对全球经济造成深远影响

尽管经济发展预期在下半年得到较大恢复，新冠疫情产生长期经济代价的风险依然较高，全球经济的潜在产能恐将持续低于疫情前的预期水平。同时，全球范围的短期复苏形势仍存在较高的不确定性，对增长前景具有重要影响的因素包括：新冠疫情局部爆发的频率、防疫措施的执行效果、疫苗研发和应用进展及财政货币刺激措施的持续性等。

除中国外的全球投资活动剧烈下滑，并且将在未来一段时期内严重受限。在排除中国的情况下，世界各国的固定资产投资水平甚至无法在2022年内恢

复至2019年疫情前的基准水平，而我国受益于疫情有效防控带来的国内宏观环境的确定性，市场主体预期相对比较稳定，预期将成为未来两年全球新增投资的主要拉动力量。

在2020年的特殊情况下，虽然为稳定总体需求并保护社会弱势群体和市场主体而出台的财政刺激措施具有合理性，但相关刺激措施终将转换体现为财政赤字并进一步推升财政风险。基于此，IMF预测2021年全球政府债务规模相对GDP占比将大幅增长17个百分点，达到GDP占比远超100%的历史新高水平。各国公共债务风险处于历史高位，应警惕风险转移。

（二）世界金融市场较为平稳，货币政策维持宽松基调

1.美国金融市场运行较为平稳，资源调动仍有空间。从美国当前的总储蓄规模和净储蓄规模来看，均较疫情发生前有明显的下降，但私人储蓄却保持明显增长，为家庭和企业在未来的投资扩张准备了良好的基础，有利于金融和房地产市场的持续稳定。美国货币市场的结构也出现了显著变化，M1的规模迅速扩大，极其容易引发资产泡沫或通货膨胀风险。此外，美国目前家庭和企业资产负债表均保持稳定，美国家庭在疫情后的利息支出较疫情前出现了明显的下降，在利息收入没有明显变化的情况下，收入支出比有所改善。

2.美联储货币政策虽然保持稳定，但隐有收缩之意。美国经济复苏放缓。2020年下半年，美国疫情形式依然严峻，宏观经济数据分化明显。12月非农就业人口负增长14万人，连续6个月下滑；制造业PMI却再创年内新高，但消费者信心指数始终维持在低位。基于制造业强劲复苏，但消费复苏乏力，劳动力市场承压的背景，12月的美联储议息会议决定继续保持联邦基金利率水平维持在0—0.25%，直至通货膨胀率达到2%或者重新回到充分就业区

间。预期美联储将保持现行利率水平直至2022年末或2023年初。而从货币政策正常化的进程来看，美国应该是重复金融危机后的退出模式，即先减少购债规模，再启动加息安排，最后实施缩表回归常态。这种进程也决定了，在2021年至2022年上半年，无论美国经济形势如何好转，这个时期的美联储控制货币增量是最为重要的，而并不是提高资金成本，乃至影响正在复苏中的企业生产经营和投资决策；我们预计美联储将在2021年底到2022年初减少并逐步停止购买国债，从而改变市场对货币供给的预期。

3.疫情二次爆发，欧央行扩表加码。由于欧洲第二波疫情爆发，部分国家重新实施严格的封锁措施。继第三季度的强劲复苏之后，四季度欧元区复苏乏力，服务业PMI连续4个月位于荣枯线以下，消费者信心也始终在低位徘徊。12月10日，欧央行如期加码宽松，宣布增加5000亿欧元“紧急抗疫购债计划”（PEPP）并将其延期至2022年3月。加码后的PEPP总额度为1.85万亿欧元，这意味着欧央行每月通过该计划购买的资产额将超过700亿欧元。同时，欧央行还宣布将第三轮定向长期再融资操作延长一年。对于欧元区来说，疫情不稳定因素更重，但鉴于其疲弱的经济数据，欧央行未来继续宽松政策还需考虑欧元升值压力。

四、政策建议及思考

（一）全球看宏观经济政策短期应稳定支持力度，长期应推进经济结构改革

1.积极开展多边合作，共同应对本轮全球公共卫生危机。全球公共卫生危机的根本化解之道仍是全球合作。实际上，大部分国家没有能力从本国的产业结构和资源禀赋中获取抗击新冠病毒所需的所有资源，更全面且紧密的

多边合作机制有助于提升医疗产品的生产和传播效率。

2.贯彻以人为本的发展理念，积极引导人力资本建设。当前全球范围的失业率仍处于历史较高水平，长期的结构性失业将对人力资源造成严重浪费。为避免新冠疫情加剧社会的机会不平等现象，教育、医疗、公共服务等与人力资本建设存在密切关联的基础设施与制度仍需优化。

3.结构性改革应确保经济复苏进程具备包容性与可持续性。未来各国民众的消费偏好与行为习惯可能出现永久性变化，远程办公、清洁能源、数字服务等领域的变革将颠覆就业的传统形态与空间要求。为缓解本轮危机的长期影响，应通过结构性改革政策促进生产要素的再分配效率，并对冲再分配过程中的不确定性。

（二）我国积极财政政策持续、稳定应对未来不确定性

伴随国内疫情趋于好转与经济的稳步复苏，2021年财政政策“提质增效，更可持续”。

一是减税降费逐步向完善税费制度改革，挖掘更多减税和财政发展空间。2020年中央经济工作会议提出“完善减税降费政策”，旨在兼顾考虑财政的可持续，同时为继续缓解企业负担和增强内循环发展动力，可适时适度调减增值税纳税档次和税率，以降低间接税比重，优化税收结构。深化个税体制改革，提高个人所得税等直接税比重，发挥个税对人才引导和收入分配调节作用。

二是增发国债化解财政收支压力，健全地方政府债务应急处置机制，抓实化解地方政府隐性债务风险。较于国债，各地地方债发行期限和利率基本呈现趋同，反映出地方政府债券存在一定程度的市场定价机制失灵。据测算，

国债交易活跃程度约为地方债的4倍[①]，地方债的流动性弱于国债，当前国际抗疫环节中国发展向好形势与预期下，建议增发国债以缓解国内财政收支压力。为继续发挥地方政府债券支持地方发展、缓解疫情冲击的作用，建议加快地方政府债务和债券项目全面纳入预算管理，坚持地方债券发行的市场化原则，合理安排新增地方政府债券规模，使债券发行规模与地区经济发展相匹配。

三是统筹财政资源，优化财政支出结构，强化地方预算绩效管理，实现进一步的“提质增效”。2021年财政收支运行预计仍处于“紧平衡”状态，因此，建议进一步强化“党政机关过紧日子”的理念，压缩无用、无效支出。向内挖潜，优化财政支出结构，完善项目支出的预算绩效管理，将有限的财政资源统筹投入到“外溢性强、社会效益高”的项目，加快投融资体制改革，盘活存量，充分调动民间资本的积极性，确保财政经济运行的可持续。

（三）我国货币政策常态化须协调推进

2020年，我国社会融资总额（增量）的平均增速为36%。其中，纳入社会融资总额统计的直接融资增速为39%，超过平均增速。我国金融市场和融资活动的各项指标正在有序地改善中。异常增长的货币乘数主要来自房地产市场。从货币市场来看，我国央行在货币供应上的安排是：控制基础货币的投放总量，通过加大货币乘数的方式，增加市场流动性的供给。从我国货币供给方式的特点看，货币乘数的提高主要是依托房地产市场，形成快速的信贷和存款的转换。这样，不管信贷投放结构如何，实际上还是有更多的信贷资金通过其他间接渠道流入了房地产市场。

第四季度，我国的货币政策向常态化回归，保持扩张性的目的只是为了

① 数据来源于Wind数据库。

让经济增长的基础“更加牢固”；而美国的政策扩张仍是对冲性的、反危机性的，并支撑资本市场的表面繁荣。中美货币政策方向殊异，抑制泡沫成为未来重点。

需重视中美间的差异，不将共同表现出的M1快速增长简单对待。对这一问题要立足于以下三点：一是坚决抑制资金配置结构由实体经济向房地产市场转化，推进杠杆结构的优化调整；二是推进再贷款制度的改革，将抵押资产由单纯的安全性资产，拓展到更加直接的生产性资产；三是需着力稳定生产性资产的经营收益率，避免资金继续流入以加杠杆为基础的资产溢价型投资领域。

（四）提振消费需求，稳定工业生产向好趋势

一是加快构建疫情防控政策的确定性。一定程度上，短期居民消费行为和经济表现取决于对疫情的政策反应而非疫情本身。在严格防控疫情的前提下，各级政府的疫情防控政策应构建一定的确定性，稳定消费预期，促进消费恢复。

二是加快推进需求侧改革的制度性政策。应通过制度建设，稳定就业，提高居民收入，让居民有能力消费；改革收入分配机制，包括在初次分配领域提高劳动者报酬的比例，不使收入增量过多地被资本获取，在再分配领域进行收入调节，扩大中等收入群体比重。

三是加快促进制造业投资，增强制造业对投资的吸引力。应注意投资拉动在保持强度同时的结构性需要，增强制造业对投资的吸引力，使得吸纳较多劳动人口的行业能够普遍地出现复苏，保障就业和居民收入，为经济持续健康运行奠定基础。

（五）精准施策解决就业结构性问题

首先，应进一步落实就业优先政策，在保障和引导农业转移劳动力就近就业的同时，加强人口流入地的社会保障体系建设，平衡外出农民工返乡就业与在沿海地区就业的比例，避免出现阶段性的“用工荒”。其次，针对应届高校毕业生的就业问题，关键在于减少因信息不对称导致的结构性失业，应在扩大招聘规模、拓宽就业渠道的同时解决好供需错配问题。再次，应将疫情防控机制推进到更加科学和人性化的水平，使特定消费场所可以让个体户等小规模经营者获得正常运转的机会，保障其经营和就业。最后，应以提振消费为基础扩大企业营收，以结构性财政政策降成本，助力企业尤其是制造业企业盈利能力修复，在市场化机制下引导投资进入实体经济。

（六）稳定和改善预期仍是政策出台和制度改革的关键所在

1.稳定和改善不同层次市场经济主体预期。一是改革科研投入和管理体制，强化国家战略科技力量，持续激发市场主体创新动力和活力，增强产业链供应链自主可控能力。二是进一步提速国有企业改革，加快混改，激发国有企业活力。三是完善产权等法律制度，保护民营企业家利益，为民营企业提供公平竞争的环境，增强民营企业家信心。四是通过产业政策、工业地图提供产业发展分类指导，促进大中小微企业之间的产业分工协调。

2.稳定和改善不同收入群体的收入预期。一是加快推动户籍、社保制度改革。推动户籍制度变革，将社会保障体系与常住地挂钩，提升养老保障的统筹层次，扩大社会保障的覆盖面，从制度层面改善居民收入预期。二是通过增加公共消费缩小消费差距。结合人口流动趋势优化公共服务的资源配置和服务供给，建立基本公共服务供给随人走、可携带的机制，增加教育、医疗、社保等领域的公共消费。

3.稳定各级地方政府预期。有必要综合考虑经济稳定、社会发展、生态环境改善、乡村振兴等因素，进一步推进中央与地方财政关系的改革。加快中央与地方财政事权与支出责任划分改革，逐步提高中央政府支出占整个支出的比重，进一步增强地方政府事权与其治理能力的匹配度。健全地方税体系，合理调整中央与地方收入划分，保障地方政府基本的财政能力。

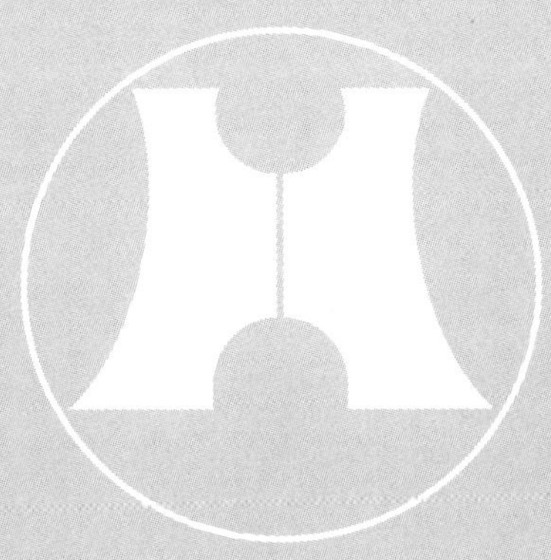

分报告一：经济增速的分情景分析

执笔：王宏利

2020年，面对全球新型冠状病毒肺炎疫情以及深刻复杂的内外部发展环境，我国国内生产总值同比增速回落至2.3%，但我国经济发展稳中向好、长期向好的基本面没有变。2020年我国宏观经济总体态势呈现以下特点：多项主要经济指标持续改善，效益加快提升；外需维持高位，出口逆势强劲增长；货币政策更加灵活适度，财政政策更加积极有为；就业民生保障有力，决战脱贫攻坚取得决定性胜利；经济结构持续优化，国内国际双循环构架雏形基本形成。经济社会发展主要目标任务完成情况好于预期。

如图1所示，受疫情冲击，一季度投资、消费、进出口增速大幅度下降，我国实际GDP同比大幅萎缩6.8%；随着国内疫情统筹有效防控及各项复工复产政策的加速推进，经济持续复苏，二季度同比增长3.2%，三季度同比增长4.9%，四季度同比增长6.5%。2020年，我国经济在全球范围内表现亮眼，统筹疫情防控和经济社会发展取得重大成果，是唯一实现正增长的主要经济体，交出了一份让人民满意、世界瞩目、可以载入史册的答卷。

2021年是实施“十四五”规划的开局之年，也是全面建设社会主义现代化国家新征程开启之年。扩大内需政策、国内国际双循环战略持续推进以及新发展格局的构建，有利于经济持续向好；新冠肺炎疫苗研发取得积极进展，社会预期和市场信心明显提升；同时，宏观政策操作更精准有效、不急转弯，保持对经济提供必要的支持力度，这些都将为我国经济的复苏回暖、持续向好提供支撑。在低基数的共同作用下，2021年度GDP增速有望反弹，将远远高于2020年，季度增速呈前高后低的形态。

但也要看到，疫情变化和外部环境存在诸多不确定性，我国经济恢复基础尚不牢固。从国际上看，当今世界正经历百年未有之大变局，新冠肺炎疫情全球大流行使这个大变局加速变化，国际经济、科技、文化、安全、政治等格局都在发生深刻调整，全球动荡源和风险点显著增多，世界经济形势仍然复杂严峻。从国内的情况来看，我国正处在转变发展方式、优化经济结构、转换增长动力的攻关期，结构性、体制性、周期性问题相互交织，“三期叠加”影响持续深化，复苏不稳定不平衡，疫情冲击导致的各类衍生风险不容忽视，经济下行压力依然存在。

经济发展面临着消费增速减缓、有效投资增长乏力的制约。深层原因可归结为我国工业处于持续的报酬递减趋势中，从而制约了投资增长、工业增长，科技自立自强是促进发展大局的根本支撑，需要通过强化国家战略科技力量、增强产业链供应链自主可控能力，形成报酬递增以根本扭转形势。同

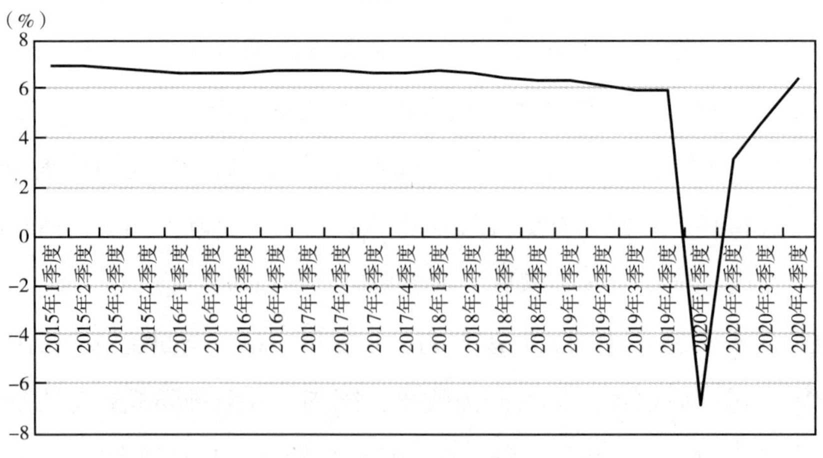

图1　国内生产总值当季同比

数据来源：Wind数据库。

时，突发性公共事件也继续影响2021年的经济。新型冠状病毒肺炎疫情自2020年一月以来大规模爆发，影响企业经营效益和预期，降低居民收入增速与消费意愿，增大就业压力，阻碍社保完善，抑制收入分配结构优化，推高债务和金融风险。

一、乐观分析

乐观假设下，经济增长面临的有利因素较多，预计2021年GDP增速可能达到7.5%。新型冠状病毒肺炎疫情防控及时得力、抗击疫情力度更强，因此乐观估计国内疫情带来的冲击将逐渐减轻并褪去，经济社会活动将迅速恢复至疫前水平并发展。

制造业投资快速增加带动投资提升，消费、服务业回暖为经济增长提供动力。围绕双循环新发展格局的构建，将持续推动扩大内需、支持创新发展、改善营商环境，新经济实现较快增长。全面扩大开放，以开放促改革、促发展，贸易与投资持续改善。加上2020年基数较低，尤其是在一季度，各项经济活动急剧收缩，这将显著抬高2021年一季度经济增速。预计2021年GDP增速可能达到7.5%，一季度GDP将大幅提升至8%以上。

就国内环境具体来看，发展的积极因素在继续增多。以改革促进消费、提升投资等政策效应将逐步显现。完善减税降费、强化普惠金融，有利于改善企业营商环境。深化供给侧结构性改革、进一步推荐全面开放，持续增加市场主体活力。新产业、新业态、新产品快速发展，在新的发展阶段提供动力。财政政策、货币政策协同发力，提质增效、更可持续。一方面坚持保基本民生、保工资、保运转，推进和落实“六稳”“六保”工作，兜牢民生底线；同时引导资金投向科技创新、先进制造、基础设施短板等领域，促进产业结构优化。在疫情影响减弱和上述积极因素的作用下，四个季度的GDP增速预计为8.5%、8%、7%和6.5%，全年GDP增速为7.5%。

二、中性分析

中性假设下，预计2021年GDP增速可能达到7%。疫苗的生产和接种速度对全球和中国经济增长可能同时存在下行风险影响，生产能力有限、推广仍需时间，直到二季度部分地区仍处于受疫情影响的状态，最终在各方面努力下并在气温升高的帮助下，于年中恢复常态。未来一段时间内，消费，特别是线下消费的恢复将仍受制于社交距离。2020年相对宽松的货币和财政政策逐渐正常化，中小微企业贷款延期还本付息政策到期、大部分减税降费政策到期等，带来一定程度的信用紧缩也会产生影响，政策效果不及预期。二季度GDP的增长相对平稳，不会延续一季度的显著增长趋势。在宏观调控支持和财政货币政策的协同作用下，以及疫后居民消费需求、投资需求增长，对于2020年中国出口填补海外缺口及订单回流的情况持续时间有限，下半年经济保持增长面对压力。四个季度GDP增速预计分别为8.5%、7%、6.5%和6%，全年GDP增速为7%。

三、保守分析

基于不确定性增大的考虑，全球疫情存在反复风险、国内疫情存在局部反弹风险、中美关系博弈长期化趋势不会改变、以及全球经济复苏情况的不确定性，悲观假设下，预计2021年GDP增速可能达到6.5%。考虑到疫情可能延续，将在较长一段时间内影响经济，复苏形势严峻。消费、投资、出口三驾马车疲软，经济下行压力加大。居民收入增速放缓、储蓄率居高，散发疫情仍不时出现，同时外防输入的压力也很大，消费的恢复，特别是餐饮、旅游、线下娱乐等高社交属性方面的消费恢复所需时间预计会相对较长；房地产投资受信用政策收紧影响增长受制，制造业投资不景气，基建低迷且后续回升乏力；海外疫情超预期恶化，全球经济增长超预期下行，全球经济及金融危机爆发冲击我国经济基本面；贸易摩擦加剧，对华政策的走向不确定，外贸增长承受压力。悲观假设下，四个季度GDP增速预计分别为8%、7%、6%和6%，全年GDP增速为6.5%。但在宏观调控力度持续提供支撑和各项稳定政策的托底作用下，预计2021年全年GDP增速低于6.5%的可能性不大。

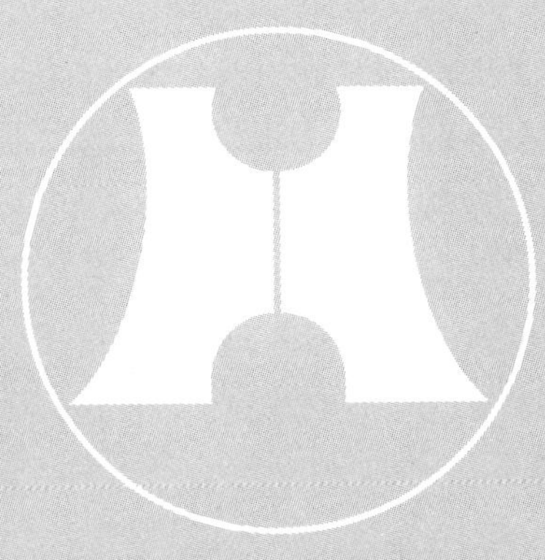

分报告二：促进居民消费持续扩大，需要加快改革

执笔：王志刚

近年来，居民消费率下行趋势在疫情冲击下再次加剧，2020年居民消费具有如下特征：一是与经济增速轨迹一样，全年居民消费增速呈现出前低后高的V型特点；二是消费增长低于收入增长，表明居民的预防性储蓄动机很强；三是居民消费结构中，必选消费增多，服务消费低迷，线上消费快速增长，以汽车为代表的大型消费有所提振。展望未来，疫情控制是重要的影响因素，2021年为“十四五”的开局之年，需求侧改革将和已有的供给侧结构性改革协同发力助推居民消费增长，夯实消费在经济增长中的基础地位作用，经济数字化提升必将进一步拓展新型消费的增长空间。

一、2020年消费运行基本特征

（一）高储蓄倾向延续，居民消费恢复缓慢

如图1所示，2020年1—12月，全国居民人均消费支出累计值为21210元，实际累计同比下滑4%，相较2020年1—9月降幅收窄2.6个百分点，但

收窄幅度略有回落。同时，1—12月居民人均可支配收入累计值为32189元，比上年同期名义增长4.7%，扣除价格因素，实际增长2.1%。与此同时，2020年12月全国城镇调查失业率为5.2%，比9月下降0.2个百分点，与2019年同期持平。失业率从年初6.2%的高位持续回落，2020年年均城镇调查失业率为5.6%，低于6%左右的预期目标。“六稳”“六保”政策落地显效，居民就业得到较好的保障，对居民收入增长和消费复苏形成了一定支撑。

不过值得注意的是，当前消费恢复依然远远落后于居民收入的恢复，居民收入提升对消费的带动作用不强，这说明当前居民预防性储蓄依然偏高，疫情给居民消费留下的创伤依然未能充分愈合（参见图2）。根据央行调查储蓄问卷，2020年城镇储户储蓄倾向急剧攀升，至今未见回落。该倾向从2019年年底的45.7%，升至今年第四季度的51.4%。这可能不仅仅是疫情冲击的短期问题，也很可能是体制性深层次原因所致，例如收入分配改革并未到位，这会影响中长期居民消费率的提升。

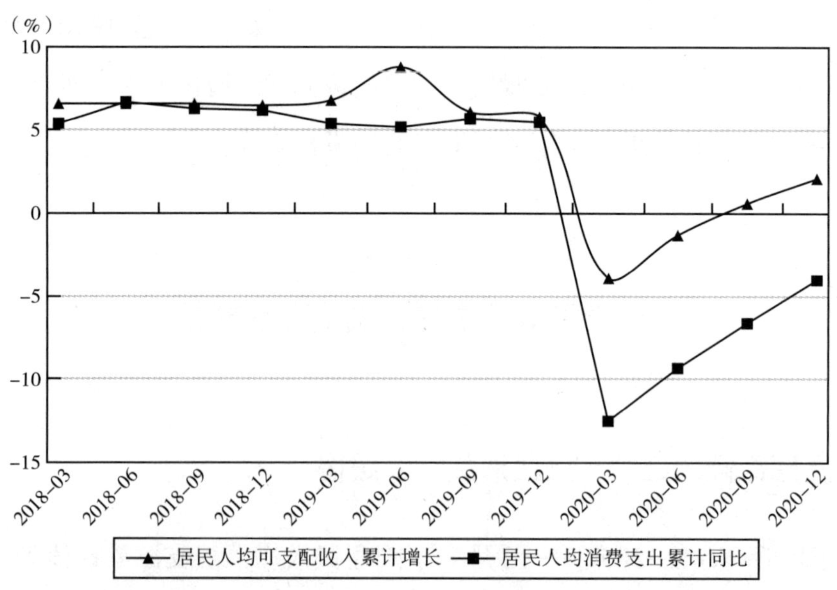

图1　2018年第一季度—2020年第四季度居民收入和消费累计同比

数据来源：Wind数据库。

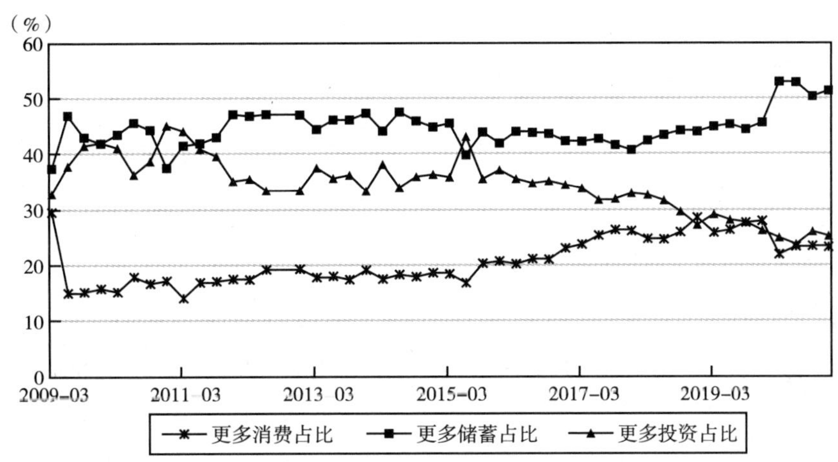

图2　央行城镇储蓄用户调查

数据来源：Wind数据库。

（二）社零增速复苏遇阻，但农村消费韧性强，消费下沉趋势不变

2020年12月社会消费品零售总额同比增长4.60%（扣除价格因素实际增长4.91%），增幅比11月收窄0.4个百分点，可能同“双十一”期间提前透支部分消费需求有关。2020年全年，社会消费品零售总额累计同比下降3.90%（扣除价格因素实际下降5.23%），降幅比三季度收窄3.3个百分点，但同2019年全年增速8%比还有较大差距（参见图3）。分城乡看，12月城镇社会消费品零售总额当月同比上升4.4%，乡村社会消费品零售总额当月同比上升5.9%，12月城乡社会零售品消费总额同比增速的差额相较于11月扩大了0.8个百分点，显示消费下沉趋势不改，农村居民消费韧性强（参见图4）。2021年1月5日，商务部等12部门印发《关于提振大宗消费重点消费促进释放农村消费潜力若干措施的通知》，随着政策落地后期有望继续扩大农村消费。

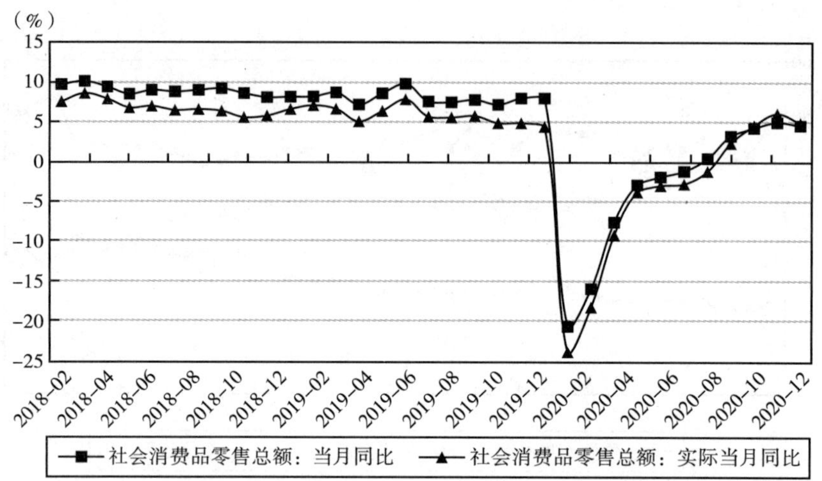

图3　2018—2020年社会消费品零售总额当月同比

数据来源：Wind数据库。

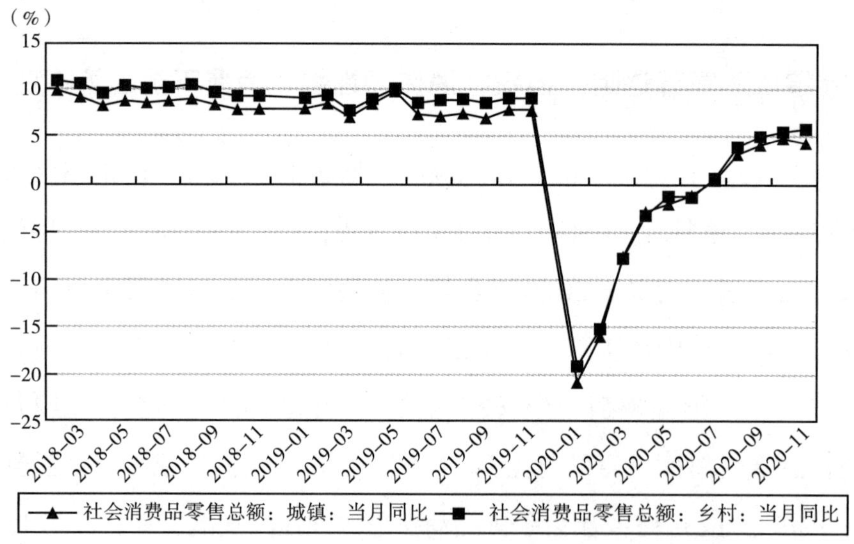

图4　2018—2020年乡村、城镇社会消费品零售总额当月同比

数据来源：Wind数据库。

（三）CPI转正，终端消费仍然低迷

如图5所示，2020年12月份CPI同比录得0.2%，较11月的-0.5%提升

0.7个百分点，环比录得0.7%，相较于11月的-0.6%大幅提升1.3个百分点。CPI同比增速转正，主要受到食品价格和油价支撑，核心CPI有所回落，终端消费依然低迷（参见图6）。12月食品CPI同比录得1.20%，比11月大幅提升3.2个百分点。数据显示，12月份猪肉价格同比回落1.30%，降幅比11月大幅收窄11.2个百分点，成为12月CPI同比转正的主要支撑。11月中旬以来，猪肉价格持续上涨，主要是受到玉米等饲料成本单边上涨、为防止疫情输入冷链冻肉进口减少、寒潮影响屠宰企业采购意愿以及生猪屠宰违法行为专项行动等因素影响，同时春节临近等季节性因素也对猪肉需求形成支撑。根据农业农村部的测算，2021年元旦春节期间出栏肥猪上市量比2020年同期多了接近三成，猪肉供给持续恢复或导致后续猪肉价格有所回落。12月蔬菜价格也有季节性上扬。非食品消费方面，衣着、居住、交通依然是价格主要拖累，不过12月交通通信价格同比降幅相较于11月收窄0.8个百分点，主要受到原油价格上涨支撑。2020年冬季受“拉尼娜”影响气温更低，新冠病毒扩散风险更大，叠加病毒变异带来的恐慌，若疫情防控趋严，居民交通出行需求或还将受到压制。整体来看，当前CPI同比转正主要受到猪价、油价支撑，终端消费价格整体依旧低迷（参见图7、图8、图9）。

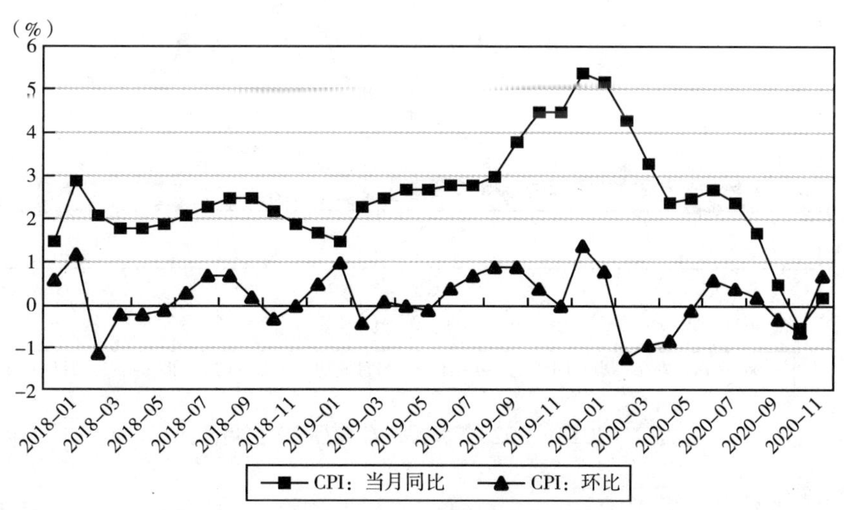

图5　2018—2020年CPI当月同比、环比

数据来源：Wind数据库。

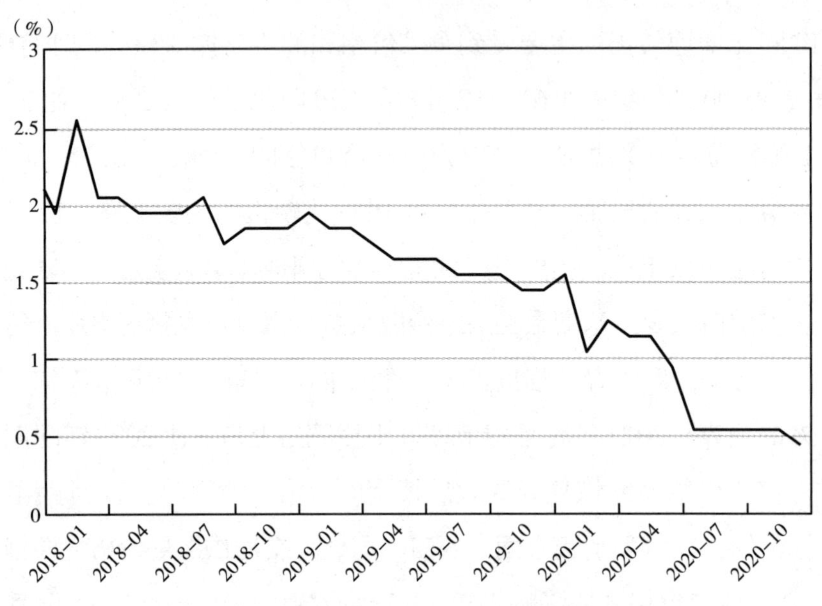

图6　2018—2020年核心CPI当月同比

数据来源：Wind数据库。

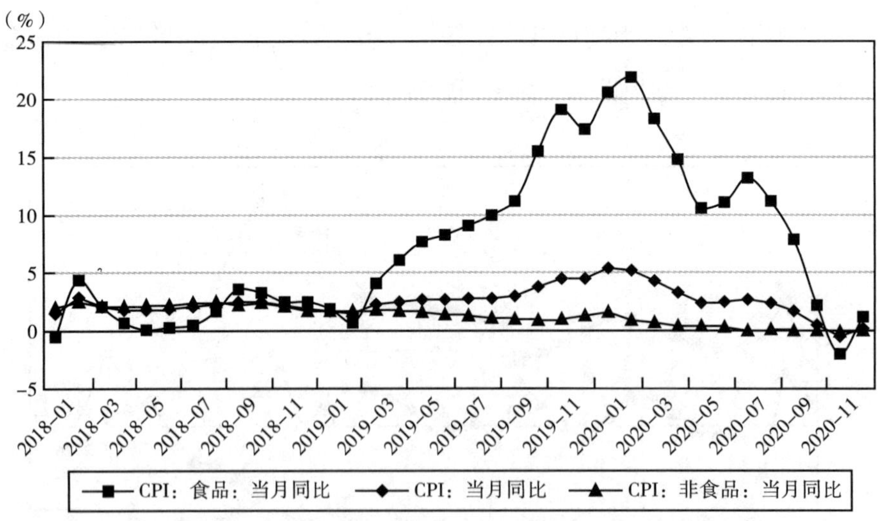

图7　2018—2020年食品、非食品CPI当月同比

数据来源：Wind数据库。

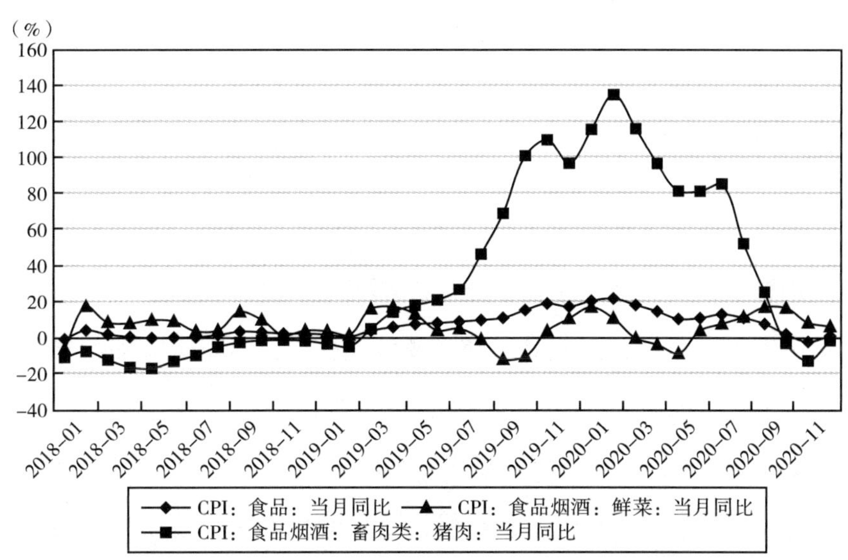

图8　2018—2020年食品CPI当月同比分项情况

数据来源：Wind数据库。

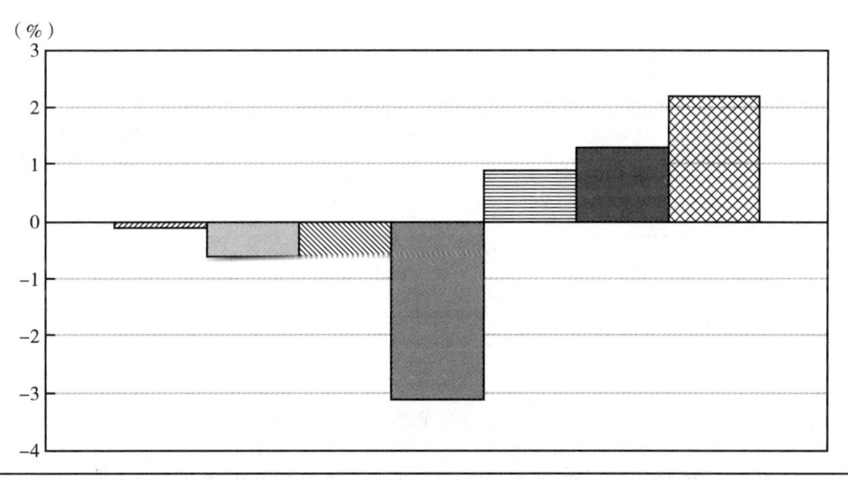

图9　2020年12月非食品CPI当月同比分项情况

数据来源：Wind数据库。

二、2020年消费结构变化及其原因

（一）消费升级短期遇阻

从限额以上单位消费品具体类型来看，除体育、娱乐用品项目外，所有类别的商品消费累计同比增速相较于三季度都有所改善：其中服装鞋帽、金银珠宝、家用电器、家具、石油制品、建筑及装潢材料、汽车类降幅收窄，但累计依然下滑；其中化妆品、日用品、中西药品、文化办公、通讯器材类增幅扩大。但相较于11月，2020年12月年恢复程度有所减缓，恢复速度从慢到快依次为：化妆品、通讯器材、金银珠宝、汽车等，这可能是由于“双十一”提前透支部分消费，“双十一”后这些领域消费趋弱；相比于11月，12月家用电器、建筑装潢以及家具消费加速较为明显，这可能同房地产市场回暖有关。参见图10。

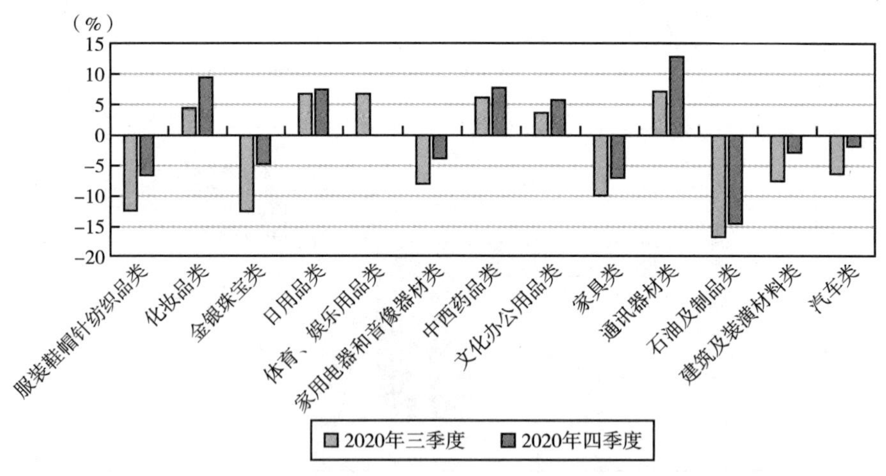

图10　2020年三、四季度的限额以上批发业和零售业零售额累计同比

数据来源：Wind数据库。

居民消费支出结构上，四季度延续三季度的基本趋势，消费升级[①]遇阻，

① 从居民人均消费支出的角度看，按照消费特点可以分为两大类，一类是代表“消费升级”的交通通信、文教娱乐、医疗保健、居住等消费支出，另一类代表“基础需求”的食品、衣着、家庭设备及用品等消费支出。

这也是全年消费形势的一大突出特点。相比于第三季度，2020年第四季度居民在教育文娱、医疗保健和交通通信上支出累计同比增速进一步下挫，其中教育文娱消费远未恢复到往年同期水平。可选消费的弹性较大，由于现阶段居民预防储蓄倾向仍然较高，削减幅度最大的必然是那些可选消费领域。要想消费升级的堵点得到消除，疫情防控得力是一个重要因素，安全的消费环境可以让居民放心消费。参见图11。

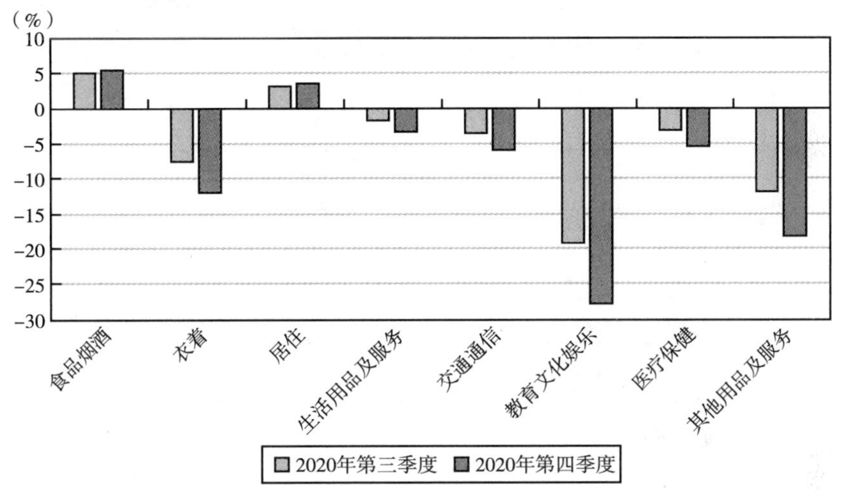

图11　2020年第三、四季度的居民消费支出累计同比

数据来源：Wind数据库。

（二）网上消费保持高增速，2020年再上新台阶

2020年12月网上商品和服务零售额累计同比增速达10.9%，比第三季度提高1.2个百分点。这主要是受到“双十一”的提振，11月网上商品和服务零售额累计同比增速达到11.5%的年内极值点。此外实物商品网上零售额占社会消费品零售总额的比重有所提高，表现出较强的季节性特点。分类型来看，相较于第三季度，网上零售额代表“吃”的部分增速回落较快；代表

“用”的部分略有回落；代表“穿”的消费部分累计同比增速相较于第三季度进一步提升。相比于2019年，2020年实物商品网上零售额占社会消费品零售总额的比重明显上了一个台阶，疫情防控使得消费场景的时间、空间约束进一步降低，线上消费韧性进一步凸显。参见图12、图13。

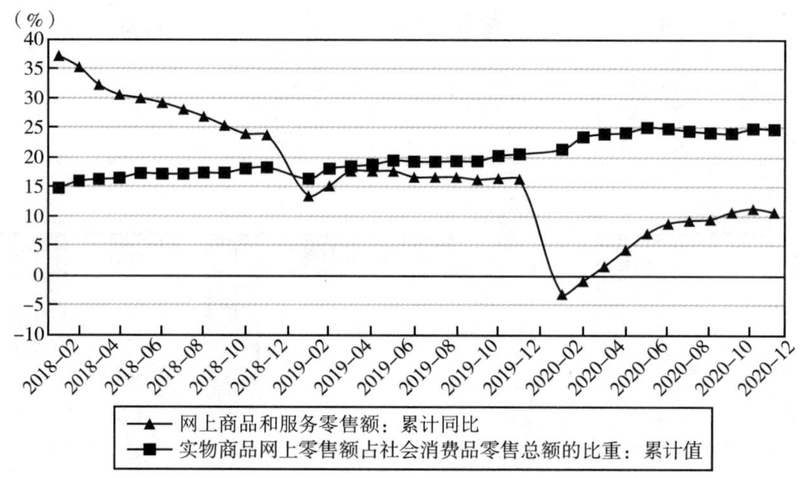

图12　2018—2020年网上消费情况

数据来源：Wind数据库。

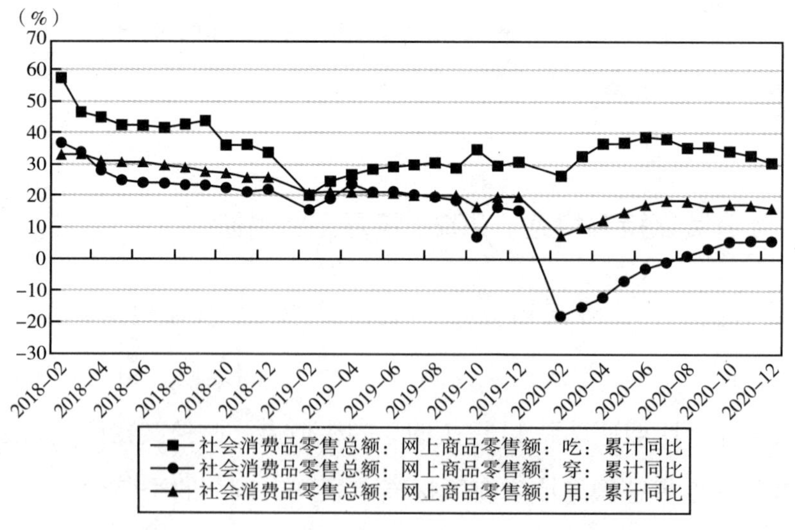

图13　2018—2020年网上零售额吃、穿、用累计同比

数据来源：Wind数据库。

（三）新能源汽车消费强劲，地产销售维持增长态势

2020年12月汽车零售额当月同比增速为6.40%，10月、11月当月同比分别为12%和11.8%，四季度汽车消费整体向好，12月边际转弱，但也已经连续多月保持正增长。新能源汽车消费继续发力，根据中汽协数据：12月，新能源汽车销量24.8万辆，同比增长49.5%。2020年，新能源汽车共销售136.7万辆，同比增长10.9%，增速较上年实现了由负转止。电动化、智能化、网联化、数字化加速推进汽车产业转型升级，新能源汽车市场也将从政策驱动向市场驱动转变。尤其是在碳中和目标以及《新能源汽车产业发展规划（2021—2035年）》的大力推动下，新能源汽车的销量未来将有望迎来持续增长。中汽协方面预计2021年新能源汽车销量180万辆，同比增长40%。参见图14。

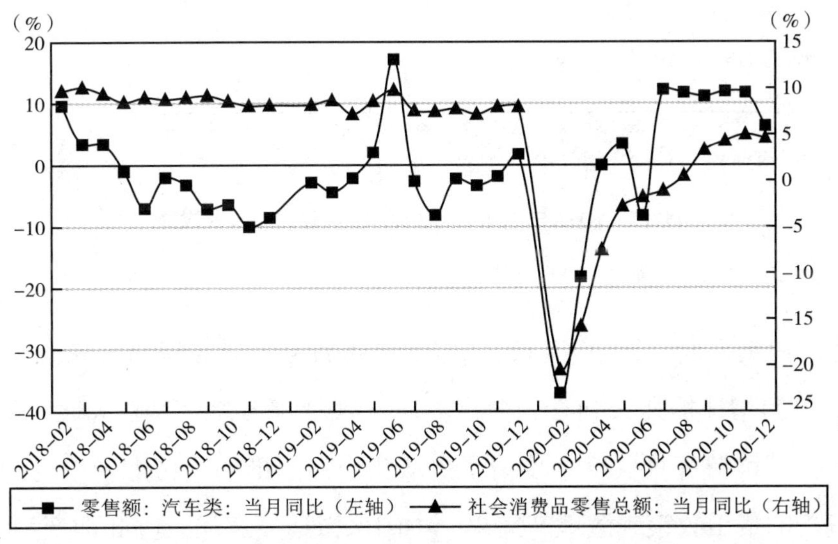

图14　2018—2020年社会消费品零售总额和汽车销售额当月同比

数据来源：Wind数据库。

餐饮消费方面，2020年12月社会消费品零售总额餐饮收入当月同比录得

0.4%，相较于11月增速提升1个百分点，同比转正。1—12月社会消费品零售总额餐饮收入累计同比录得-16.6%，较11月降幅收窄2个百分点，但仍远未恢复到正常水平。自第二季度餐饮消费大幅修复以来，第三、四季度餐饮消费恢复斜率均趋于平坦。疫情反复下，居民对于线下服务消费仍有较大顾虑，尤其是12月以来海外新冠毒株变异，国内河北、黑龙江等地出现聚集性病例，外防输入、内防扩散均面临较大压力，疫情防控加码将进一步限制线下服务消费的复苏。参见图15。

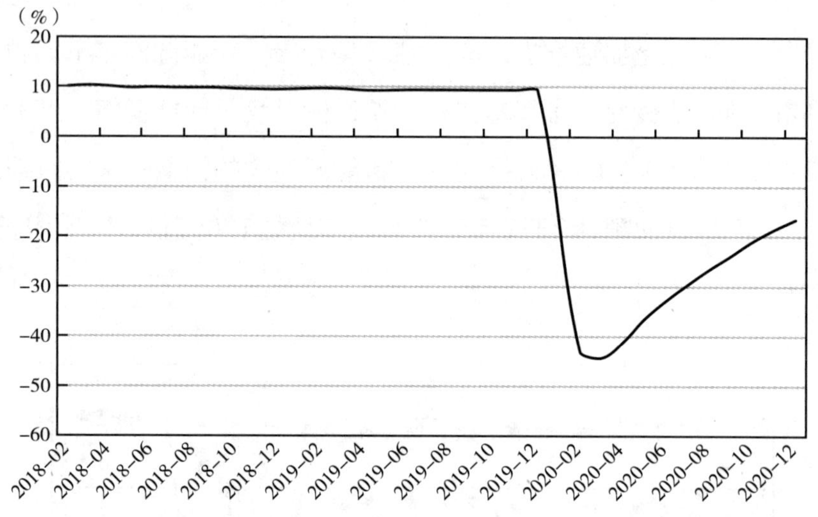

图15　2018年2月—2020年12月餐饮业收入增速

数据来源：Wind数据库。

地产消费方面，2020年12月，30城商品房成交面积同比录得9.68%，相较于11月增速提升2.44个百分点。自2020下半年地产销售同比转正以来，房地产消费维持高景气度。疫情至少从两个方面推动了房地产市场的繁荣：一是宽松的货币政策刺激地产需求，中国保持适度宽松，因此地产销售回弹力度相对有限。二是疫情助推居民对自有住房、住宅品质改善等需求，在房地产融资“三条红线”要求下，地产商需要加速资金回流，采取各种手段（比如折价）加大力度推出楼盘销售，这也促进了地产消费。参见图16。

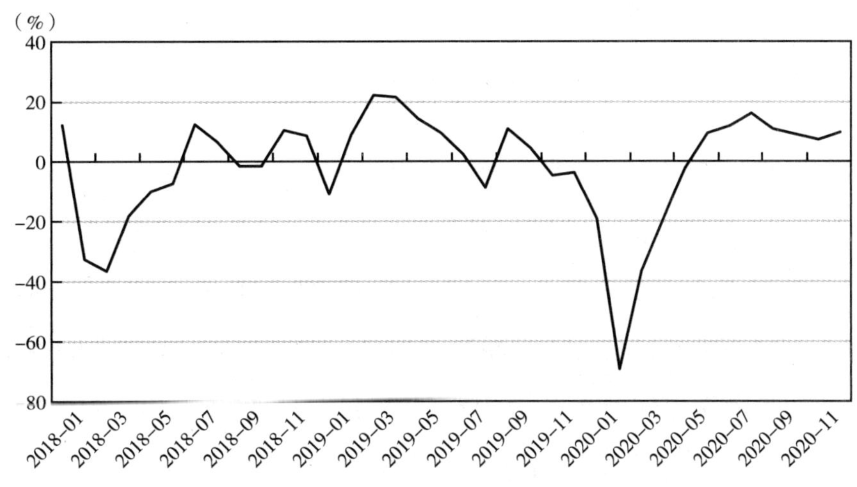

图16 2018—2020年30城商品房销售面积同比增速

数据来源：Wind数据库。

三、未来消费走势展望

（一）疫苗研发节奏和接种有效性是影响短期消费的关键变量

受益于第二季度以来中国疫情控制得当，居民消费整体走出V型复苏，但因疫情反复，“V”字右侧斜率趋缓。疫苗是2021年疫情走势的决定性变量。根据牛津大学疫苗跟踪数据库，截至2021年1月20日，中国疫苗渗透率为1.04%，高于法国（0.9%），低于英国（7.47%）和美国（4.75%），政府已经出台相应的免费注射政策，居民注射意愿有待进一步提高。此外，现阶段还没有证据表明疫苗针对变异病毒无效。因此，若第二季度疫苗能够实现对高风险人群、老人等重点群体的覆盖，疫情态势将有大幅改观，居民消费信心有望逐步恢复。

（二）需求侧改革坚定扩大中长期消费战略基点

长期以来，我国在激发消费潜力方面，一直缺乏系统的、深层次的改革政策配合。相比于美国善于补贴居民而非企业，我国在提振居民需求方面存在理念上和技术上的双重障碍。以往的消费刺激政策往往以简单刺激汽车、家电等大宗消费为主，但几轮刺激政策下来，往往会带来对消费的透支，导致近年来大宗消费整体低迷。2020年12月11日的政治局会议首提“需求侧改革”，预计未来将有系统性的政策相配合，促进中等收入群体扩大，并不断增强消费增长的内生动力。这些改革措施可能包括收入分配制度改革、社保制度改革、户籍制度改革、土地制度改革、扩大公共消费等，有望逐步解决居民需求不振的长期症结，居民消费潜力将得到进一步释放。

（三）线上消费折射消费新趋势

新冠疫情下数字经济逆势增长，成为保持中国经济社会正常运行的一道亮丽风景，线上消费快速增长尤为明显。同时也能看到，消费者日趋理性，更加关注消费品质，健康类消费有所增长，“宅经济”类商品消费增长加快，网购用户不断扩展到银发族，各类数字化鸿沟有所收缩。经济数字化不仅为人们生产生活带来便利，也在悄悄培育新的消费偏好和消费习惯，消费的韧性得到增强，未来有望出现更多新型消费形态。

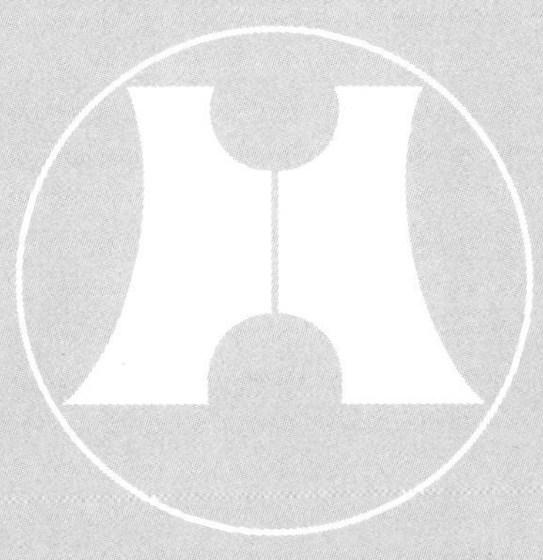

分报告三：传统基建增速放缓，新基建引领投资方向

执笔：王宏利

一、基建上半年拉动投资，下半年增速放缓，整体不及市场预期

2020年上半年，在疫情冲击之下，消费增速下滑明显，而出口受全球经济放缓以及疫情对全球经济冲击影响，也难以发挥支撑经济作用，经济短期恢复到正常增速仍然需要依赖投资。而固定资产投资的三个主要领域是基建投资、房地产开发投资和制造业投资。其中，制造业是中间行业，房地产受疫情冲击，销售回款下降导致资金链不足，新旧基建相继发力是拉动投资增速回升的主要原因。

2020年下半年以来，虽然投资累计增速首次实现年内正增长，但基建投资恢复速度进一步放缓，整体弱于市场预期。1—9月，基础设施建设投资和基础设施建设投资（不含电力）分别同比增长 2.4%和 0.2%，增速均继续回落。从单月投资增速来看，6月以来单月同比增速连续下滑，与市场预期相差较多。10月基础设施建设投资当月同比增长7.3%，较上月上升2.5个百分点。11月，基建投资温和回落，当月同比增长5.9%，广义基建累计同比增速基本持平10月，小幅回升0.3个百分点，单月增速较10月回落1.4个百分点至5.9%，环比动能依然在走弱。同时11月金融机构财政性存款同比增

速上升至6.0%，达到年内新高，反映了11月份财政支出力度仍然不及预期，四季度基建反弹力度较弱（参见图1）。

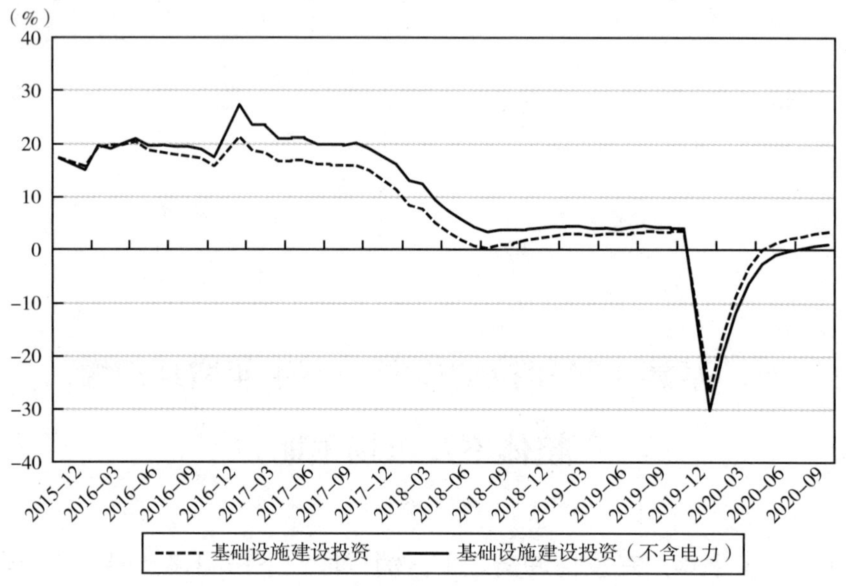

图1　基建投资完成额累计增速情况

数据来源：Wind数据库。

如图2所示，分行业看，电热燃水仍是主要支撑，水利环境设施投资边际改善。1—10月电热燃水投资累计同比增长18.2%，较1—9月上升0.7个百分点；交运仓储投资累计同比增长2.1%，与上月持平；水利环境设施投资累计同比增长-1.2%，较1—9月上升0.9个百分点。交运仓储中，1—10月铁路和道路累计投资同比增速分别为3.2%和2.7%，分别较上月下滑1.3和0.3个百分点。11月全口径基建投资同比增5.9%，一些前期发力较猛的领域增速开始回落，比如交运仓储、电力热力等。自6月份以来两者进入下行通道，带动基建投资增速持续走弱。11月电热气水当月同比增长12.3%，前值为22.8%。交运仓储当月同比增长1.1%，前值为2.1%。水利环境和公共设施管理当月同比增长7%，前值为6%。

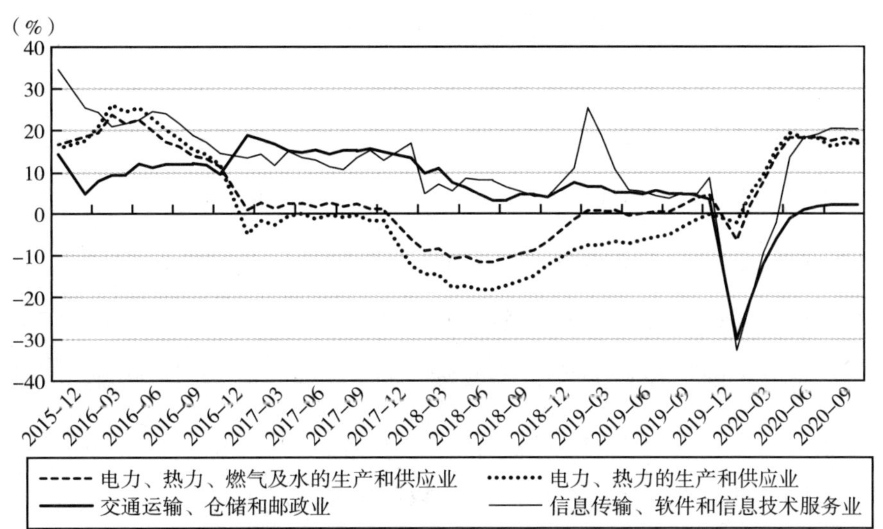

图2　基建投资重点领域累计增速情况

数据来源：Wind 数据库。

二、多方面原因导致基建投资增速不及预期

2020年受新冠疫情影响，经济稳增长的压力增大，我国财政政策明显比往年更积极。财政赤字同比增加了1万亿元；专项债发行规模较上年同期扩大，上半年新增专项债已发行2.23万亿元，已超过2019年全年的规模；地方专项债多增了1.6万亿元，并且政策引导专项债更多地投向基建领域而非土储棚改，同时将专项债可用于资本金的比例从20%提高到了25%；额外发行1万亿元特别国债，7000亿元特别国债用于基建项目，且可以用作项目资本金。但基建投资仍不及预期，主要在于以下原因。

第一，财政资金投放速度偏慢，导致基建资金从源头上受到制约。1—8月全国政府性基金预算赤字为 1.69 万亿元，低于同期专项债券发行额 1.21

万亿元，表明新增专项债券至少有1.21万亿元尚未投入使用，并且，抗疫特别国债也纳入政府性基金预算管理，因此上述估算可能存在低估。尽管2020年基建资金来源大幅增长，财政赤字、特别国债、地方专项债皆有大幅扩容，但财政资金的使用进度却显著慢于往年，1—8月仅达到全年支出预算的57%，而过去三年同期均值为63%。国内疫情趋于稳定、经济持续好转，消费修复速度加快，服务业对于经济复苏的引领作用也逐渐显现，政府稳增长与防风险再平衡，投资力度有所收敛，加码基建的必要性减弱。因此后续基建投资可能难以出现大幅回升。发改委在9月初例行发布会上表示，要引导地方尽力而为、量力而行，严防地方政府债务风险。

第二，专项债资金转化使用效力相对偏缓，项目落地的时滞因素可能导致专项债资金出现淤积。其他资金渠道在继续收缩。尽管稳增长压力颇大，但中央保持了定力，没有重走老路、放松对地方债务风险的管控，非标、产业基金、PPP等渠道仍处于监管的余波中，没有明显的好转迹象。虽然2020年专项债发行增量提速，但预算内资金、城投债、非标等对基建的支持力度有所回落。基建投资是另一大驱动型恢复手段。决定基建投资的主要因素是资金和项目。近期信贷结构持续优化，中长期信贷明显改善，加上政府债券资金逐渐落地，对基建投资形成了支撑，但地方财政收支缺口扩大，加之由于受项目审批、采集、开工影响，导致债务峰值与基建投资峰值往往有3—6个月的传导时滞，对短期内的基建投资形成一定制约，使得近期基建投资增速总体不及预期。

第三，其他项目对基建投资资金形成挤占。一方面，随着棚改债发行限制的放开，7月份以来，棚改债在新增专项债中的比重快速提升，对基建资金形成一定的挤占。且专项债结构逐渐发生变化，或未用作基建投资。其中，优质项目相对稀缺导致部分专项债资金投向棚改领域，棚改对资金的分流作用加大，对基建的支持力度有所减弱；2020年下半年，专项债资金被允许用于补充中小银行资本金、投向棚改领域，这也对投向基建的资金形成了一定分流。另一方面，2020年专项债主要投向了并不纳入基建行业投资统计的医疗体系与学校建设。1—9月累计卫生社会工作、教育行业投资增速分别高达18.9%、12.7%，显著强于传统基建投资增速。2020年地方政府行为目标偏向“六稳、六保”，基建投资发力不足。2020年基建投资中，电力、热力、燃气和水的生产供应业贡献极大，1—10月累计增速达到18.2%，而在公共设施管理、航空运输、生态环境、道路运输几大行业都拖累较大。从公共财政支出科目也可看到，2020年只有债务付息、农林水事务、社保就业、卫生健康支出是正增长的，而城乡社区事务、节能环保、科学技术等领域都是大幅负增。这意味着2020年特殊疫情情况下，地方政府对于保就业、保基本民生、保粮食能源安全等“六保”目标更加看重，而拉动地方投资增长的优先级明显弱于往年。

第四，基建投资的核心矛盾不是资金来源，而是项目质量。6月以来基建投资增速就已开始回落，财政预算赤字的使用一直缓慢，根源在于缺乏满足专项债使用要求的、能够收益自平衡的项目。从金融数据来看，9月财政支出应有所提速，但背后存在的基建合格项目（满足正现金流要求的项目）缺失的问题，仍然有待解决，投融资管理模式亟须优化。10月专项债投向棚改的比例较9月有所下降，未进一步挤压投向基建项目的专项债资金。但专项债对投向项目有较严格要求，优质基建项目储备可能不足。此外，社会配套资金相对有限，虽然城投债和中长期贷款增速较高，但其与基建投资的相关性有所减弱，表明资金并未流入项目建设中去；专项债要求收益自平衡，而很多地区为了尽快抢资金，前期项目论证工作不到位，上报了很多“掺水”的项目，优质项目的储备相对不足，导致在资金就位后，很多专项债项目不够成熟，迟迟无法落地，大量的专项债资金短期也只能闲置在账上，未得到充分利用。

三、2021年预测基建投资或维持弱增长

2021年基建投资未必依旧低迷，而是取决于财政政策的力度。短期内专项债发行对基建投资有支撑，长期随着经济恢复对逆周期调节需求将逐步减少。项目质量问题短期未能得到解决，依然压制资金拨付进度，且近期出口强劲降低了基建托底的诉求。明年经济内生动力增强，可能缺乏加码基建的必要性，我们预计专项债额度缩减、土地财政弱化，财政对基建支持力度将有所收敛。不过，今年投资项目被占用资金将在明年回补、改善资金到位情况，“十四五”规划开局有重大工程新开工，预计基建投资保持温和增长。

从第四季度看，政府工作重心将转向中长期，基建投资保持温和态势推进存量项目为主，新项目可能留至“十四五”规划的第一年即2021年初开工。在完善宏观政策跨周期调控的思路下，2021年财政预计更注重开源节流，赤字率向3%回归、政府债新增规模缩减，基建逆周期力量将趋缓。在对地方政府债务监管仍然趋严的情况下，基建投资的增长需要伴随城市群、都市圈发展的红利释放，短期难有大幅提速。

2021年基建的关注点是结构的变化。比如电力、铁路、公路等领域的投资增速会有所下行，但代表新基建方向的智能交通基础设施、智慧能源基础设施；代表绿色经济的充电桩、光伏、风电；受益于长三角、粤港澳、成渝等区域一体化加快的城际铁路、轨道交通；受益于网购增速持续上行的仓储业；受益于航空运输流量恢复的机场运输等领域景气可能会有所上行。在进一步扩充内循环的大背景下，“十四五”规划提出了“构建系统完备、高效实用、智能绿色、安全可靠的现代化基础设施体系”，与“十三五”提出的安全高效、智能绿色、互联互通要求相比，显然有相当程度的提高。因此，未来五年地方政府的发展任务仍然很重，在实施路径上也有很大变化；开始

强调“统筹推进”——既要求基础设施必须系统布局、形成体系；又要求提升运营效率，最大限度地发挥基础设施的作用。

四、“新基建”投资加码，撬动多行业，为新兴产业赋能

2020年是新基建元年，也是“十四五”规划出台之年。站在新的历史起点，基础设施行业和基础设施企业面临着新的机遇和挑战，同时也将开启新的征程和篇章。从投资规模来看，目前的市场对2020年新基建七大领域投资规模的估算，普遍在1万亿—2.5万亿元，即只有广义基建投资的5%—15%，而且其中投资规模占大头的仍然是偏传统基建类型的城际铁路和城市轨交。就现阶段而言，新基建更多地是决定基建的发展方向，而不是体量，目前对经济的直接拉动作用也比较有限。在国家高质量发展、交通强国、新基建战略和浪潮的推动下，传统基建必然将与新基建走向深度融合，传统基建也将被赋予更加丰富的内涵，进一步形成和衍生出基于数字技术的融合基础设施和创新基础设施。

“新基建”的重要意义在于，通过新型基础设施的投资，来带动新一轮的产业发展。因此，地方政府在投资基建项目过程中应当关注基建投资后带动的需求与当地产业的关联性；通过强化基建的定向投资，来带动当地产业的发展。因此，未来的基建投资需要进一步加强与地方产业的关联。以农林渔牧为主要产业的，加大农业现代化、冷链物流方面的投资；以制造业为基础的，加强物流建设以及上下游产业的基建项目建设；以商贸物流为支撑的，加强物流基础设施、公共服务业的建设，吸引更多的人口流入；以高新技术为主要产业的，加大对应领域的新基建投资，推动新一轮的产业发展。“十四五”规划中提出，要优化投资结构，保持投资合理增长，发挥投资对

优化供给结构的关键作用。从当下的国际环境来看，保持经济的稳定性对我国来说有非常重要的意义。因此，需要加快补齐基础设施、市政工程、农业农村、公共安全、生态环保、公共卫生、物资储备、防灾减灾、民生保障等领域短板，推动企业设备更新和技术改造，扩大战略性新兴产业投资。

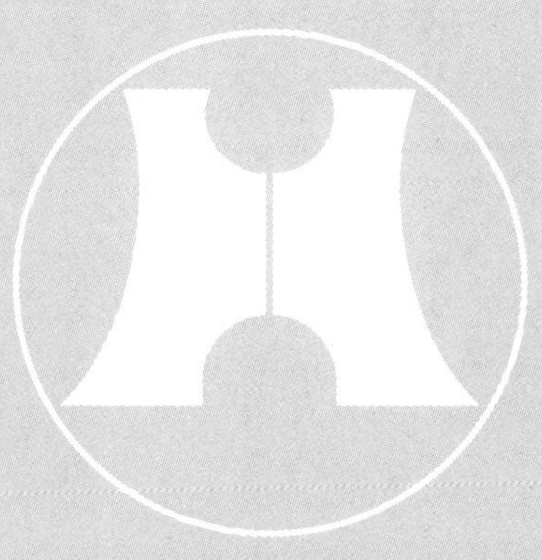

分报告四：外贸实现稳定增长和质量提升

执笔：王宏利

一、进出口整体景气度回升，贸易顺差创新高

2020年，面对严峻复杂的国内外形势和新冠肺炎疫情的严重冲击，我国成为全球唯一实现经济正增长的主要经济体，外贸进出口明显好于预期，从一季度大幅震荡、二季度快速回稳到三季度全面反弹，再到全年稳步增长，外贸规模再创历史新高。据海关统计，2020年，我国货物贸易进出口总值32.16万亿元人民币，比2019年增长1.9%。其中，出口17.93万亿元，增长4%；进口14.23万亿元，下降0.7%；贸易顺差3.7万亿元，增加27.4%。在新冠肺炎疫情和单边主义保护主义等多重压力之下创历史新高，成为全球唯一实现货物贸易正增长的主要经济体。

进出口规模和国际市场份额再创历史新高。2020年，世界经济增长和全球贸易遭受严重冲击，我国外贸发展外部环境复杂严峻，在这样困难的情况下，我国外贸进出口实现了快速回稳、持续向好，展现了强大的韧性和综合竞争力。我国外贸进出口从2020年6月份起连续7个月实现正增长，全年进出口、出口总值双双创历史新高，国际市场份额也创历史最好纪录，成为全球唯一实现货物贸易正增长的主要经济体，货物贸易第一大国地位进一步巩固。根据WTO和各国已公布的数据，2020年前10个月，我国进出

口、出口、进口国际市场份额分别达12.8%、14.2%、11.5%，均创历史新高。参见图1。

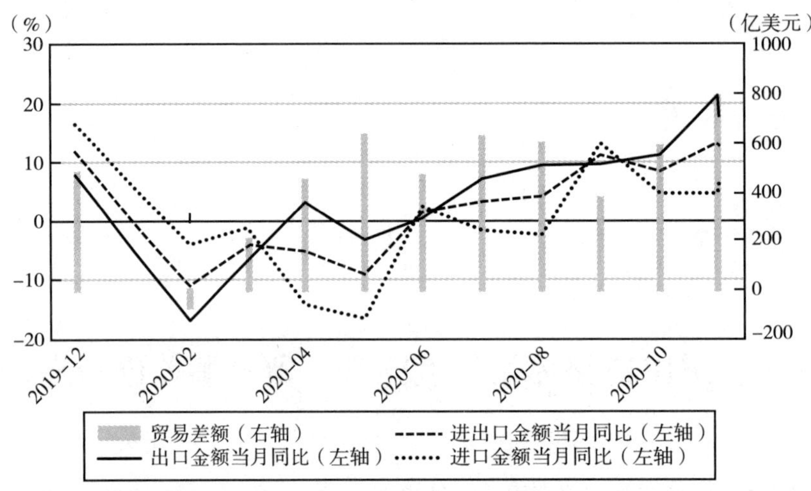

图1　进出口同比增速及进出口贸易差额值月度趋势

数据来源：Wind 数据库。

外贸结构进一步优化，贸易方式显著改善，外贸主体活力持续增强，外贸发展动能进一步增强。2020年，我国民营企业进出口增速比同期我国外贸整体增速高了9.2个百分点，占我国外贸总值的46.6%，成为我国外贸进出口增长的重要拉动力量，第一大外贸主体地位更加巩固，成为稳外贸的重要力量。外商投资企业进出口占38.7%，国有企业进出口占14.3%。一般贸易进出口占比持续提升，占我国外贸总值的59.9%，比2019年提升了0.9个百分点，加工贸易进出口下降3.9%，占23.8%。外贸新业态蓬勃发展，全年跨境电商进出口1.69万亿元，增长了31.1%，市场采购出口增长了25.2%。中欧班列全年开行了1.24万列，发送113.5万标准箱，同比分别增长了50%和56%，综合重箱率达到了98.4%。全年综合保税区进出口增长17.4%，自由贸易试验区进出口增长10.7%，海南自由贸易港免税品进口增长了80.5%。

二、出口维持高景气，高新技术产品贡献持续提升

2020年疫情对海外市场存在持续影响，国内出口增长强劲。2020年全年出口增速为3.6%，进口增速为-1.1%，全年贸易顺差为5350亿美元，为历史第二高顺差年份，仅低于2015年。从最新数据来看，12月出口同比增速小幅回落至18.1%，前值21.1%，出口增速仍维持相对强劲。下半年海外经济复苏带动生产相关商品出口高增，总体出口表现依然亮眼，主要由于部分国家供应能力的恢复不及预期以及部分国家经济复苏带动的生产需求超预期增长，二者交叠存在。出口结构中高新技术产品（集成电路、自动数据处理设备等）和机电设备的贡献持续增加，出口企业盈利改善在第四季度进入加速期。在供给替代与全球贸易修复的轮换中，未来需要关注全球制造业景气共振对中国出口的支撑。

从出口国家与地区来看，2020年，我国前五大贸易伙伴依次为东盟、欧盟、美国、日本和韩国。从第四季度数据变动来看，对多数发达经济体出口回升，表现强于新兴市场，叠加韩国、越南出口的景气表现，当前的出口已经明显带有全球贸易复苏的迹象。对发达经济体出口方面，我国对欧盟、美国、日本、韩国等国家或地区出口增速基本保持良好态势，其中对英国出口改善最为显著。韩国出口增速12月单月大幅回升至12.6%，达到2020年年内高点。这与各经济体PMI基本吻合，欧美日韩的生产端恢复加速对我国出口形成支撑（参见图2）。对新兴市场出口方面，中国对印度、巴西和其他金砖国家出口出现明显回落，但对东盟出口出现大幅回升。整体来看，12月的出口支撑点主要得益于对发达经济体的出口表现，部分新兴市场需求回落拖累国内出口。

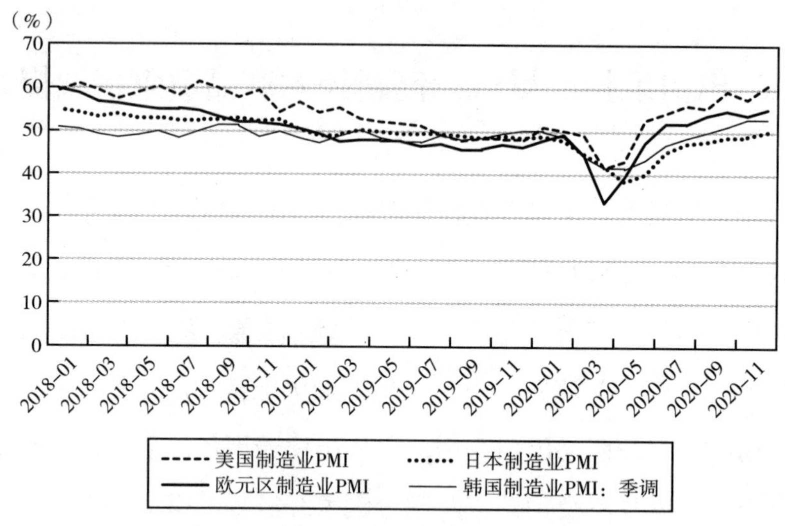

图2　美、欧、日、韩制造业PMI

数据来源：Wind 数据库。

从产品的出口结构来看，全年防疫物资出口先升后降，传统优势产品出口继续保持增长，出口主要矛盾未来也将更加集中在常态结构中。2020年，我国发挥全球抗疫物资最大供应国的作用，积极开展抗疫国际合作，尽己所能向全球200多个国家和地区提供和出口防疫物资。在四季度出口产品中，防疫物资继续回落，纺织纱线出口和医疗仪器及器械出口回调明显；占据主要地位的高技术产品出口提速明显，特别是自动数据处理设备及附件和集成电路，其中集成电路出口连续两个月大幅抬升，二者增速创下年内新高；机电产品相对保持高位平稳；地产后周期链条中的家具、家电出口依然突出，对新兴市场的替代依然会延续。参见图3。

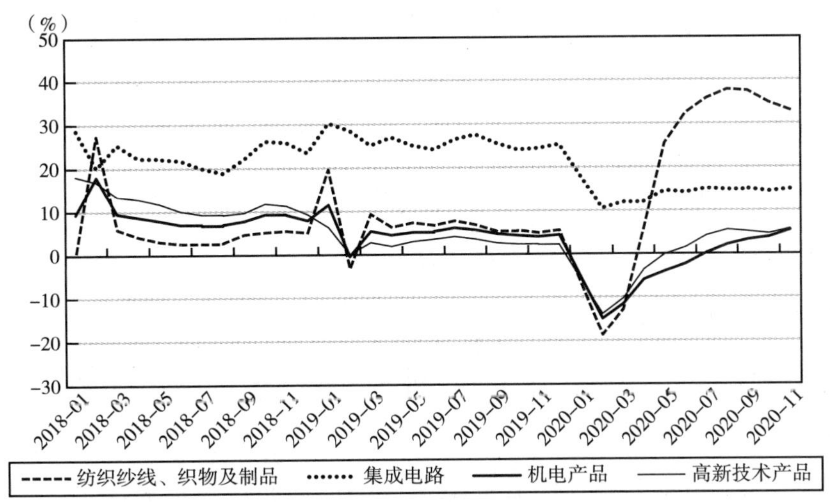

图3　人民币计价下重点商品出口金额累计同比增速

数据来源：Wind 数据库。

三、2021年出口将走向全球复苏与制造业景气共振的新阶段

当前的出口景气已经明显带有全球贸易复苏的迹象，出口型企业的盈利修复进入加速期。主要表现在以下两个方面：一是海外经济恢复，生产端和消费端的需求都为我国的出口带来一定支撑，发达经济体PMI指数保持景气，美国PMI突破60，日本PMI首度站上“荣枯线”，美国耐用品消费保持高增速；二是出口产品的结构显示，冬季疫情反扑叠加海外地产周期上行，使得防疫物资、居家、线上办公等相关商品保持一定景气度。

从2020年的出口结构变动来看，出口比重较2019年明显提升的行业大致分为两类：一类是疫情需求相关的纺织原料和医疗器械，另一类是供给替代与需求稳定共同支撑的机电和高新技术产品，以及地产后周期产品和塑料橡胶、化工原料等。展望后续，出口短期依然受两股力量主导，后续将走向全球贸易修复与制造业景气共振的新阶段。后续出口需要从短期和中长期两个视角来观察。

一方面，短期疫情仍占主导，替代效应延续，传统制造领域依然有支撑。新兴市场中巴西、墨西哥、印尼疫情仍未见好转，发达经济体中美国、英国、西班牙等国新增病例均处高位，日本也出现恶化，国内疫情再度出现扰动，整体来看疫情冲击还处于延续之中。结合当前疫情走向，疫苗全面推广之前，国内出口依然受替代效应和海外需求韧性支撑，传统制造中的地产后周期产品依然有支撑，在全球需求回升之下化工品出口表现仍然值得期待，这一形式预计在二季度之前延续。

另一方面，中长期来看，出口景气将走向新阶段，需关注全球制造业景气周期共振对出口结构的影响。2020年我国供给能力带动的全球贸易份额抢占，在机电产品、高新技术产品市场表现突出。由于市场打开之后，国内设备类和零部件类产品在性价比、竞争力等方面通过本轮疫情的外生推进，在全球市场份额的提升中带有较强的订单粘性，未来在全球经济修复、制造业景气上行周期，叠加制造业投资提升，设备类、零部件类以及高技术产品的出口具有向上的动力。这个阶段需要关注全球制造业景气共振为国内带来的机会，这其中一是助推机电设备类和高技术产品的出口；二是全球产能修复，中国在产业链中的嵌套环节将受到明显带动，如汽车零部件、机械设备零部件和原材料等的需求将提高。整体来看，考虑到海外在疫情好转和疫苗逐步普及的背景下，需求共振复苏，外需对出口有一定支撑，在供给替代与贸易修复的交替中，叠加RCEP中长期影响，国内出口高景气在2021年依然值得期待，同时国内经济持续向好进口景气也将持续，但相较于2020年，2021年贸易顺差可能将有所回落。展望未来，内外经济增长向好趋势延续会带动进出口景气持续，传统出口带来的边际增长将不断扩大，叠加2020年一季度疫情冲击造成的低基数，预计2021年进出口高速增长的趋势仍将持续。此外，需关注主要新兴经济体疫情发展和出口态势。

四、进口保持相对稳定，国内经济复苏带来增量

我国国内超大规模市场为扩大进口提供了有力支撑。在疫情影响下，我国超大规模市场优势更加明显，进口需求稳定。2020年，我国原油、金属矿砂等资源型产品进口量分别增加了7.3%和7%，粮食、肉类等农产品进口量分别增加了28%和60.4%。12月汽车进口大幅上涨，主要受益于国内新能源汽车产业链景气度提升。整体而言，在国内外经济恢复趋于平稳和价格因素影响下，大宗商品进口增速在第四季度有所下降，原油、铜材、钢材、大豆、铁矿石增速均出现不同程度的回落（参见图4）。从国别角度看，中国对美、欧、东盟进口均出现改善，其中对美进口改善最为明显。第四季度末进口增速回升主要原因有以下四个方面。

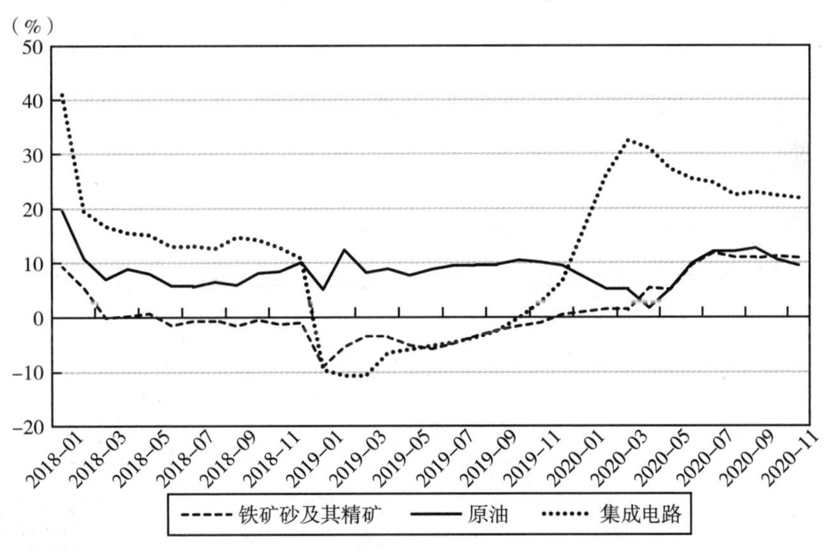

图4 重点商品进口数量累计同比增速

数据来源：Wind 数据库。

一是年末海外疫情影响整体受控，海外供应能力相对前期有所回升，12月加工贸易的同比增速创年内新高达17.6%，说明中间品贸易渠道较为通

畅；加工贸易和一般贸易修复带动12月进口小幅回升。12月进口同比增速为6.5%，较11月小幅回升2个百分点，进口回升得益于加工贸易和一般贸易的改善，这与全球贸易逐渐修复逻辑一致。

二是我国经济恢复趋于平稳，12月进口增长强劲，增速较上月回升了2个百分点至6.5%，高于市场预期，体现国内经济需求有较强支撑。从环比数据观察，12月进口环比增速为2017年以来同期最高值，同时也显著高于考虑到春节效应后的可比年份2017年同期值。

三是我国新能源汽车、工业制造等行业的高景气，国内增长动能修复带动的需求较好，带来较强增量效应；体现到商品上，可以看到汽车、自动数据处理设备、铁矿、集成电路等生产相关的商品进口高增。从生产的角度看，11月工业增加值同比增长7%，环比上升0.1个百分点，为2018年4月以来的最高值，服务业生产指数同比增长8%，比上月提高0.6个百分点，高于工业增长，也高于2019年第四季度水平。景气指标显示，12月制造业PMI为51.9%，较上个月回落0.2个百分点，但仍位于50%以上的扩张区间（参见图5）。多数经济指标显示经济持续乘势而上，需求有支撑。

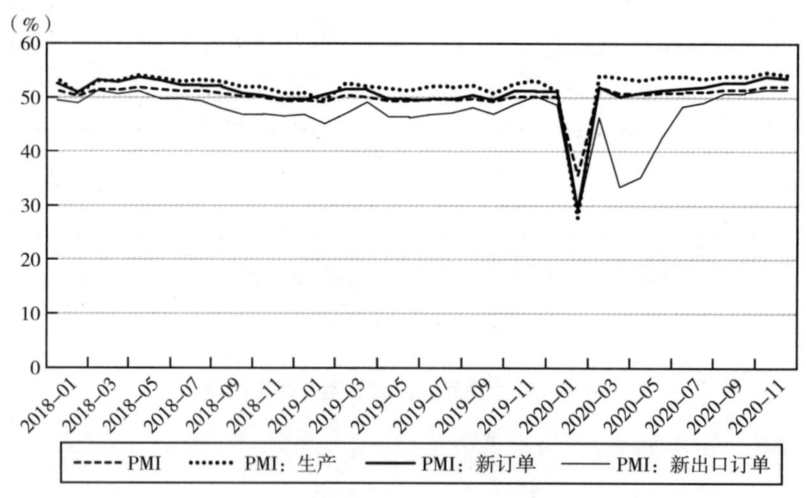

图5 国内制造业PMI相关指数

数据来源：Wind 数据库。

四是短期因素扰动。首先，部分地区疫情反复可能加速企业进口备货节奏，国庆以后国内呈现出疫情散点爆发的状况，专家提示冬季为重要的防疫时期，因此不排除考虑到疫情短期反复，国内企业出现加速进口备货和生产等状况。其次，国内冷冬叠加环保等因素使煤炭等商品进口大幅攀升。12月主要进口商品中煤及褐煤进口量增长13倍，金额增长9倍左右。最后，中美第一阶段贸易协议仍在进行中，中国对美国的强进口需求推升整体进口。12月中国对美国的进口增速较上月回升15个百分点至47.7%，对非美地区的进口增速仅回升了1.1个百分点至3.9%。总体来看，国内经济增长修复带动的进口需求增长的力量更强。

五、持续优化贸易结构，塑造对外贸易竞争新优势

疫情期间，我国向全球200多个国家和地区提供和出口防疫物资达4385亿元，“宅经济”等产品出口增长，进口需求旺盛，为全球产业链供应链稳定运行乃至世界经济复苏注入强大动力。我国外贸能逆势打赢“翻身仗”，靠的是自身“硬实力”。市场选择中国，一方面是因为我国率先取得了疫情防控和经济社会发展的重大战略成果，具备稳定的生产环境和充足的产能供给；另一方面则是看到了中国外贸乃至中国经济的强大韧性和综合竞争力。2020年上半年，我国疫情防控有力有效，稳步推动复工复产，从财政、金融、产业等多方面加大助企纾困力度。在外贸领域，我国及时出台出口转内销、减税降费、通关便利等一系列稳外贸措施，金融机构也加大贸易融资支持力度，帮助企业稳市场、保订单，降低贸易风险。全国一盘棋的强大合力，为外贸增长赢得了时间。我国拥有世界上规模最大、门类最全、配套最完备的制造业体系，具备完整产业链优势。疫情期间，这种高效的组织生产能力、

完备稳固的产业链和供应链优势得到充分展现。伴随着更大范围、更宽领域、更深层次的制度型开放不断走深走实，贸易投资自由化便利化程度显著提升，这也是支撑我国外贸发展向好的一大因素。在北京召开的2020年中国国际服务贸易交易会全球服务贸易峰会，充分说明中国的对外贸易正在沿着更加健康有序和富有朝气的轨道发展。

2020年，尽管面临严峻挑战，但背靠规模超大的国内市场，在挫折中成长起来的中国外贸无惧风浪。不过，也要看到，近年来，在国际经济形势发生很大变化、贸易保护与单边主义十分猖獗的情况下，进出口贸易也面临十分严峻的考验。特别是2020年又受到疫情的严重冲击与影响，出口的压力更大：订单回流、行业复苏分化等问题不容忽视。改善进出口贸易结构，应是当前最重要的内容之一。“十四五”时期，我国立足新阶段、贯彻新理念、构建新格局，在此背景下，外贸发展必然迈向更高质量，这迫切需要我们抓住时间窗口，加快转动力调结构，促进产业链、供应链由中低端向高端迈进，塑造外贸国际竞争新优势。

第一，要进一步改善进出口贸易的结构。在市场需求方面，国内市场仍具有很大的潜力，需要进一步挖掘与拓展，从而减少贸易顺差，改变进口薄弱的现象。单纯出口实现增长，是无法使进出口贸易呈现整体向上、可持续的良性格局的，对经济的高质量发展有潜在的负面影响。因此，必须改善进出口结构，提高进口的分量，使进口成为国内市场需求的一个风向标。

第二，要进一步改善出口企业结构。2020年，民营企业在进出口贸易方面发挥了至关重要的作用，已经成为出口的主力军。民企在进出口贸易中的比重大大提升，除了民企自身的因素之外，与外商投资企业和国有企业的出口强度减弱、出口情况不佳有着密切关系，外商投资企业与国企出口表现不佳推升了民企的比重，由此可以看出，不同类型的出口企业之间尚没有形成共同提升的良好格局。所以，推动外商投资企业和国企的贸易出口提升势在必行。尤其是国企，应当在经济稳定需要的时刻挺身而出，发挥更大作用。只有外商投资企业和国企进出口情况都在好转的情况下，民企主力军作用的含金量才会更高。

第三，要进一步改善进出口贸易地区结构，充分利用RCEP的区域优势。目前RCEP是全球体量最大的自贸区，涵盖了全球约30%的人口、30%的经济总量和30%的对外贸易，发展前景广阔、潜力巨大，成员各方对此充满期待。2020年，我国对其他14个RCEP成员国进出口总值10.2万亿元人民币，增长了3.5%，占同期我国进出口总值的31.7%。具体分析：从贸易伙伴看，东盟10国是我国第一大贸易伙伴，日本、韩国是我国第四和第五大贸易伙伴，对澳大利亚进出口1.17万亿元，下降0.1%；对新西兰进出口1255.3亿元，下降0.4%。从出口商品看，出口机电产品2.6万亿元，占同期对RCEP成员国出口总值的53.8%。同期，出口劳动密集型产品增长11.9%。从进口商品看，进口集成电路增长9.8%，自动数据处理设备及其零部件增长8%，铁矿砂增长14.7%，初级形状的塑料下降0.3%。RCEP生效后，区域内90%以上的货物贸易将实现零关税，服务贸易开放水平也显著高于原有的“10+1”自贸协定。这有助于扩大国内企业出口市场，同时增加优质商品和服务进口，满足人民对美好生活的需要以及国内产业转型升级的需要。

第四，要进一步改善产品结构。在出口方面，我国传统产业仍然具有明显的竞争优势，但高新技术产业普遍缺乏国际竞争力。从以上数据分析可以看出，机电产品、纺织品和塑料制品等仍然是出口的主要产品，占比接近三分之二，特别是机电产品。其他产品若要提高出口比重，需要有更多政策扶持。而在纺织服装出口中，口罩等占据不小的比重，而服装占比则下降，也需要分析和调整。从进口情况来看，铁矿砂、原油、煤、天然气和大豆等商品进口都处于下降通道，说明国内市场需求仍然不很稳定，需要不断拓展新的空间。

第五，进一步鼓励外贸新业态发展和完善。跨境电商平台连接海外市场、外贸企业和消费者，成为“买全球”“卖全球”的重要载体。随着互联网技术不断发展、跨境运输网络日益完善，跨境电商成为促进外贸增长的重要力量。2020年全年，我国跨境电商进出口1.69万亿元，增长31.1%；105个跨境电商综合试验区内企业建设了1800多个海外仓。要进一步做大做强跨境电商，完善监管和服务政策，提高其在进出口贸易中的比重。

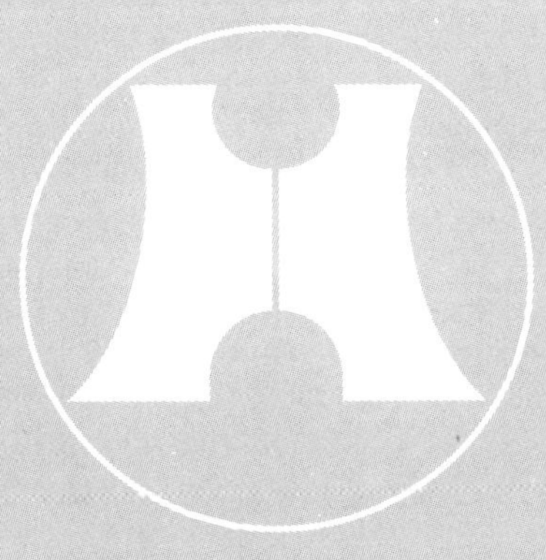

分报告五：制造业生产持续上升，不确定性主要来自消费需求

执笔：苏京春　盛中明

2020年，制造业生产领跑全年经济复苏，以制造业为主的第二产业GDP增速2.6%，这是自2013年以来第二产业GDP增速首次超过第三产业。制造业生产的快速恢复与2020年国内投资的拉动和出口的超预期好转密切相关。从生产的结构特点看，2020年国有企业运行较为稳健，民营及外资工业企业的反弹则更为强劲，而高技术产业在整体引领的作用依然较为明显。工业企业盈利在连续20个月负增长后在疫情状态下逆势转正，主要是因为政策降成本效果显著、出口强势拉动和国内消费的弱复苏起到的托底作用；但当前的盈利修复局面还没有构建促进制造业投资实现较高速稳定增长的坚实基础，制造业投资恢复进度略滞后于盈利修复进度。

回顾2020年，政策对于制造业恢复起到了关键的支持作用；展望2021年，预计制造业生产将继续维持上升态势到2020年之前的正常水平，但进一步增长的空间或已不大，制造业恢复和回升的主要不确定性还是来自消费需求是否能够进一步得到释放。

一、制造业生产领跑2020全年经济复苏

（一）2020年第二产业恢复进度快于第三产业

2020年，在新冠疫情冲击下，得益于有效的防控措施和经济结构的韧性，我国经济增速走出了一条V型反转之路。2020年第一季度，GDP受到重挫，同比下滑了6.8%，但到了第二季度，GDP当季同比增速即转正回升至3.2%，此后在第三、四季度的增速分别为4.9%和6.5%，持续回升，全年累计GDP实际增速达到2.3%，成为世界上唯一实现年度经济增长的主要经济体。

但从产业划分来看，2020年的经济复苏呈现出了第二产业恢复进度快于第三产业的特点（图1）。从GDP的季度同比增速来看，从2012年第三季度

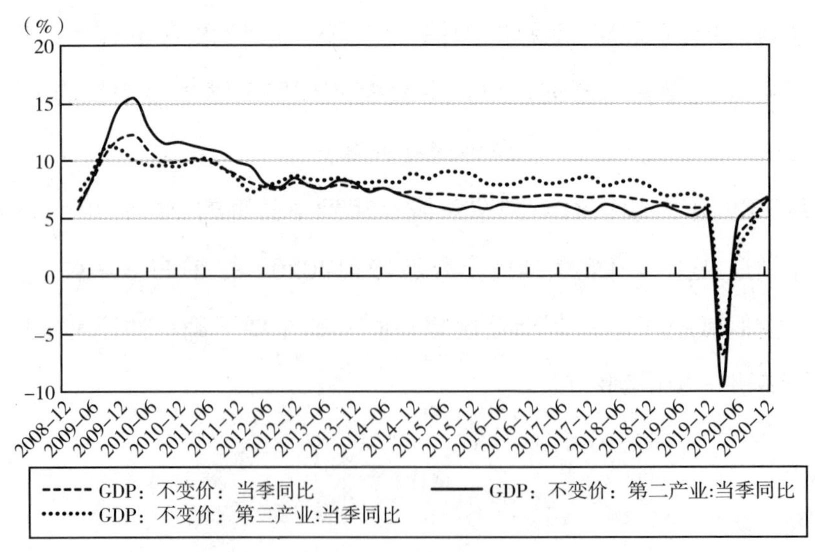

图1　第二、三产业及总体GDP当季实际同比增速

数据来源：Wind数据库。

至2020年第一季度，连续31个季度，第二产业的季度GDP增速都要低于第三产业。而最近从2020年第二季度开始到年末的三个季度，第二产业GDP增速开始反超第三产业。

在全年数据上，2020年以制造业为主的第二产业GDP增速2.6%，高于整体GDP增速0.3个百分点，高于第三产业增速0.5个百分点。这是2013年以来，第二产业GDP增速首次超过第三产业，在三次产业中引领经济增长。参见图2。

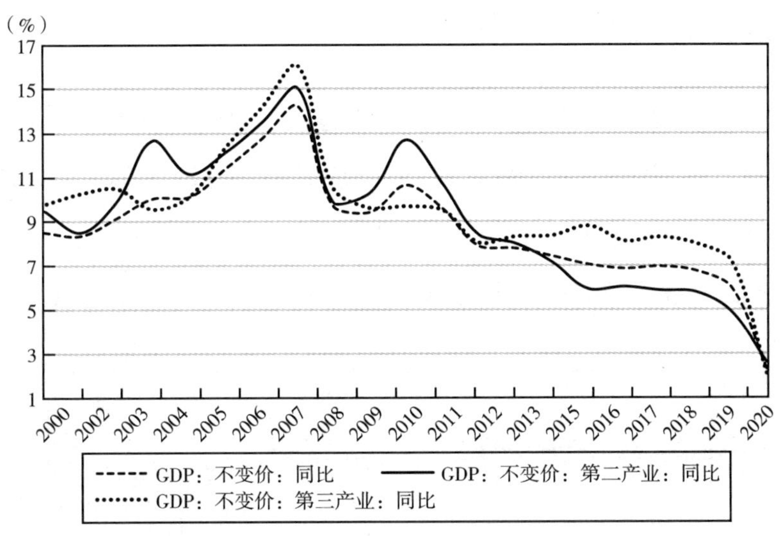

图2 第二、三产业及总体GDP年度实际同比增速

数据来源：Wind数据库。

这一数据现象既是疫情恢复期经济结构恢复特点的反映，也在一定程度上昭示了未来疫后经济的一些走向。疫情背景下，工业生产既先具备了恢复的客观条件，也因防疫用品、基建的推进而更早地获得了需求支撑；而服务业方面，一是因为疫情防控限制了旅游、聚集性餐饮娱乐活动等消费场景，二是因为经济下行、就业和收入预期不稳，服务消费受到抑制，服务业需求不足，增速落后于整体增速和第二产业增速。

若从疫情下工业生产对经济的支撑作用观察，还可以发现工业或所谓制造业是一个国家经济中最基础的一部分。产业链的完整和制造能力的积淀使得我国可以在疫情冲击下迅速组织恢复生产，稳定了就业、帮助了抗疫、提振了经济。第二产业占比的下降是各经济体经济发展进程中的阶段性特点，但疫情下的数据显示，也说明了制造业在国民经济中的基础性重要地位。

（二）制造业生产全年恢复进度较快

2020年一季度结束以来，规模以上制造业企业增加值当月同比增速即转正，并逐月连续提升，11月达到7.7%，12月持平，高于上年同期水平；累计规模增速在第一季度曾大幅下滑10.2%，但也已在7月转正，2020年全年规模以上制造业企业增加值累计增长3.4%，恢复进度可观。参见图3。

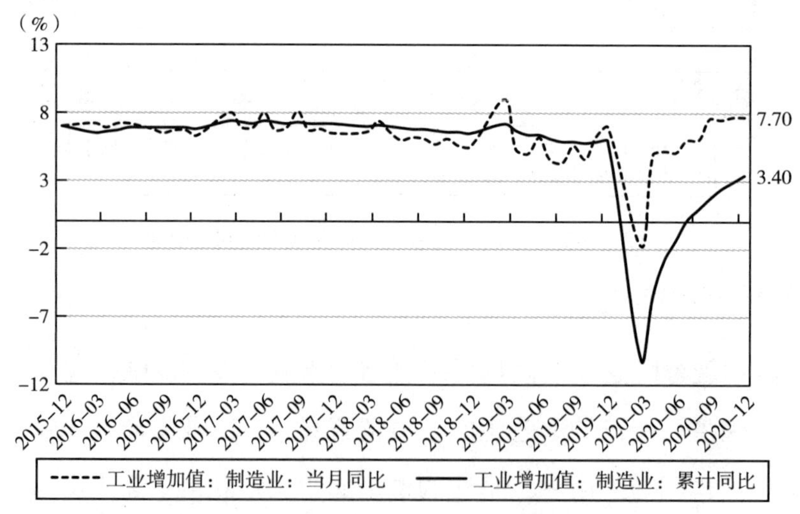

图3　规模以上制造业企业增加值累计同比与当月同比增速

数据来源：Wind数据库。

制造业生产的快速恢复与2020年国内投资的拉动和出口的超预期好转密

切相关。观察投资、消费、净出口三大需求对经济增长的贡献，进入2020年以来，投资阶段性地超过消费，成为支撑经济增长的最主要拉动力量。根据最新数据，由支出法核算的GDP可知，第一至第三季度，投资（资本形成总额）对GDP当月同比增速的拉动分别为-1.46%、5.01%和2.55%，较消费拉动分别高2.90、7.36和0.84个百分点（参见图4）。从季度累计同比增速看，1—9月，GDP累计同比增速为0.7%，其中投资拉动最大，为2.96%，净出口拉动次之为0.10%，消费则将GDP累计增速向下拖动了2.36%。投资即形成固定资产，需要更新设备、加强营建，都形成了对工业生产的需求；加上2020年我国出口超预期，国内国外需求同步作用，使得工业生产呈现较快的恢复进度。

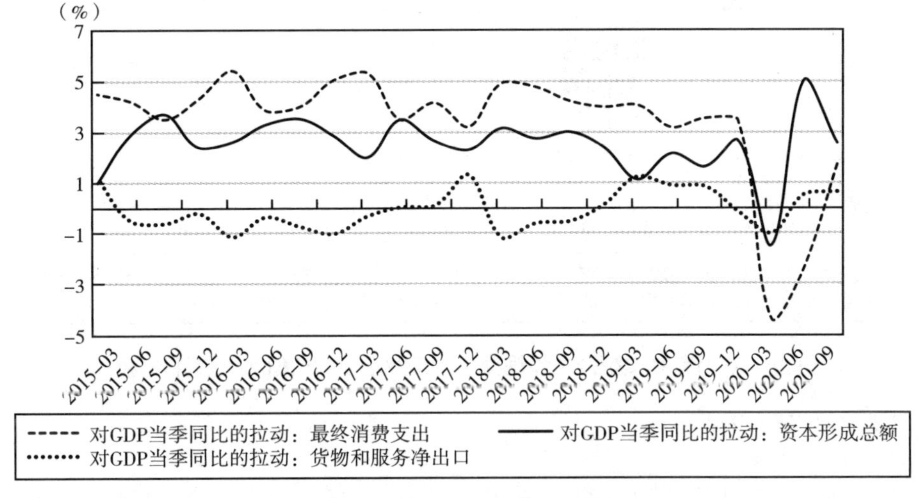

图4　三大需求对GDP当季同比增速的拉动

数据来源：Wind数据库。

（三）制造业生产恢复的结构性特点：国营稳健、民营及外资反弹强劲、高技术产业引领作用明显

分所有制类型看，2020年国有工业企业运行较为稳健。第一季度，总体

规模以上工业企业增加值累计下滑8.4%，私营及外资企业分别下滑11.3%和14.5%，而国有工业企业下滑的幅度最小为6%，较总体低了2.4个百分点。到了第三季度，国有规模以上工业企业增加值也实现了累计增长，全年实现了2.2%的增速，整体运行较为稳健。

民营及外资工业企业的反弹则较为强劲。第一季度，这两类工业企业增加值下滑幅度较大。而经过恢复，纵观2020年全年，私营规模以上工业企业增加值累计增长了3.7%，较整体高1.5个百分点；外资规模以上工业企业增加值累计增长了2.4%，较整体高0.2个百分点。参见图5。

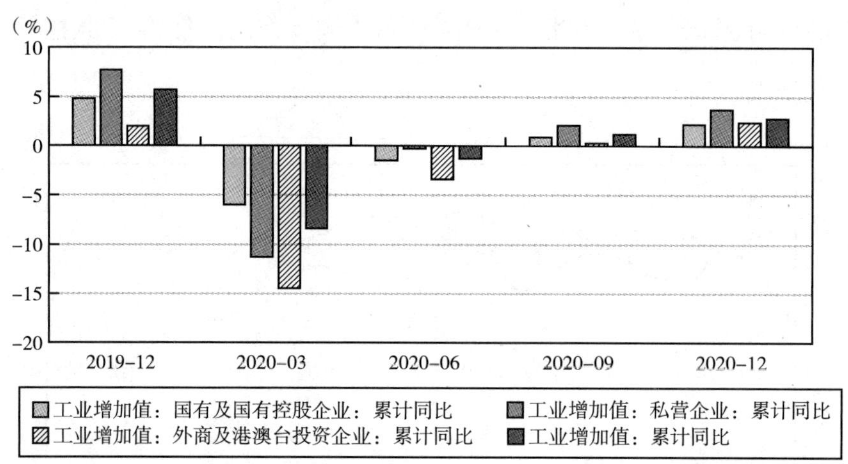

图5 各所有制类型及总体规模以上工业企业增加值月度累计增速

数据来源：Wind数据库。

在工业生产的恢复中，高技术产业的引领作用依然较为明显。2020年，规模以上高技术工业企业增加值累计增长7.1%，规模以上装备制造企业增加值累计增长6.6%，分别较总体工业增加值增速高了4.3和3.8个百分点。参见图6。

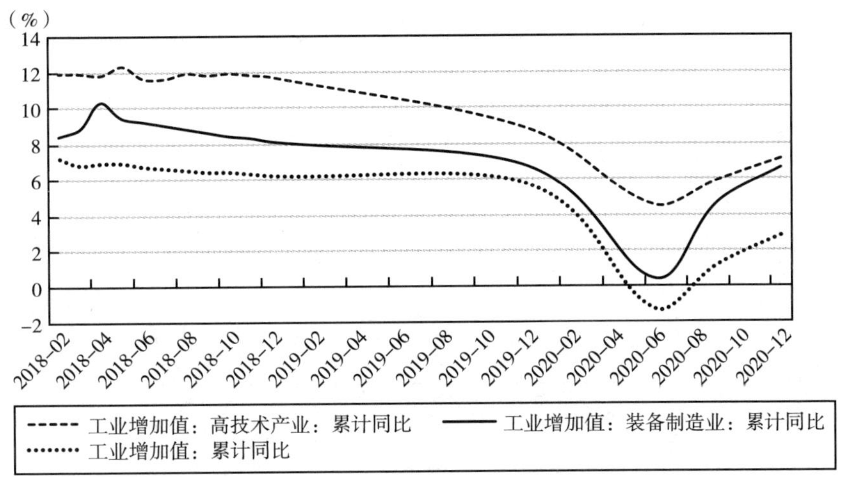

图6　高技术、装备制造及总体规模以上工业企业增加值月度累计增速

数据来源：Wind数据库。

二、制造业盈利及投资情况的总量表现与结构性表现

（一）工业企业盈利在连续20个月负增长后在疫情状态下逆势转正

自2019年1—2月规模以上工业企业利润总额下滑14%以后，工业企业盈利一直处于负值区间。但是，在疫情冲击的不利条件下，2020年1—10月规模以上工业企业利润总额累计同比增速转正为0.7%，1—11月继续提升至2.4%，工业盈利实现修复。

在月度同比增速上，6月份以来，工业企业利润增速大体维持在10%—20%的水平。其中10月份工业企业利润增速高达28.2%，主要因为2019年10月份基数较低。11月份15.5%的利润增速继续维持在10%—20%的较高水平，反映当前企业盈利较好。参见图7。

图7　规模以上工业企业利润总额月度累计增速

数据来源：Wind数据库。

（二）制造业投资恢复进度略滞后于盈利修复进度

在盈利修复的背景下，制造业投资也有回暖趋势。2020年全年，制造业投资累计同比增速为-2.2%，较年初的大幅下滑已经有了较大改观，但离正常水平依然有较大距离。值得注意的是，2019年初以来，制造业投资便低于全社会投资增速。2020年，全社会投资恢复的进度也较制造业投资要快，全年增速2.9%，较制造业高出5.1个百分点。所以，当前制造业投资虽在恢复中，但恢复进度还是略滞后于盈利修复进度。参见图8。

（三）制造业投资修复的结构性特点

2020年，制造业整体投资增速在全社会投资落后的过程中，制造业内部各行业投资也呈现分化。投资增长的行业主要是两类，一是上游原材料加工，如冶金、能源开采等；二是受疫情影响，需求出现提升的医药和线上设

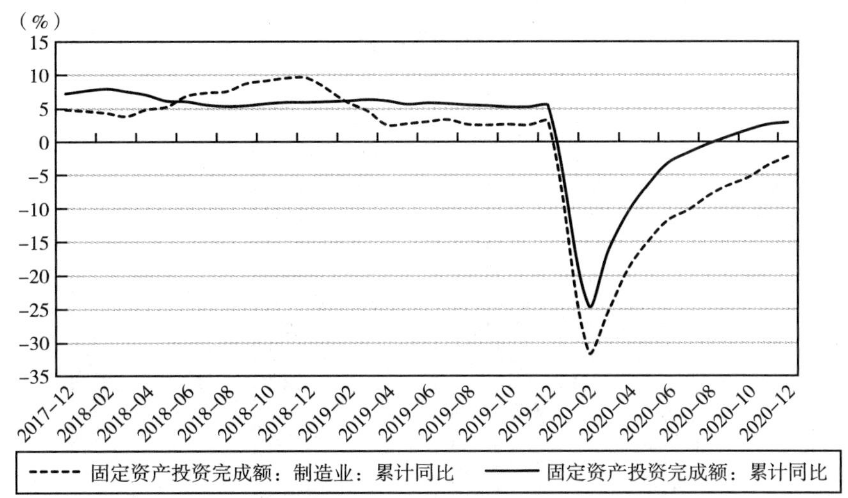

图8 规模以上工业企业利润总额月度累计增速

数据来源：Wind数据库。

备制造业。如图9，在制造业细分行业中，有5个行业的投资增速为正，分别是医药制造业（27.3%）、钢铁冶炼加工（25.4%）、计算机等电子设备制造（14.5%）、石油煤炭加工（6.1%）和废弃资源综合利用业（2.2%）。钢铁、能源加工作为上游产业，在建设项目开工后，增长恢复较快；而电子设备制造、医药行业则是疫情影响下需求增加提升投资，也代表着高技术的方向。

上述行业之外，大部分行业的投资下滑程度较为剧烈。其中，以金属制品机械设备修理业降幅最大，达到32.9%；制造业的中坚力量，如汽车制造业、通用设备制造业、化学原料及化学制品制造业投资下滑幅度分别为15.1%、10%和3.9%。这些行业连接着制造业的中上游，也连接着消费端，其投资疲软是当前需求不振的体现，也会使下一阶段的生产受阻。

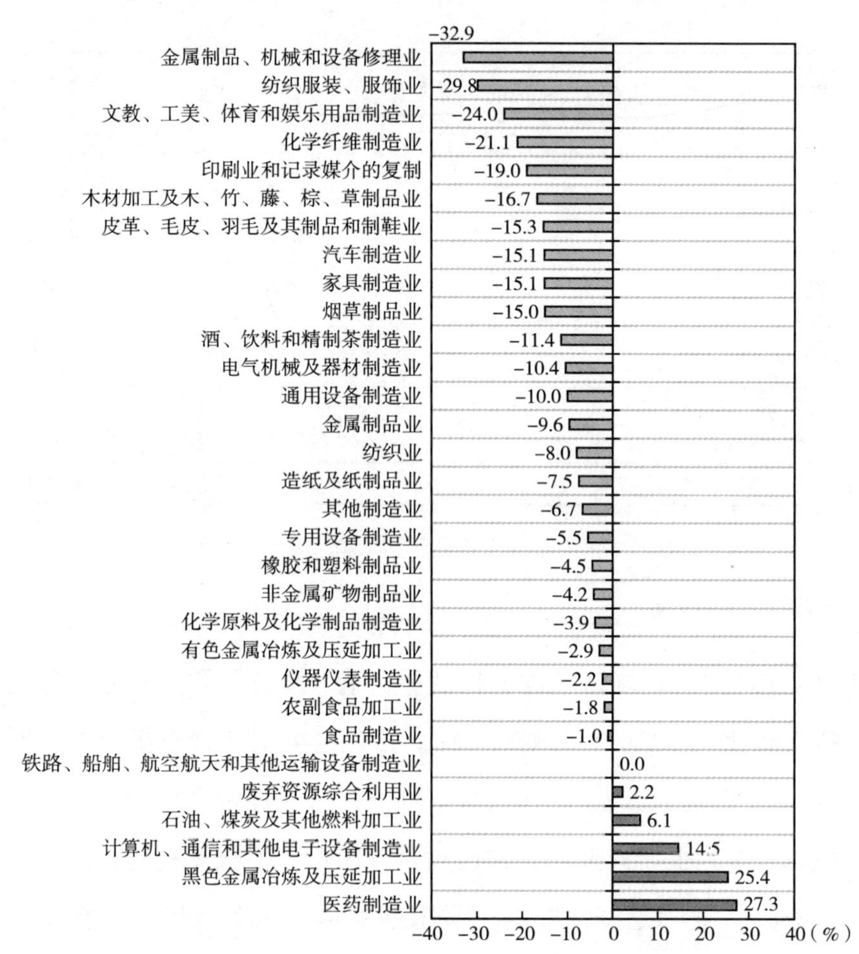

图9 2020年1—11月制造业各行业投资累计同比增速

数据来源：Wind数据库。

三、制造业盈利修复与投资相对滞后的原因剖析

2020年以制造业为主的工业盈利实现修复的原因主要有三个方面。

第一是政策降成本效果显著。2020年，为应对疫情冲击，减税降费和优化营商环境政策频出。企业降成本、提利润的效应较为显著。根据最新数据，1—11月累计，规模以上工业企业累计营业成本率为84.08%，该指标在5—11月一直保持着下行态势，以较4月份（2020年高点）的84.91%下降了0.83个百分点，亦较上年同期低0.12个百分点；与此同时，2020年2月份以来，工业企业营业收入利润率也持续上升，在8月份达到6.10%，分别较2月份（2020年低点）和上年同期提高2.56和0.19个百分点。

第二是出口强势拉动。据海关统计，2020年，我国货物贸易进出口总值32.16万亿元人民币，比2019年增长1.9%。其中，出口17.93万亿元，增长4%；进口14.23万亿元，下降0.7%；贸易顺差3.7万亿元，增加27.4%。根据WTO和各国已公布的数据，2020年前10个月，我国进出口、出口、进口国际市场份额分别达12.8%、14.2%、11.5%，均创历史新高。2020年，中国强有力的疫情防控措施叠加完备的产业链，使中国商品具备了供给全球的可能和能力。疫情对经济造成的影响，最重要的特点是对供给侧的影响大于消费侧，这在发达国家表现得尤为显著。疫情对人员流动的限制和运输的管控，导致多国的生产无法恢复，但由于各国政府都积极推出消费刺激计划，疫情对消费侧的影响相对较小，因此出现了供给和消费的缺口，对接我国供给，出口超预期增长。为工业的盈利修复提供了很强的动力。

第三是国内消费的弱复苏也起到了托底作用。2020年经济复苏进程中，消费整体恢复进度不及生产基本是全年的总基调，但国内消费本身也并未在非常低的水平徘徊，而是呈现弱复苏的态势，这也对工业盈利的修复起到了一定托底作用。

而制造业投资相对滞后于盈利修复的问题也可从以上原因里得到一定答案。政策降成本的作用有助于当期企业盈利的修复，但尚不足以构成持续稳定盈利的基础；出口的强势拉动，因为疫情仍然具有不确定性，稳定的预期也并未完全形成；最为关键的是，国内消费的复苏仍然是弱势的，进度偏慢。所以综合来看，当前的盈利修复局面还没有构成促进制造业投资实现较高速稳定增长的坚实基础。

四、2020年制造业政策回顾与未来走势展望

（一）2020年我国制造业政策回顾与简评

制造业是实体经济的主干，也承载了大量的就业人口。2020年初以来，政策对于制造业的恢复支撑是全方位的。

首先，减税降费继续推进，重点更偏向降费。根据财政部数据，前三季度，全国新增减税降费累计达2.09万亿元，其中新增降费1.55亿元（占比65%），新增减税7379亿元（占比35%）。主要由两部分组成：一是2020年出台的支持疫情防控和经济社会发展的税费优惠政策，新增减税降费1.37亿元；二是上年年中出台的政策在2020年翘尾新增减税降费7265亿元。

在减税方面，自2020年3月1日至12月31日，对湖北省增值税小规模纳税人，适用3%征收率的应税销售收入，免征增值税；适用3%预征率的预缴增值税项目，暂停预缴增值税。除湖北省外，其他省、自治区、直辖市的增值税小规模纳税人，适用3%征收率的应税销售收入，减按1%征收率征收增值税；适用3%预征率的预缴增值税项目，减按1%预征率预缴增值税。降费方面，阶段性减免企业养老保险、失业保险、工伤保险（以下简称三项社保）单位缴费。自2020年2月起，各省份免征中小微企业三项社保单位缴费至2020年12月底；各省份（除湖北省外）对大型企业等其他参保单位（不含机关事业单位，下同）减半征收三项社保单位缴费至2020年6月底；湖北省对大型企业等其他参保单位免征三项社保单位缴费至2020年6月底。此外，

政策还通过财政贴息、担保等举措降低了企业融资成本、拓展融资渠道。

减税降费政策下，市场主体降成本效应较为显著，盈利修复取得较大进展。根据财政部数据，前三季度，重点税源企业每百元营业收入税费负担下降0.63元，降幅达9.4%。利润总额同比增长了4.9%，增幅较前二季度提升了8.1个百分点。前文述及的规模以上工业企业的成本费用控制也盈利修复也反映了减税降费政策的成效。

其次，信贷政策对制造业恢复也发挥了关键作用。2020年，为支持实体经济恢复发展，金融逆周期调控力度大幅增强，信贷投放速度明显加快。监管层和银行纷纷出台政策，助力制造业企业金融融资。2020年5月，银保监会明确了“全年制造业贷款余额增速不低于5%，年末制造业中长期贷款占比将较年初提高1个百分点，信用贷款余额增速不低于3%”的“五一三”任务，从而推动大型银行资源向制造业倾斜。信贷政策的支持有利于制造业企业在经营困难期获得流动性支持，构建稳定运行的基础。

（二）制造业未来走势展望

展望2021的制造业形势，预计生产将继续维持上升态势到2020年之前的正常水平，但进一步增长的空间或已不大。这主要是由两方面的因素决定的：一方面，出口可能会进一步拉动制造业生产朝向正常状态恢复，但出口进一步扩张的逻辑已不坚固。2021年，随着疫苗普及，全球经济复苏的主要特点应是生产端的复苏以及服务消费复苏。这种情况下，发达国家商品供给缺口收敛会制约出口的改善，而发达国家商品需求已经超过疫情之前的水平，继续扩张的空间已经不大。另一方面，2021年将继续受消费动力不足的影响，消费的动力减弱并不是2020年疫情冲击的特殊现象，疫情只是强化了消费不足的趋势。释放消费潜力、提振消费需要通过制度建设改善就业和收入预期，并完善社会保障体系，但这方面的工作难言在短期内产生效果，消费在2021年继续低迷的可能性较大。

盈利方面的积极因素在于税费成本已经压降，但如果生产缺乏进一步回升的动力，营业收入也难有增长空间。可见，2021年及之后一段时间，制造业的恢复和回升的主要不确定性还是来自消费需求是否能够进一步得到释放。消费恢复的基础是覆盖全就业群体的稳定就业、良好的收入预期、完整的社会保障和可控的债务水平。但当前，就业领域的突出问题是农民工、个体工商户就业群体的就业弹性偏大、收入预期不稳，社会保障未能将其平等覆盖。收入领域的显著障碍是收入差距较大与居民债务水平节节攀升，其中要重点关注以房地产贷款为主要组成部分的居民债务水平，债务是对未来预期收入的限制，会显著地影响当期收入和未来的收入安排。下一阶段应推动户籍制度变革、将社会保障体系与常住地挂钩、抑制房价的不理性上涨，从制度层面改善居民收入预期，实现全面的消费复苏。

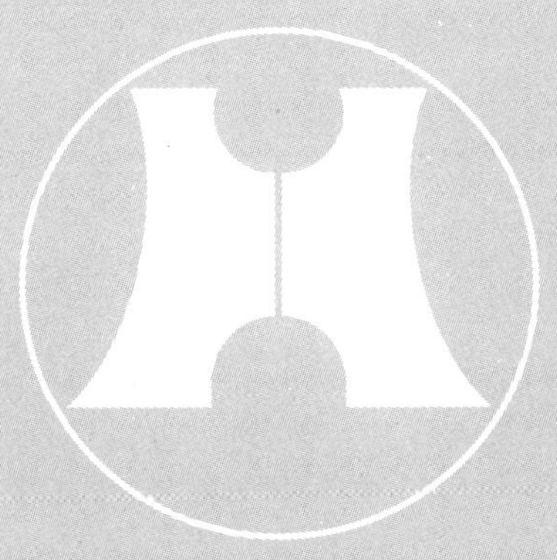

分报告六：能源供应保障能力稳步提升，结构性矛盾依然突出

执笔：张帅

2020年，面对严峻复杂的国内外环境，特别是新冠肺炎疫情的严重冲击，中国经济稳定恢复，国内生产总值（GDP）首次突破100万亿元大关，同比增长2.3%，成为全球唯一实现正增长的主要经济体，中国经济展现出强大的韧性和活力。能源是国民经济的命脉，是经济增长的引擎，对于促进经济社会发展、增进人民福祉至关重要。党的十八大以来，习近平主席提出"四个革命、一个合作"能源安全新战略，为新时代中国能源发展指明了方向，开辟了中国特色能源发展新道路。2020年，面对多重外在冲击，中国能源供应保障能力不断增强，可再生能源和清洁能源快速发展，能源结构进一步优化，但石油对外依存度较高、可再生能源比重较低、电力供应存在缺口等问题仍旧存在，能源结构性矛盾仍然突出。

一、能源生产

（一）原煤生产提速，供需呈现紧平衡态势

2020年，全年生产原煤38.4亿吨，平均日产1052万吨，比上年增长

0.9%（参见图1）。年初受新冠疫情影响，原煤生产大幅下滑，1—2月累计下降6.3%。随着复工复产逐步有序开展，原煤生产加速，3月、4月分别同比增长9.6%和6%，前四个月累积增长1.3%。6月份，国家发展改革委和国家能源局发布关于做好2020年能源安全保障工作的指导意见，大量小型煤矿被关停，原煤生产速度放缓，5—9月同比增速均为负，前九个月累计下降0.1%。第四季度，随着用煤需求量增加，原煤生产速度加快，10月、11月、12月分别同比增长1.4%、1.5%和3.2%。2020年，很多北方地区比往年提前启动供暖，且多地持续出现低温天气，用煤需求出现较快增长。尽管国家采取多项措施保证冬季用煤需求，但10月下旬以后，煤矿事故频发，晋陕蒙等原煤主产区都以保安全为主，叠加2021年度订单煤电博弈，多数煤矿增产意愿不高。同时，受恶劣天气影响，煤矿产销也受到一定的限制，煤炭供需呈现紧平衡态势。

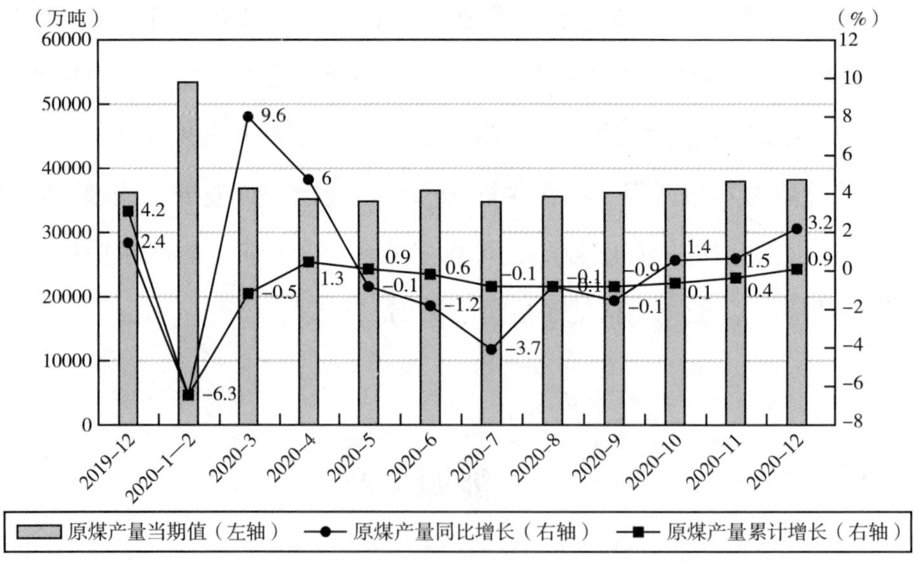

图1　规模以上工业原煤生产走势图

数据来源：国家统计局。

（二）原油生产略有放缓，产量稳中有升

2020年，全年生产原油1.95亿吨，平均日产53.4万吨，比上年增长1.6%（参见图2）。年初尽管发生新冠疫情，但原油生产并未遭受太大影响，1—2月份产量累计上升3.7%。3—7月份，疫情影响逐步显现，国际油价暴跌，原油生产增速放缓，前七个月累计增长1.4%。8月、9月原油价格回暖，原油生产提速，同比增长分别为2.3%和2.4%。四季度，原油生产增速略有放缓，同比增长分别为1.4%、1.2%和0.9%。整体而言，原油产量累计增速维持在1.7%左右，原油生产稳中有升。

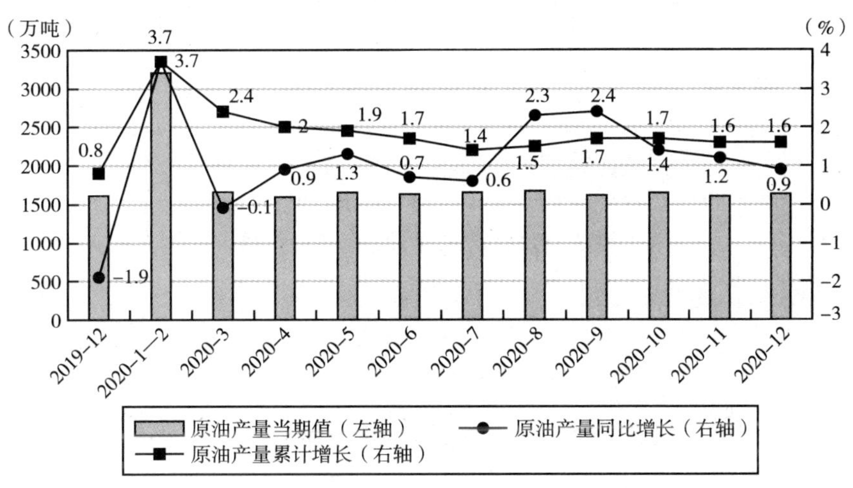

图2　规模以上工业原油生产走势图

数据来源：国家统计局。

原油加工创历史纪录，炼油能力进一步提升。

2020年，全年原油加工量为6.7亿吨，平均日加工183.6万吨，比2019年增长3.0%，创历史最高纪录（参见图3）。一季度受新冠疫情影响，原油加工大幅下滑，累积增速为-4.6%。二季度，原油加工提速，5月、6月的同比增速分别为8.2%和9%，当季加工量创历史纪录。根据IEA报道，第二季

度美国原油加工量跌至27年来的最低点，中国成为全球最大的炼油中心。7月、8月，原油加工继续维持高速增长，同比增速分别为12.4%和9.2%，前三季度累计增长2.9%。四季度，原油加工速度有所放缓，但同比增长率仍在3%左右。全年看，中国是全球唯一一个原油加工量同比大幅上涨的国家，炼油能力进一步提升。

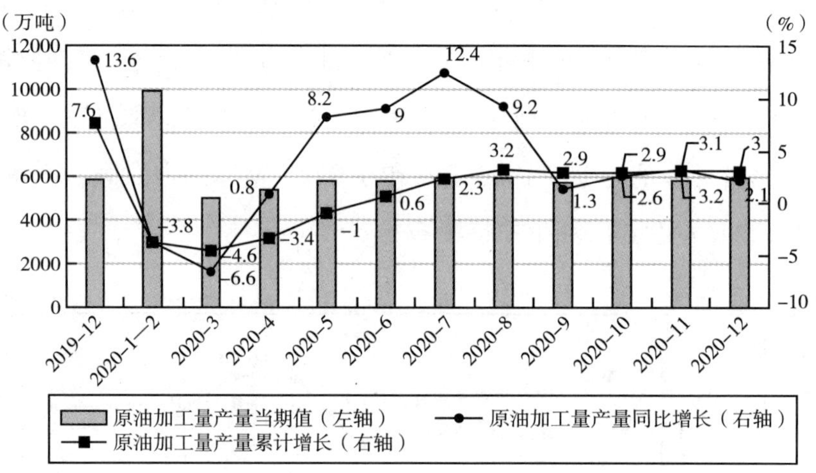

图3　规模以上工业原油加工走势图

数据来源：国家统计局。

（三）天然气产量快速增长，油气结构进一步优化

2020年，全年天然气生产量为1888亿立方米，平均日产5.2亿立方米，比上年增长9.8%，连续四年增产超过100亿立方米（参见图4）。全年看，天然气产量同比增速呈现“先上升后下降再上升”的趋势，4月最高为14.3%，8月最低为3.7%。经历最低点后，天然气产量恢复快速增长，第四季度同比增速均超过两位数。可以预见，2021年随着疫情防控常态化，天然气生产会进一步扩大。相比较而言，无论是月度增长率还是年度增长率，天然气都显著高于原油，油气结构进一步优化，绿色低碳转型取得重要进展。

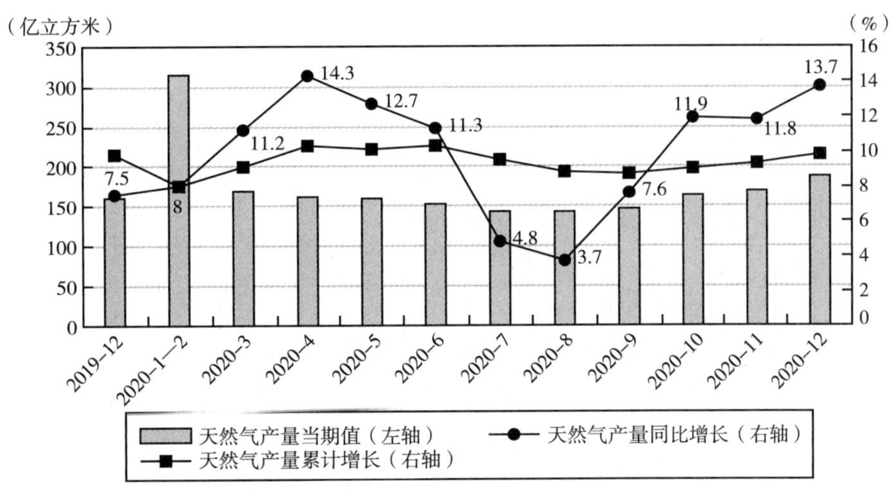

图4　规模以上工业天然气生产走势图

数据来源：国家统计局。

（四）电力生产继续加速，电力缺口再次显现

2020年，全年发电量74170亿千瓦时，日均发电203.2亿千瓦时，比上年增长2.7%（参见图5）。年初受疫情影响，经济活动停滞，发电量巨幅下降，第一季度累计下降6.8%。4月，电力生产同比增速转正，5月、6月增幅进一步扩大，但前两季度累计增长仍然为负。第三季度，电力生产延续增长趋势，前三季度累计增长0.9%。第四季度，随着居民用电高峰到来，电力生产继续加速，10月、11月、12月同比增速分别为4.6%、6.8%和9.1%。全年看，发电量累计增速呈现不断增长趋势。但是，进入12月全国多地出现用电缺口，“有序用电”、“开三停四”、用电高峰期“路灯开一半”等现象频发。这主要是由于工业生产高速增长和持续的低温寒流天气导致用电需求激增，而煤电供能不足、冬季枯水期水电发电量下降、风力发电受冰冻影响无法有效发电、太阳能发电无法瞬时加大发电量等因素，导致无力承担突然而至的用电负荷，反映出电力能源存在着结构性矛盾。

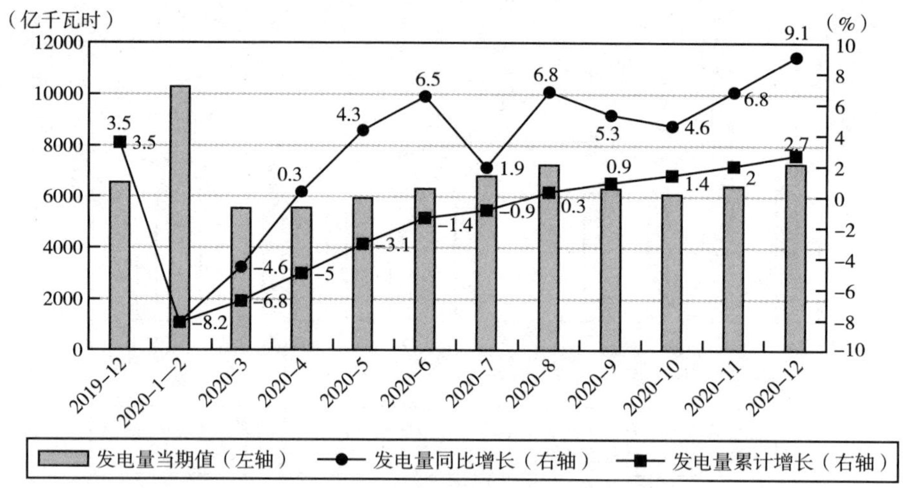

图5　规模以上工业电力生产走势图

数据来源：国家统计局。

（五）电源结构持续优化，火电占比仍然较高

分品种看，2020年火力发电共52798.7亿千瓦时，占比71%，比上年增长1.2%；可再生能源和清洁能源发电共21369.8亿千瓦时，占比29%，其中水力发电最高，占比16%，风力和核能分别占比6%和5%，太阳能最低仅为2%（参见图6）。综合而言，火力发电占比较高，仍然是最主要的发电形式。

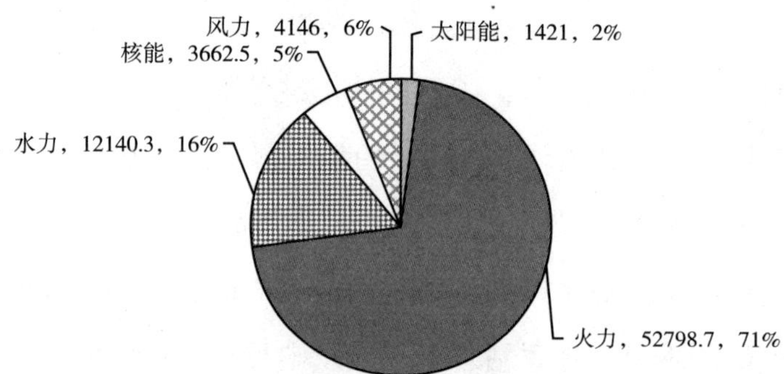

图6　2020年发电结构情况（亿千瓦时）

数据来源：国家统计局。

在电力体制改革不断深化，煤改电、煤改气、大力发展清洁能源发电和加快分布式发电建设等各项政策的推动下，火力发电占比不断降低，可再生能源发电快速增长。如图7所示，火力发电占比从2016年的74.4%下降到2020年的71.2%，水力发电稳步上升，核电、风力发电、太阳能发电快速增长，电源结构持续优化。

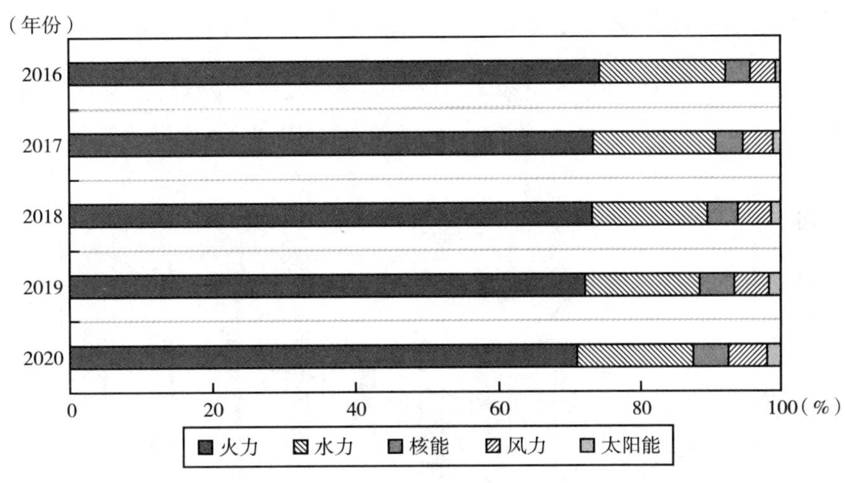

图7 2016—2020年发电结构情况

数据来源：国家统计局。

二、能源消费

（一）煤炭消费逐步提速，电力、钢铁为主要耗煤行业

2020年，全国煤炭销量约35.3亿吨，比上一年增长约1.6%（参见图8）。年初受新冠疫情影响，煤炭销量大幅下滑，第一季度累计销量下降4.2%。第二季度，煤炭销量逐渐恢复正常，5月同比增长4.2%，但累计增长率仍然为-1.6%。第三季度，煤炭销售进一步加快，9月同比增长6.4%，

累计增速开始转正，累计销量恢复到上年同期水平。第四季度，煤炭需求增长，销量延续快速增长趋势，10月、11月、12月分别同比增长3.6%、4.9%、6.7%。全年看，煤炭销量累计增速缓慢上升，煤炭消费逐步提速。

从主要耗煤行业看，截至6月份，电力行业耗煤量10.1亿吨，同比减少2.2%，占比59.1%；化工行业耗煤量1.4亿吨，同比减少1.5%，占比1.4%；建材行业耗煤量2.1亿吨，同比减少5.4%，占比12.3%；钢铁行业耗煤量3.5亿吨，同比增长2.3%，占比20.5%。整体而言，上半年所有行业的用煤量均出现下滑，电力和钢铁仍然是主要的耗煤行业。

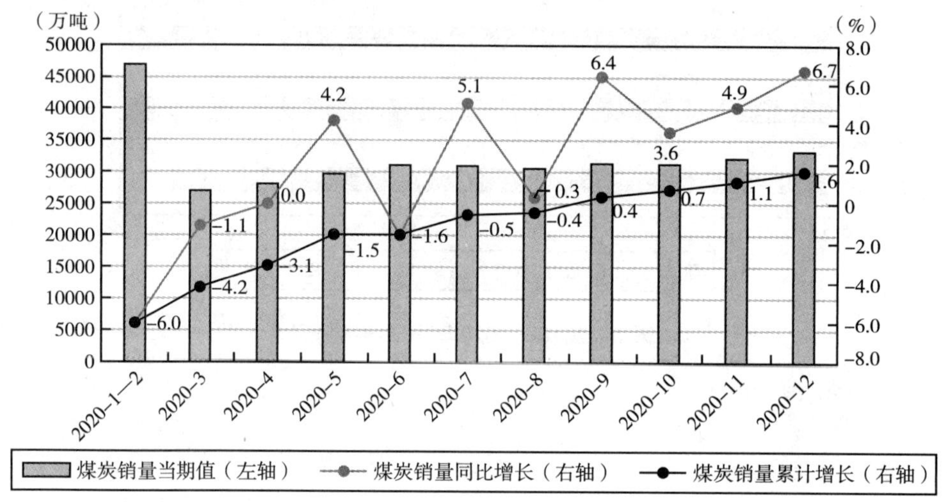

图8　煤炭销量走势图

数据来源：Wind数据库。

（二）成品油消费走势分化，燃料油消费逆势增长

原油加工品主要有汽油、柴油、煤油、燃料油、液化石油气和石脑油等。截至11月份，不同原油加工品的消费呈现出不同走势，汽油、柴油、煤油累计表观消费量均未达到上年同期水平，而燃料油、液化石油气、石脑油累计

表观消费量均超过上年同期水平（参见图9）。

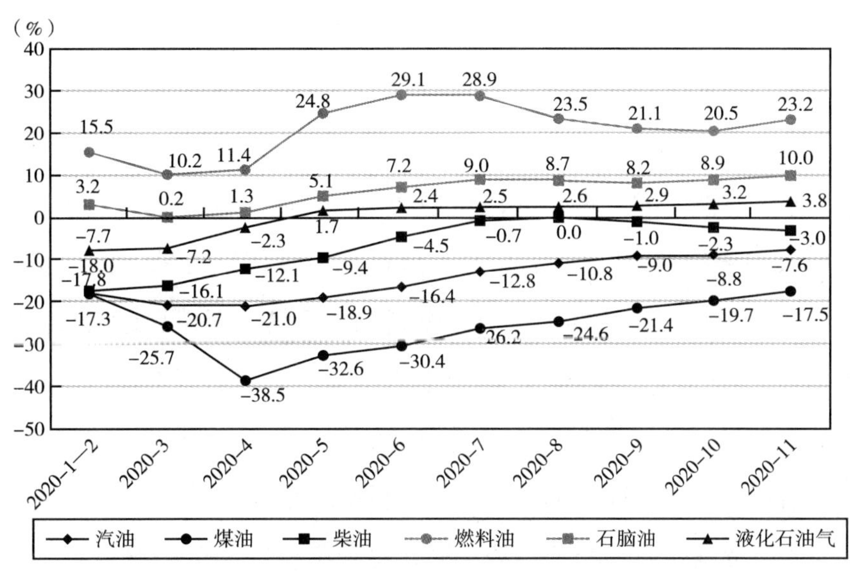

图9　不同原油加工品表观消费量累计增速走势图

数据来源：Wind数据库。

汽油和柴油表观消费量呈现出上半年相似、下半年相反的走势。年初受新冠疫情影响，二者需求均大幅下滑，一季度累计表观消费量分别下降20.7%和16.1%。随着复工复产有序开展，二者降幅均呈现缩小趋势，二季度累计表观消费量分别下降16.4%和4.5%。三季度，柴油消费恢复上年水平，汽油消费降幅进一步缩小。四季度，柴油消费又出现下降，而汽油消费继续保持缩小态势。对比柴油和汽油消费走势图可以发现，汽油降幅显著高于柴油。这是因为汽油的主要消费对象为汽车，人口流动限制导致需求量剧烈下降，而柴油的主要消费对象为大型车辆、船舶等，与交通运输行业密切相关，随着复工复产逐步开展，所受影响相对较小。

液化石油气消费的变化趋势与柴油和汽油均不相同。近年来，液化石油气被广泛地用于汽车内燃机，作为绿色燃料以减低废气排放。2020年受疫情影响，人口流动降低，交通运输活动下降，但液化石油气累计消费量仍然呈现增长趋势，表明能源消费结构进一步优化。煤油消费呈现U型变化趋势，累计增速从1—2月的-18%下降到4月的-38.5%，之后降幅逐步缩小。煤油主要用于点灯照明，由于重要性相对较低，且运输非常麻烦，全年消费量远低于上年同期水平。

与其他成品油不同，燃料油消费逆势增长，除一季度外，全年各个月份累计增速大多维持在20%以上。一季度虽然发生新冠疫情，但燃料油累计表观消费量仍然增长10.2%。之后，燃料油消费继续保持高速增长，二季度累计增速高达29.1%。燃料油广泛用于电厂发电、船舶锅炉燃料、加热炉燃料、冶金炉和其他工业炉燃料，由于煤炭供应一直处于紧平衡状态，燃料油消费保持增长，在一定程度上缓和了煤炭供需矛盾。

石脑油消费呈现稳步增长趋势，累计增长率从2月份的最低点0.2%增长到11月份的10%。石脑油是重要的化工产品，主要用于化肥、乙烯生产和催化重整原料，也用于生产溶剂油或作为汽油产品的调和组分，消费量稳步增长表明相关化工行业逐步从疫情影响中恢复。

（三）天然气消费稳步增长，需求结构差异化明显

截至2020年11月，天然气累计表观消费量为2911亿立方米，增长5.8%（参见图10）。全年看，天然气消费量累计增速始终维持在5%左右，天然气需求稳步增长。这主要是因为：（1）天然气价格持续走低；（2）城镇燃气受疫情冲击较小；（3）持续严寒天气导致提前供暖；（4）复工复产带动工业、发电等用气稳中有升。2020年，天然气需求结构差异化明显。首先，工业用气从负增长逐步恢复至2019年同期水平。新冠疫情暴发初期，工业用气受到一定冲击，随后国家实施了阶段性降低非居民气价等政策，降低企业用气成本，工业用气逐月回升，1—6月累计用气量已恢复到2019年的同期

水平。其次，城镇燃气保持稳定增长。一季度受北方部分省市供暖季延长的拉动影响，城镇燃气保持稳定增长；二季度随各地先后下调防控级别，流动人口持续增加，商场、餐馆、学校等逐步恢复运行，公共服务部门的天然气需求显著提升，两者共同推动上半年城镇燃气同比增长超过10%。最后，发电用气和化工用气受疫情影响相对明显，上半年有所下降。

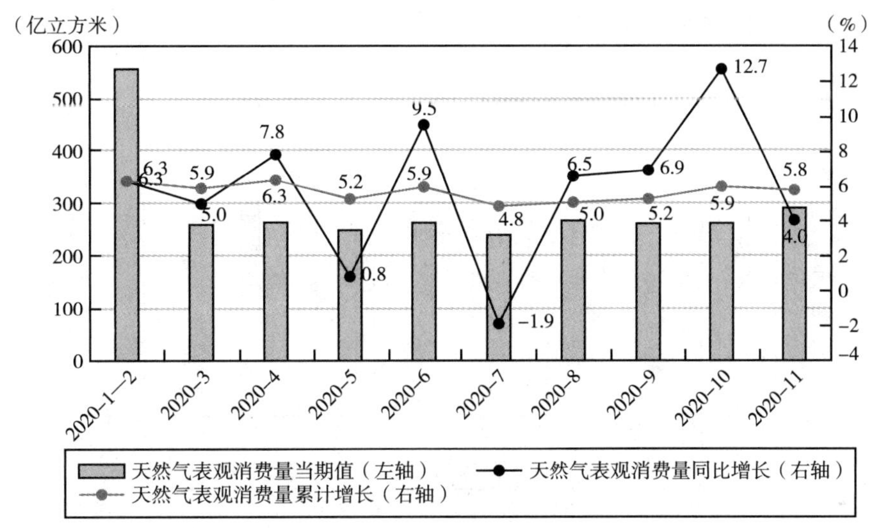

图10　天然气表观消费量走势图

数据来源：Wind数据库。

（四）电力消费保持增长，产业需求走势分化

2020年，全社会用电量75110亿千瓦时，比上年增长3.1%。第一季度受新冠肺炎疫情影响，电力消费剧烈下降，1月、2月、3月分别同比下降5.9%，10.1%和4.2%，第一季度累计下降6.5%。第二季度电力消费同比增速转正，5月、6月同比增速分别为4.6%和6.1%，但累计增速仍然为负。第三季度，电力消费保持高增长，9月累计增速转正，用电总量达到上年同期水平。第四季度，随着用电高峰到来，电力消费巨幅上涨，12月份同比增

长17.3%（参见图11）。

分产业结构看，2020年第一产业用电量859亿千瓦时，比上年增长10.2%，占全社会用电量的比重为1.1%；第二产业用电量51215亿千瓦时，比上年增长2.5%，占比68.2%；第三产业用电量12087亿千瓦时，比上年增长1.9%，占比16.1%。综合而言，三大产业中，第二产业电力消费占比最高，第一产业增速最快。

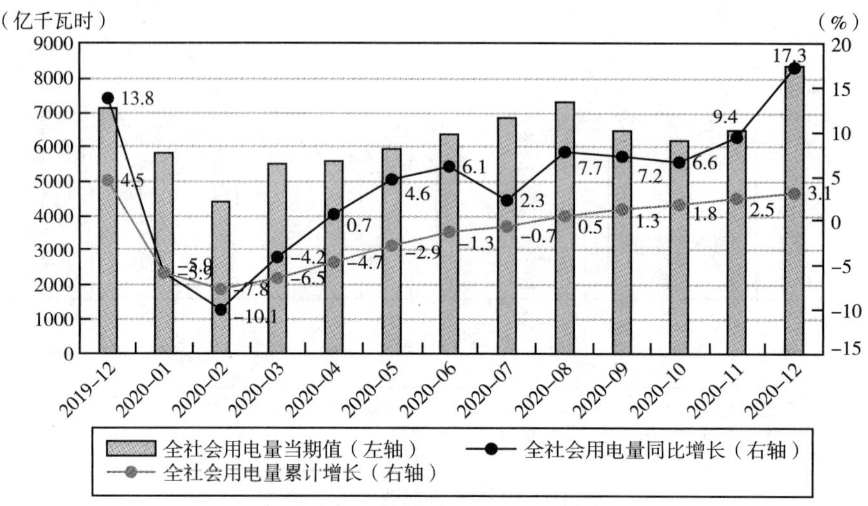

图11　全社会用电走势图

数据来源：Wind数据库。

分用途结构看，城乡居民生活用电量10949亿千瓦时，比上年增长6.9%，占全社会用电量的比重为14.6%；工业用电量50297亿千瓦时，同上年比增长2.5%，占比67.0%。因此，工业用电显著高于居民生活用电。进一步分析可以发现，工业用电与第二产业走势类似，居民用电与第一产业走势类似，表明工业和第二产业受新冠疫情影响更大；而居民用电和第一产业受其影响较小（参见图12）。

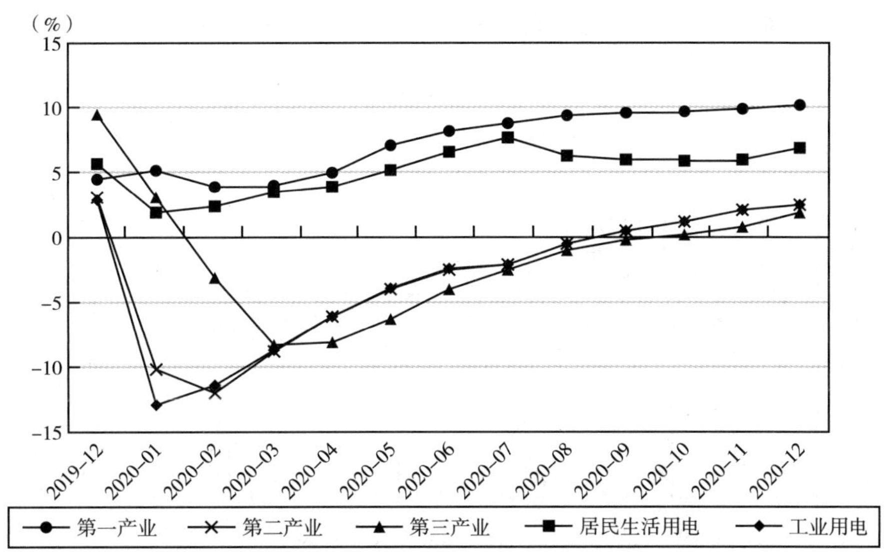

图12　分用途看的用电量同比增速

数据来源：Wind数据库。

三、能源进口

（一）煤炭进口政策收紧，进口呈现下降趋势

2020年，进口煤炭3.04亿吨，比上年增长1.5%。全年看，煤炭进口累计增速呈现不断下降趋势（参见图13），进口速度放缓。1—2月，虽然受到新冠疫情冲击，但煤炭进口同比增长33.1%。3月、4月延续较高的增长率，同比增速分别为18.6%和22.4%。5月份，进口同比增速转负。之后，降幅进一步扩大，9月份累计增速转负。10月、11月份进口分别同比下降46.3%和43.1%，不到上年同期水平的一半。由于煤炭进口政策收紧，严禁贸易企业报关、严控异地报关和限制劣质煤进口等，前11个月煤炭进口总量为2.6亿吨，比上年同期减少8.3%。12月份，煤炭需求旺盛，国内煤炭供应

不足，煤炭通关加快，进口煤炭3908万吨，环比增加2732万吨，同比暴增1310.6%（由于数据过大，未在图13中显示）。但是，未来煤炭进口政策放松的可能性不大，增长难以维持。

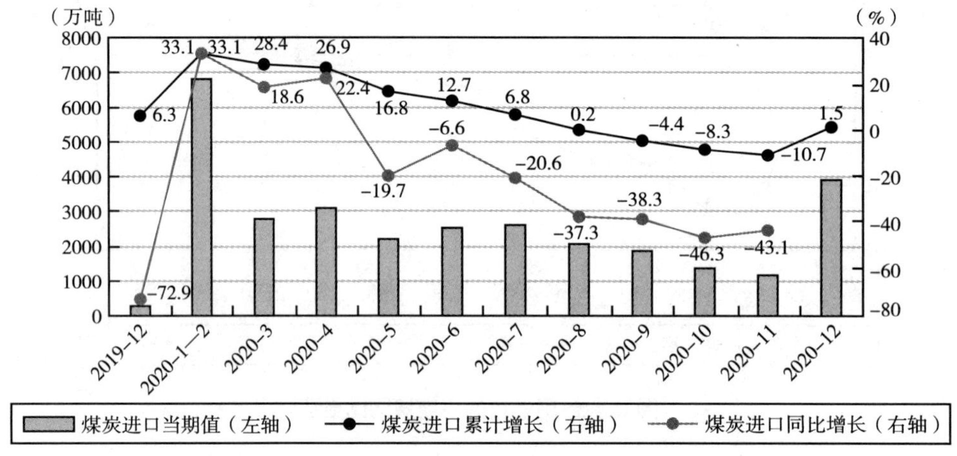

图13 煤炭进口走势图

数据来源：Wind数据库。

（二）原油进口增速放缓，增长趋势不变

2020年，进口原油5.4亿吨，比上年增长7.3%。全年看，原油进口累计增速呈现先增长后下降趋势（参见图14），但增速大多维持在5%以上，原油进口量稳步增长。一季度，原油进口未受到新冠疫情太大影响，进口累计增长5%。4月份疫情影响显现，原油进口同比下降7.5%。5—9月，由于国际油价暴跌，原油进口呈现急剧增长趋势，6月同比增速高达34.4%。截至9月份，原油进口总量为4.16亿吨，累计增长12.7%。四季度，由于前期进口高速增长，沿海储油罐已接近饱满，港口出现拥挤现象，难以卸载和储存购买的所有原油，原油进口增速转负。12月份，原油进口降幅扩大，同比下降15.4%。但是，这种趋势不会维持太久，一旦原油库存下降，由于短期内国

际油价难以恢复往常水平，且我国原油对外依存度较高，原油进口增长趋势不会发生改变。

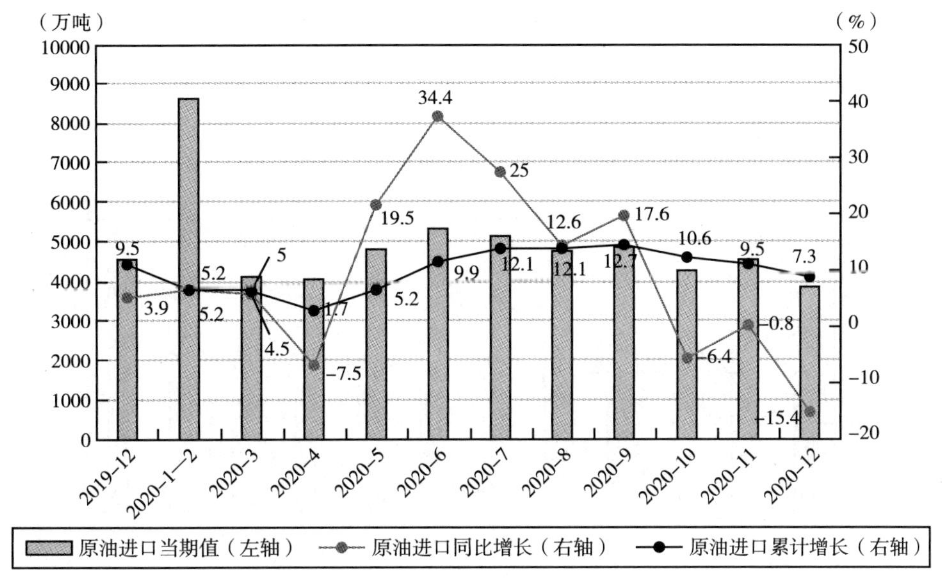

图14　原油进口走势图

数据来源：Wind数据库。

（三）天然气进口持续增长，液化天然气（LNG）为关键因素

2020年，进口天然气1.02亿吨，比上年增长5.3%。全年看，天然气进口累计增速呈现稳步增长趋势，月度同比增速呈“锯齿形”变化趋势（参见图15）。1—4月，虽然发生新冠疫情，但天然气进口累计增长1.5%。5月、6月受国际天然气价格下降影响，天然气进口快速增长，前两个季度累计增长3.3%。之后，天然气进口同比增速产生巨大波动，8月、10月、12月同比增速均超过两位数，而7月、11月同比增速为负，但整体而言，天然气进口累计增速保持增长趋势。

分结构看，2020年液化天然气（LNG）进口总量为0.67 亿吨，比上年增长11.5%；气态天然气进口总量0.35亿吨，比上年减少4.9%。全年看，LNG进口始终保持高速增长，而气态天然气进口不断下降。这主要是因为：（1）LNG价格一直处于历史低位；（2）已有储气库及新建LNG储气设施注气量增加；（3）LNG不断取代管道气。综合而言，LNG是天然气进口持续增长的关键因素。

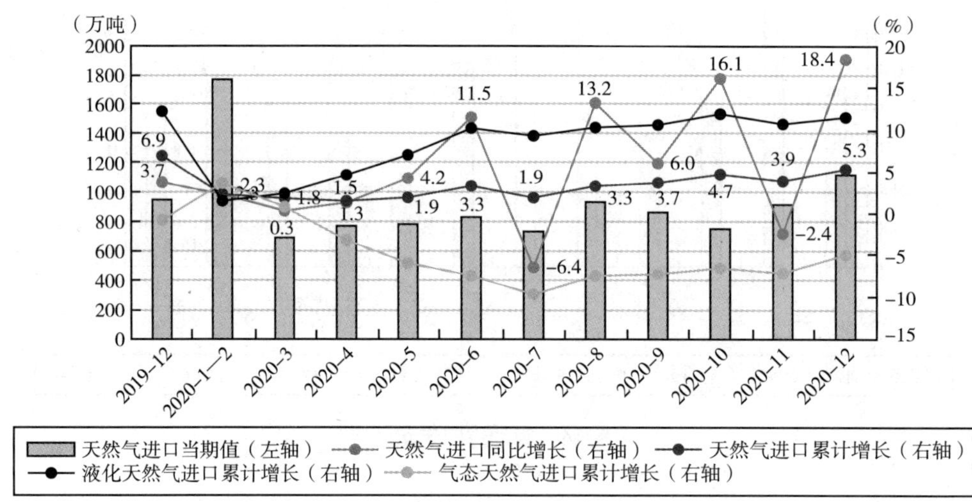

图15　天然气进口走势图

数据来源：Wind数据库。

四、能源价格

（一）煤炭价格V型走势，未来将持续高位运行

2020年，受疫情和供需变化影响，煤炭价格呈现V型走势（参见图16）。年初虽遭受疫情冲击，但煤价保持平稳运行。3月，疫情影响显现，煤价开始下跌；5月初下探至低点，之后开始一路上涨至7月中旬；随后，又出现小幅下滑。第四季度，随着需求上升，煤炭价格出现快速上涨。12月25日，

秦皇岛港5500大卡、5000大卡和4500大卡动力煤综合交易价格分别为每吨642元、583元和519元，比11月27日分别上涨56元、50元和45元。

2021年，随着疫情防控常态化，煤炭消费将呈现继续增长趋势。但是，煤炭供给仍将处于紧张状态。首先，受“倒查20年”行动影响，内蒙古煤炭产量很难维持高速增长。其次，山西和陕西等煤炭主产区继续增产的潜力不足。再者，进口政策收紧，煤炭进口呈现下降趋势。因此，未来煤价很可能将保持高位运行。

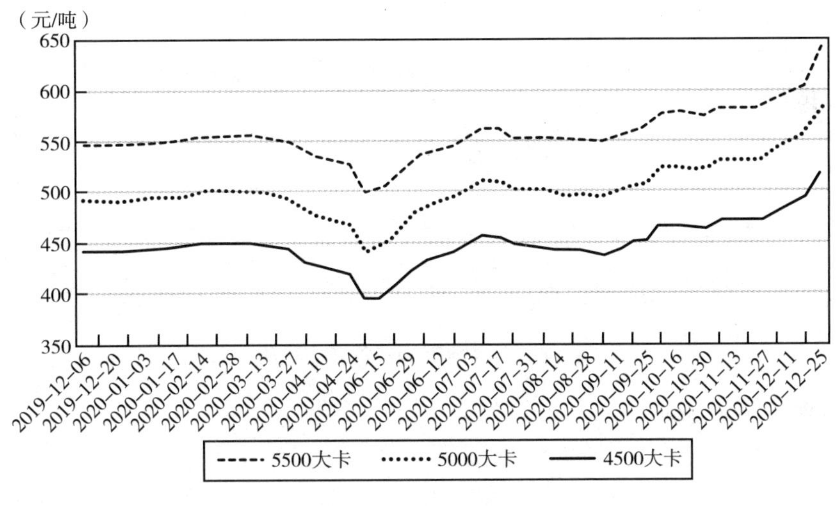

图16　秦皇岛港煤炭价格情况

数据来源：Wind数据库。

（二）原油价格持续低位运行，未来存在进一步上涨空间

与煤炭价格相似，2020年原油价格也呈现V型走势（参见图17），但原油降幅更大，年底仍未恢复上年同期水平。1—2月，受新冠疫情影响，原油价格开始出现下降趋势。2月中旬开始，进入为期两个月的暴跌区间，4月21日布伦特原油现货价格为18.69美元/桶，仅为年初的三分之一。5月，随着石油减产协议达成，国际油价出现回升，9月底布伦特原油现货价格升至

45.19美元/桶。随后，原油价格小幅波动变化。11月开始，受原油需求增长和欧佩克+限产协议延长影响，原油价格再次呈现快速上涨趋势。12月31日，布伦特原油现货离岸价格为51.22美元/桶，比11月30日的46.84美元/桶上涨9.4%。2021年，原油需求将呈现增长趋势，减产协议可能再次延长，原油价格存在进一步上涨空间。

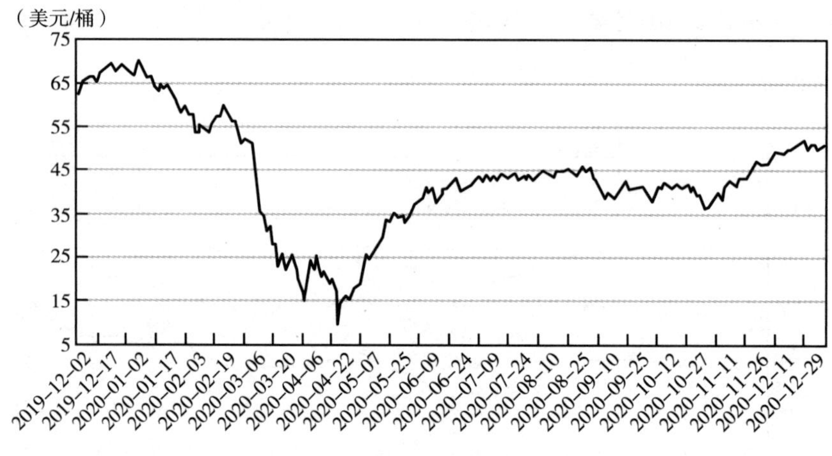

图17　布伦特原油现货离岸价格

数据来源：Wind数据库。

（三）天然气价格走出低谷，持续大幅上涨难以为继

2020年，天然气价格呈现前三季度低迷，第四季度急剧上涨走势（参见图18）。1—4月下旬，天然气价格总体平稳运行。4月下旬开始至6月初，天然气价格进入快速下跌区间，6月1号液化天然气(LNG)出厂价为2567元/吨，远低于4月20日的3101元/吨。之后，天然气价格继续平稳运行至9月底。整体看，2019年9月30号至2020年9月30号LNG出厂价由3076元/吨下降至2676元/吨。10月份开始，由于需求上升和煤炭供应紧张等因素，天然气价格急剧上涨，12月23日LNG出厂价高达6634元/吨，是9月30号的

2.48倍。但是，由于生产和进口保持快速增长趋势，天然气供给保障能力较强，价格上升空间相对有限。

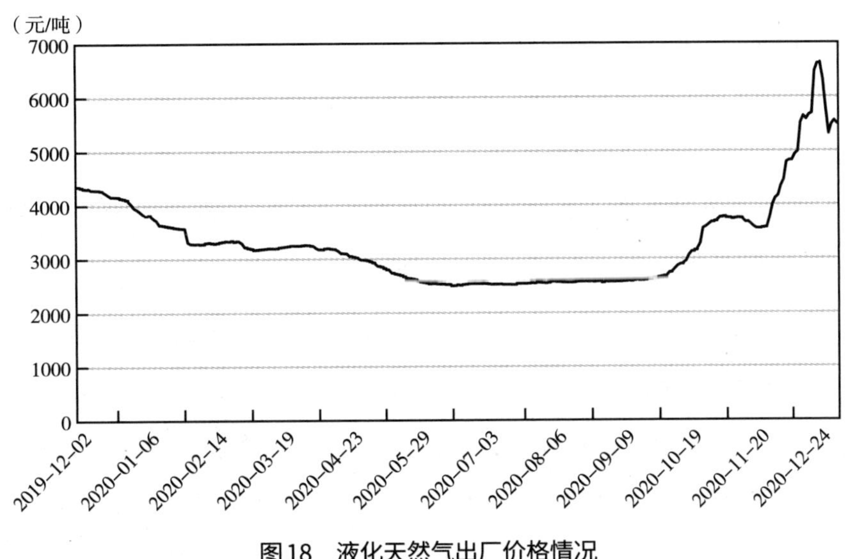

图18　液化天然气出厂价格情况

数据来源：Wind数据库。

五、能源总体特征与展望

2020年，新冠肺炎疫情对我国经济社会运行产生前所未有的影响，能源行业同样也遭受巨大冲击。上半年，能源生产、能源需求和能源价格均出现不同程度下滑；下半年，随着新冠疫情防控常态化，能源领域复产增产势头良好。整体而言，2020年能源供应保障能力稳步提升，但结构性矛盾依然突出。展望2021年，能源供应增速将呈放缓趋势，能源消费将稳步增长，能源结构继续保持优化。

（一）2020年能源总体特征

1.能源供应保障能力稳步提升

2020年尽管发生新冠疫情，能源生产、运输和加工等均受到巨大冲击，但能源供应保障能力依然稳步提升。全年生产原煤38.4亿吨，比上年增长0.9%，在煤炭政策收紧、煤炭事故频发、煤炭运输受限的情况下，基本满足了全国的用煤需求。生产原油1.95亿吨，比上年增长1.6%，进口原油5.4亿吨，比上年增长7.3%，为我国成为全球第一大原油加工国提供了重要支撑。生产天然气1888亿立方米，进口天然气1.02亿吨，约合1417.8亿立方米，比上年增长5.3%，不但满足了天然气的消费需求，还在一定程度上缓解了其他能源供给紧张的矛盾。同时，天然气产量和增速都显著高于原油，油气结构进一步优化。发电量74170亿千瓦时，比上年增长2.7%。截至11月，全国基建新增发电生产能力10203万千瓦，比上年同期多投产2597万千瓦。其中，可再生能源6269万千瓦，远高于火电3934万千瓦，电力供应能力提高的同时，电源结构进一步优化。

2.能源结构性矛盾依然突出

2020年，我国能源结构性矛盾依然突出。首先，原油对外依存度仍然较高。2020年全年生产原油1.95亿吨，但进口原油5.4亿吨，约为前者的2.8倍。石油作为重要的战略物资，供应不能过度依赖国际市场，否则一旦国际形势突变，供给将产生巨大波动。但是，我国原油生产能力相对不强，国内油气勘探开发很难保持稳定，单纯依靠国内生产无法满足巨大生产需求。同时，我国油气勘探开发成本较高，油价的持续走低对原油生产冲击较大。因此，原油对外依存度较高这一矛盾仍将持续存在。其次，煤炭供应处于紧平衡状态。2020年，很多北方地区比往年提前启动供暖，且多地持续出现低温天气，用煤需求出现较快增长。尽管国家采取多项措施保证冬季用煤需求，但10月下旬以后，煤矿事故频发，晋、陕、蒙等原煤主产区都以保安全为主，增产意愿不高。同时，受恶劣天气影响，煤矿产销也受到一定的限制，煤炭供需呈现紧平衡态势。最后，电力缺口再次出现，煤电占比仍然较高。尽管在“十三五”期间，可再生能源发电的占比逐步提升，但整体占比依然低于30%，煤电仍然是主要的发电形式。2020年12月，工业生产高速增长和持续的低温寒流天气导致用电需求激增，而煤电供能不足，可再生能源发电又存在诸多问题，如冬季枯水期水电发电量下降，风力发电受冰冻影响、无法有效发电，太阳能发电无法瞬时加大发电量等，导致电力供应出现缺口。

（二）能源展望

1.能源供应增速放缓

2021年，能源供应将呈现增速放缓趋势。首先，煤炭供应增速呈下降趋势。第一，煤炭主产区生产速度将放缓。受“倒查20年”行动影响，内蒙古煤炭产量很难维持高速增长，山西和陕西等煤炭主产区继续增产的潜力不足。同时，煤矿事故频发和2021年度订单煤电博弈，多数煤矿增产意愿不高。第二，进口政策收紧，如严禁贸易企业报关、严控异地报关和限制劣质煤进口等，煤炭进口呈现下降趋势。第三，环境和能源政策限制煤炭生产。根据《2020年能源工作指导意见》，2020年全国能源消费总量不超过50亿吨标准煤，煤炭消费比重下降到57.5%左右，可以预见2021年这一比例会持续下降，需求的降低必然导致生产速度下降。其次，原油进口难以维持高速增长。2020年，由于国际油价的持续走低，原油进口高速增长。但由于前期进口量较高，储存设施接近饱满，且随着减产协议再次延长，国际油价将持续升高，进口速度将呈下降趋势。最后，天然气进口速度放缓。2020年，由于液化天然气（LNG）价格一直处于历史低位，且已有储气库及新建LNG储气设施注气量增加，天然气进口快速增长。LNG的价格与原油价格紧密相关，随着国际油气价格恢复以往水平，天然气进口速度将放缓。

2.能源消费稳步增长

2021年，随着疫情防控常态化，经济和社会发展逐步回归常态，能源消费将稳步增长。首先，煤炭消费总量将有所提升。尽管国家政策一再限制煤炭消费比重，但2021年煤炭消费占比仍将超过50%，且由于2020年煤炭消费增速较低，煤炭消费总量仍将呈增长趋势。其次，交通运输业逐步恢复正常，汽油、柴油消费将快速增长。2020年，新冠疫情导致人口流动大幅降低，交通运输业遭受巨大冲击，汽油和柴油消费巨幅下降。2021年，居民出行和交通运输将逐步恢复正常，汽车、货车、火车、飞机等交通运输工具的运行量将大幅提升，汽油、柴油消费将进一步提高。再者，受清洁能源政策影响，天然气消费将持续增长。作为化石能源中最清洁的能源，天然气已广泛应用于工业、交通运输、发电、化工和居民生活等方面，具有巨大的发展潜力，大规模利用天然气成为全球能源消费趋势。最后，全社会用电将继续增长。2020年，全社会用电量75110亿千瓦时，比上年增长3.1%。但分结构看，工业用电量50297亿千瓦时，占比67.0%，同上年比增长2.5%，增速远小于居民用电的6.9%。2021年，随着经济逐步恢复常态，工业用电将快速增长。

3.能源结构进一步优化

2021年，我国能源发展的主要方向仍然是清洁能源产业，《能源法（征求意见稿）》亦将可再生能源列为优先发展能源，未来可再生能源和清洁能源的比重将进一步上升。

首先，煤炭消费比重进一步下降。2021年，我国经济将呈现高速增长趋势，煤炭消费总量也将出现一定增长。但是，煤炭占一次能源消费的比重将呈下降趋势。由于中国政府减排的承诺和清洁能源政策，如《能源发展

“十三五”规划》和《煤炭工业发展“十三五”规划》等，煤炭消费比重在2011—2020年逐年下降，2021年也将延续这一趋势。

其次，油气结构进一步优化。“十三五”时期，天然气生产快速增长，2017年天然气产量首次突破千亿立方米，形成万亿方级天然气大气区3个，10亿方以上整装气田13个。2020年，中国石油天然气产量超过1300亿立方米，其燃烧值超过1亿吨石油，相当于替代国内1.73亿吨煤炭、减排二氧化碳1.84亿吨。同时，无论是月度增长率还是年度增长率，天然气都显著高于原油。2021年，油气结构将呈现继续优化趋势，绿色低碳转型将取得进一步发展。

再者，液化石油气将逐步替代汽油、柴油。液化石油气（LPG）作为汽车燃料，具有抗爆性能好、热值高、储运压力低等优点，且排放尾气中一氧化碳、碳氢化合物和氮氧化合物等有害成分大大减少，没有黑烟和积炭，有利于环境保护。2020年，尽管人口流动降低，交通运输活动下降，LPG消费仍然保持增长，表明LPG发展前景良好，将成为新的需求拉动点。

最后，电源结构持续优化。2020年，可再生能源和清洁能源发电共21369.8亿千瓦时，占比29%，发电量和占比均高于2019年。其中，水力发电占比16%，风力和核能分别占比6%和5%，太阳能占比2%。截至11月，全国基建新增发电生产能力10203万千瓦，比上年同期多投产2597万千瓦。其中，可再生能源6269万千瓦，远高于火电的3934万千瓦（其中燃煤2724万千瓦、燃气620万千瓦）、核电112万千瓦、风电2462万千瓦、太阳能发电2590万千瓦。此外，2021年1月30日，由我国自主研发的“华龙一号”核电机组投入商业运行。据中核集团介绍，“华龙一号”每台机组装机容量116.1万千瓦，每年发电近100亿千瓦时，能够满足中等发达国家100万人口的年度生产和生活用电需求；同时，相当于每年减少标准煤消耗312万吨、减少二氧化碳排放816万吨，相当于植树造林7000多万棵。综合而言，可再生能源和清洁能源发电将保持高速增长，电源结构将持续优化。

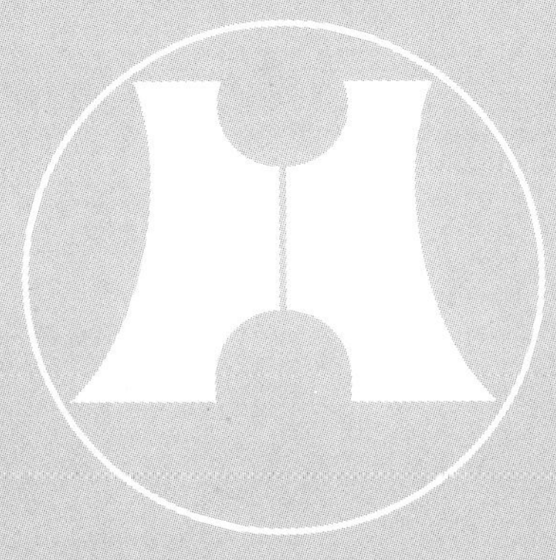

分报告七：交通物流业平稳恢复，疫情或延缓行业全面复苏

执笔：刘帅

一、交通运输经济总体平稳，基本面持续向好

（一）客货运输平稳上升，交通运输经济持续好转

整体来看，交通客运量与货运量持续增加，反映出经济持续平稳复苏迹象。从各项指标来看，交通物流业持续复苏，交通运输经济平稳运行，为经济强劲复苏注入活力。2020年，交通物流业销售收入同比增长9.6%，高于全国总体水平3.6个百分点。其中，第四季度增长22.8%，比前一季度提高10.3个百分点。10月以来，客货运量总计持续走高，与上年同期水平几近持平。12月，货运量总计录得44.95亿吨，当月同比增长7.4个百分点。客运量总计当月值为8.68亿人，当月同比下降3个百分点。受到疫情影响，该指标小幅下降，但依然维持高位（参见图1）。预计2021年第一季度，随着疫情得以控制，叠加春运高峰，交通运输客货运量将进一步走高。货物吞吐量与外贸货物量小幅回落，但均值依然高于疫前同期水平。全国港口货物吞吐量为13.01亿吨，同比增长5.5个百分点；外贸货物吞吐量当期录得3.63亿吨，同比增长1.7个百分点。由于国外疫情肆虐复工复产受阻，海外市场防疫等产品供应不足，一定程度上带动出口增长（参见图2）。

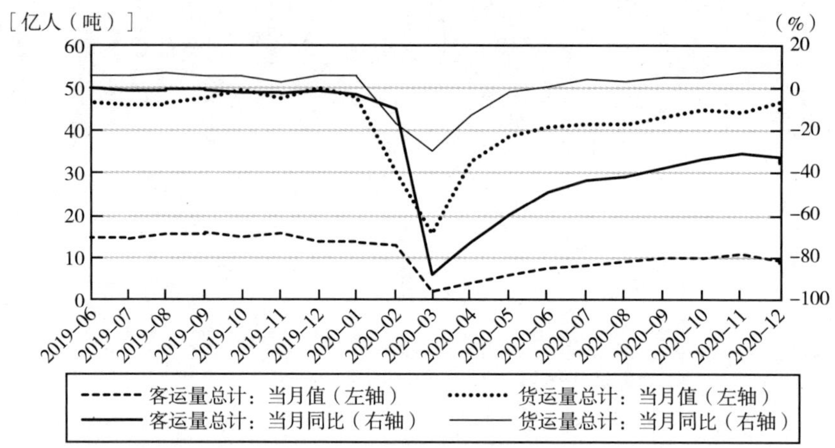

图1　客货运总计及当月同比

数据来源：国家统计局。

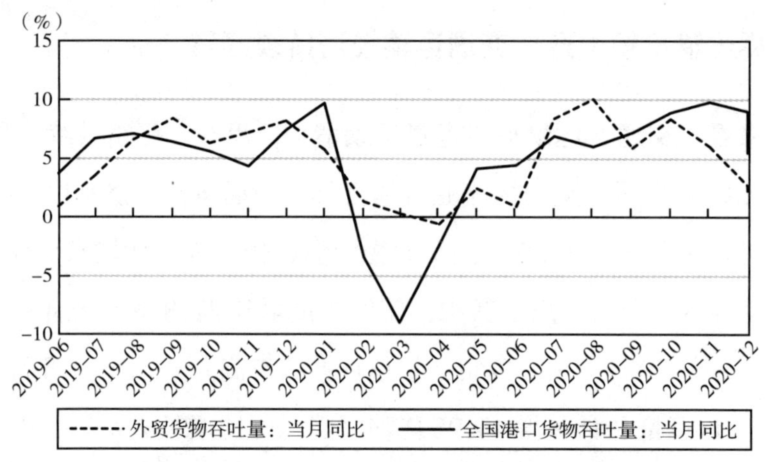

图2　全国主要港口货物吞吐量及与外贸货物吞吐量同比

数据来源：国家统计局。

（二）快递业务稳步上升，物流企业活力显著增强

随着积极财政政策精准实施，国内复工复产有序推进，社会消费品零售总额逐步增加。线上零售、生鲜配送等新服务业态迅速发展，“非接触式”

消费快速发展，供需两端不断改善带动快递业务量持续攀升，促进快递业务收入稳步增加，物流企业活力显著增强。第四季度以来，全国工业生产持续向好，工业增加值同比增长7个百分点；PPI降幅收窄，生产供给能力基本恢复，生产端持续向好；对原材料和产品运输的需求保持旺盛，进一步带动交通物流行业积极向好。1—12月，全国房地产开发投资、基础设施建设投资呈稳步增长态势，制造业投资降幅进一步收窄。由此，工业持续复苏，进一步拉动本季度社会消费品零售总额持续稳步上升。12月，社会消费品零售总额当月同比上涨4.4个百分点。同时，消费持续回暖，拉动运输物流需求不断增长。8月以来，规模以上快递业务量平均当月同比超过30%。此间，规模以上快递业务收入触底反弹，呈现出V型波动上升趋势，并于11月转正（0.5%）。第四季度以来，规模以上快件数量从82.3亿件增长至92.5亿件，规模以上快递业务收入由10月811亿元增长至926亿元，显示出物流企业活力显著提高（参见图3、图4）。

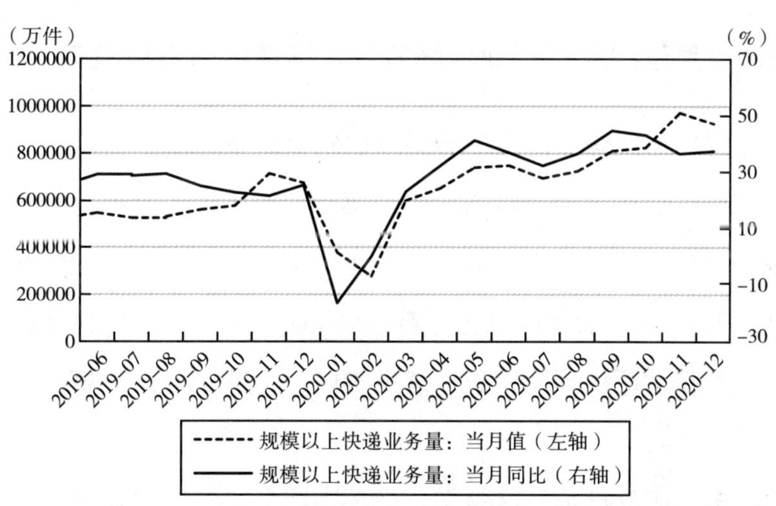

图3　规模以上快递业务量及同比

数据来源：国家邮政局。

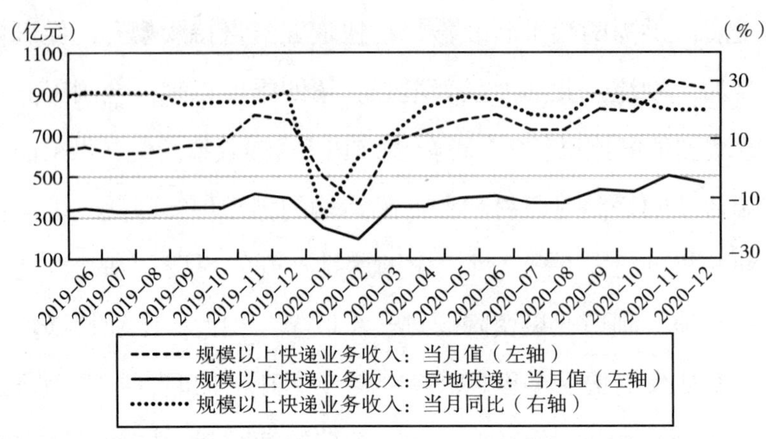

图4　规模以上快递业务收入当月值及其同比

数据来源：国家邮政局。

二、交通运输经济风险未消，疫情压制复苏势头仍在持续

（一）疫情反复延缓交运行业全面复苏，拖累经济持续复苏

海外疫情形势严峻，严重阻碍进出口贸易正常开展，压制我国经济复苏势头。需要警惕的是，国内疫情的再度爆发，也在缩短进出口贸易的关键窗口期。第四季度以来，生产和需求持续强劲复苏。从PMI分项指标来看，生产指数连续10个月在荣枯线以上，新订单指数尤其是新出口订单指数持续维持高位，生产经营活动预期指数连续半年以上超过55%，一度处于经济扩张区间。

然而，由于国外疫情二次爆发，叠加国内部分地区出现多点零星散发病例和局部聚集性疫情，人员流动数量降低、出行频次减少、消费增长减弱，削弱了交通物流行业强劲回归势头（参见图5）。2020年前三季度，我国社会消费品零售总额上涨幅度较大，一度从谷底（-20.5%）攀升至5%左右，该

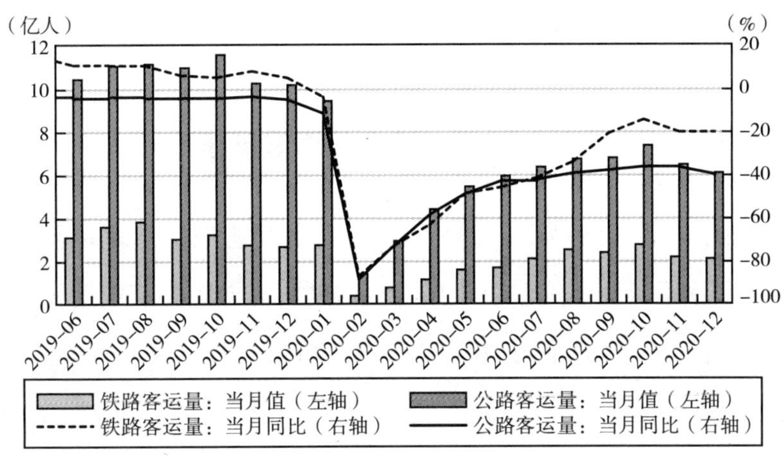

图5　铁路与公路运输量及同比

数据来源：国家统计局。

势头一直维持到11月。然而，12月受部分地区疫情影响，该指标小幅回落。12月份增速录得4.6%，比上月下降0.4个百分点，低于市场预期的5.5%。无独有偶，服务业回升态势也受抑制。11月，服务业生产指数同比增速逐月回升，从-13%（2月）提高到8%（11月）。不过，12月份增速录得7.7%，比上月下降了0.3个百分点。尽管服务业复苏势头明显，但是服务业持续改善被迫中断，牵制了交通物流行业的强势回归。外贸货物吞吐量下降3.32个百分点，民航国际航线依然低位维持，较第四季度初下降8个百分点。受疫情影响，海外需求缺口持续存在，中国出口商品总额同比增长21.10%，海外需求依然旺盛。引人注意的是，非正常繁荣带来的商品单向流通局面，导致了中国出口航线上集装箱短缺。12月，中国出口集装箱运价指数高达1446.08点，第四季度集装箱价格上涨到平常价3倍左右。

反观国内，疫情散点反复爆发，压制经济复苏势头依然不容小觑。北京、辽宁等地疫情相继爆发，疫情风险再次升级，物流系统运转阻力增大，加之节假日商场、景区以及交通限流，抑制了生产规模扩大和消费潜力释放，进一步延迟交通物流行业全面复苏。因此，疫情反复延缓交通物流行业全面复苏进而拖累经济复苏的风险仍然存在。

（二）交通运输行业成本偏高，小微企业再度承压

长期以来，我国社会物流总费用占国内生产总值比重远高于发达国家，削弱了物流企业国际竞争力。2019年，我国物流成本占GDP比重为14.5%，远高于同期美国（8.5%）和日本（8%）物流成本占比。值得关注的是，交通运输行业小微企业运行成本高企，成为阻碍供应链循环安全稳定、威胁国民经济畅通的堵滞点（参见图6）。

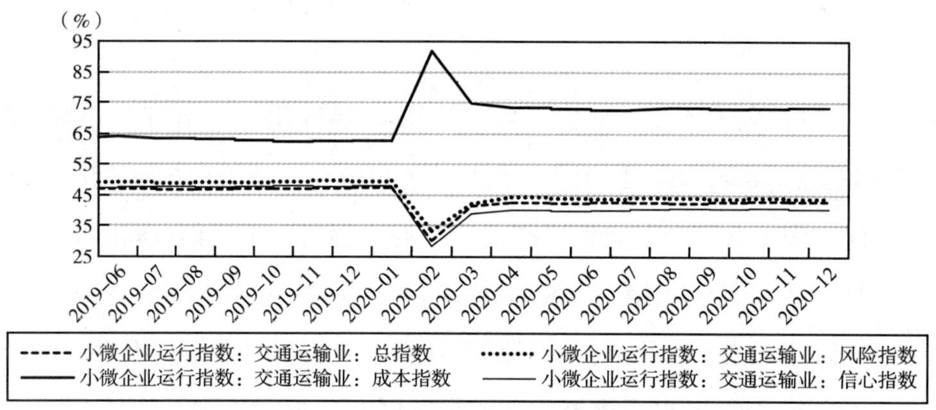

图6　交通运输业小微企业运行总指数与分项指标

数据来源：中国邮政储蓄银行。

交通运输小微企业复苏受阻，或进一步增加财政赤字规模。与2019年相比，2020年小微企业运行成本指数平均上涨3个百分点。6月份以来，交通运输小微企业成本指数呈小幅下降趋势，但依然处在高位区间，高于小微企业运行成本总指数10个百分点。分行业来看，交通运输小微企业低于制造业小微企业运行指数。同时，疫情爆发以来，交通运输小微企业信心指数持续走低，风险指数持续上升，反映出交通运输小微企业复苏延缓，将进一步增加财政资金支出。

（三）交通运输行业投资增长低位徘徊，经济持续复苏新引擎缺位

随着基础设施逐步完善，铁路运输业、道路运输业等传统基础设施固定资产投资累计同比逐渐走低，疫情爆发以来该态势更为凸显。第四季度以来，交通运输、仓储以及邮政业固定资产投资累计同比低位徘徊。令人担忧的是，交通运输等行业民间投资信心严重不足，对该行业投资动力不足。1—12月，交通运输、仓储以及邮政业民间固定资产投资累计同比依然为负增长，明显低于全部固定资产投资增速，表明民营企业家对交通运输行业、仓储以及邮政业投资信心还不充分。中小企业预期并不明朗，依然缺乏扩大生产的信心与动力（参见图7）。

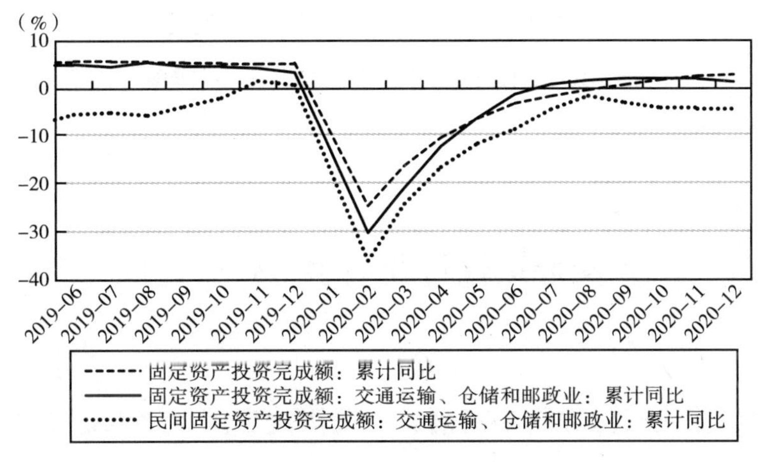

图7　固定资产完成额累计同比

数据来源：国家统计局。

从细分指标来看，铁路运输业等交通运输行业固定资产投资大幅下降，航空运输业和铁路运输业固定资产投资完成额累计同比一度跌破30%，降低了对关联产业带动作用。尽管铁路运输业、道路运输业以及水上运输业固定资产投资完成额累计同比在6月由负转正，但是2020年下半年以来铁路运输

业等固定资产投资累计同比增长缓慢，甚至显现出负增长态势（参见图8）。与此同时，以人工智能、大数据中心以及工业互联网等为代表的“新基建”在国民经济中占比较小，且增长较为缓慢，尚不足以成为拉动经济快速复苏的主要引擎。

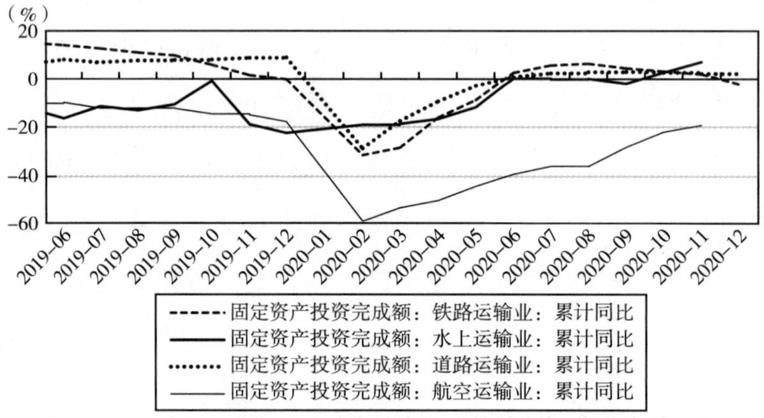

图8　交通运输行业固定资产投资完成额累计同比

数据来源：国家统计局。

三、交通运输行业展望与政策建议

（一）交通运输景气指数稳中有落，疫情再挫交运经济向好态势

整体而言，制造业与服务业强劲恢复，带动交通运输经济积极向好，依然保持在景气区间。疫情爆发明显挫伤春节期间本应快速回暖的交通运输经济，加之需要加强保住该行业小微企业，财政赤字恐进一步扩大。同时，我们应该对交通运输经济预期保持乐观。随着常态化疫情防控长效机制进一步完善，疫情防控下旅客出行和货物运输有了更为完善的机制，为运输经济全面恢复创造了良好的条件。

运输经济呈向好基本态势未变，但应防范疫情滋生的行业复苏动力不足的风险。10月以来，固定资产投资累计增长0.8个百分点，12月份固定资产投资累计同比达2.9%。其中，民间投资累计同比增速年内首次转正。12月，工业开工指数超过93.49%，较前期上涨近7个百分点，带动大宗商品运输需求增长。从运输生产指数指标来看，第二季度以来中国货物运输生产指数由负转正，同比增长平稳上升（参见图9）。3月份以来，中国物流业业务量指数与新订单指数均在50%以上（参见图10）。尽管PMI进口不及出口，但PMI进口已连续3个月处于荣枯线之上，预示着内需发力正逐步增强。

疫情形势依然严峻，国际与国内旅行依然受阻。我国精准实施有力的疫情防控措施和积极财政政策，助力企业快速复工复产，辅之以数智技术支撑的电商物流便捷消费，国内交通运输经济基本面积极向好、经济加速回暖的态势不会回落。同时，中国客运生产指数同比，以及首都机场和浦东机场旅客吞吐量当月同比依然为负，仍存在很大提升空间。我们应警醒的是，尤其自12月以来，国内多地散点爆发，后疫情时代仍未到来，货物运输、旅客出行持续受限，客货运输生产指数同比下滑，预计2021年第一季度交通运输经济复苏步伐进一步推迟。

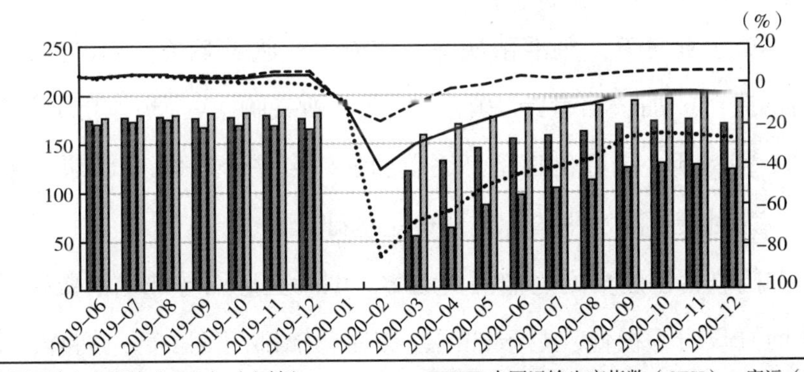

图9 中国运输生产指数及同比

数据来源：交通部。

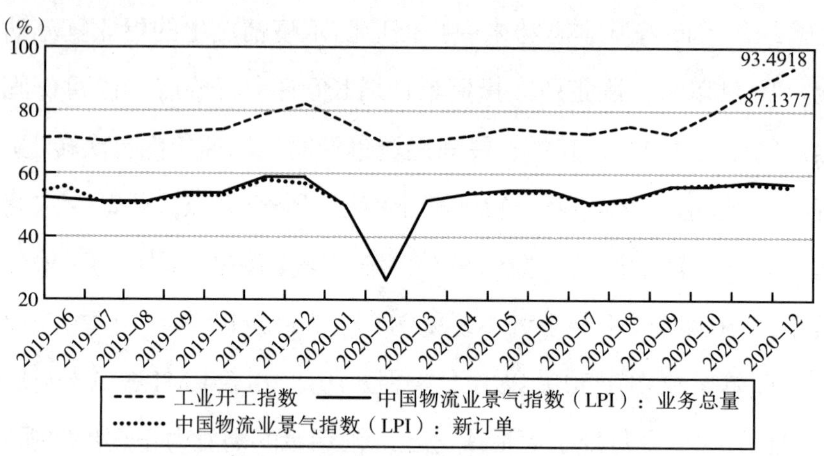

图 10　中国物流业景气指数与工业开工指数

数据来源：中国物流与采购联合会。

（二）政策建议

1.助力交运行业小微企业纾困解难，支持培育跨境电商物流龙头企业

在双循环新发展格局下，保持积极财政政策对交运行业支持的稳定性和连续性，助力交通物流行业解难纾困，多措并举降低交通物流企业成本，加速该行业小微企业复苏，精准帮扶冷链物流企业渡过难关，为国内大循环创造稳定的供应链。加快培育跨境电商物流“领头雁”，打造国际物流知名品牌，走“专精特新”国际化道路，逐步加强综合平台建设，提高国内物流现代化水平，为对接更高水平国际循环奠定基础。

2.多部门联合创建交通运输消费走廊，创新交运引导绿色消费新模式

调动地方政府积极性，财政部门、交通运输部门等多部门协作，鼓励有条件的加油站、高速公路服务区发展非油品业务，打造交通出行消费集聚区[①]，联合创建交通运输绿色消费走廊，采用“互联网+交通+金融+传媒”消

① http://www.gov.cn/xinwen/2021-01/05/content_5577324.htm。

费模式，加强交通运输业、物流业以及配套服务业的联动性，创造更多线下消费场景，推动线上线下消费有机融合，为经济持续复苏注入新动能。

3.加快交通物流行业数智化和绿色低碳转型，实现“绿色+交运+产业”融合发展

以数智技术赋能交通物流行业，搭建智能基础设施服务平台，加快交通物流行业数智化改造，为畅通国内大循环创造良好的智能化条件。以交通物流行业为载体，加快布局5G网络、大数据、云计算以及人工智能等新一代智能化信息基础设施和新能源基础设施。加大都市圈和城市群新型交通基础设施建设投资力度，尤其致力于加强综合交通枢纽集群、枢纽城市、枢纽港站等数字化智能化建设。加大交通物流行业基础设施绿色改造和新能源投资，支持行业绿色转型。加大力度投资绿色交通运输工具和新能源汽车充换电基础设施，加快推进新能源汽车产业化，逐步完善新能源汽车产业的充换电网络、智能路网以及氢燃料供给体系建设，全方位支持交通运输行业绿色转型。以数字交通网络为依托，促进三次产业融合发展。加快完善布局县、乡、村三级城镇—农村物流体系，深入实施“快递进村”工程、农产品进城入市以及工业服务业下乡活动，为提高物流效率、拓展市场腹地、促进形成统一有序的国内市场筑牢基础。

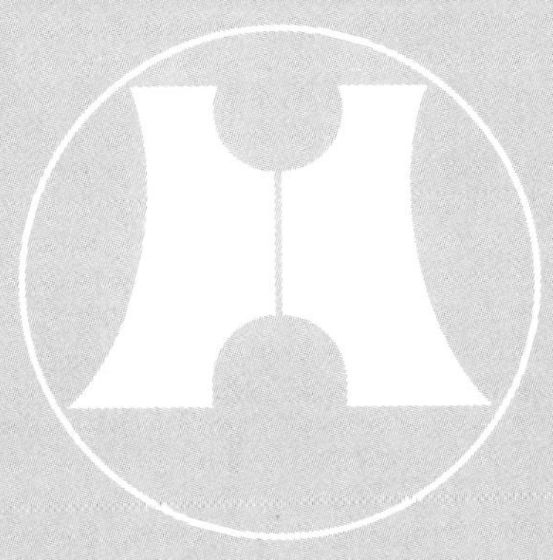

分报告八：消费不足致 CPI 下行，生产恢复促 PPI 回升

执笔：武靖州

2020年CPI整体下行，猪价周期脱离顶点但仍居高位，消费恢复不足导致CPI下行，可选消费和服务价格下行更加明显。2020年下半年，PPI月度同比增速持续回升接近转正，与CPI增速持续下降背离，是生产恢复进度快于消费的情况在价格指数上的反映；国际油价趋势与PPI走势基本重合，生产者价格呈上下游分化。2021年价格指数走势仍取决于供需结构变化，核心CPI难言触底，可能会继续受消费不足影响再次探底，整体CPI受食品和能源扰动大，将在震荡中缓慢上行。PPI回升趋势2021年大概率延续，且回升速率可能会显著提高，主要基于国内制造业“生产—利润—投资”循环的向好趋势和国外需求的进一步回升。

一、消费者价格指数分析

（一）CPI 整体下行，猪价周期脱离顶点但仍居高位

2020年消费者价格指数增速总体呈下滑趋势（参见图1）。以2018年底至2020年底为一个观察周期，2020年1月CPI当月同比和累计同比增速均为

5.4%，达到阶段性高点。以此为界，2019全年CPI上扬；2020年1月后CPI累计同比增速持续下降，月度同比增速虽小幅波动，但整体呈较快速下降趋势。2020年12月，CPI当月同比增速降至0.2%，虽较11月增速环比上升0.7个百分点，但仍为2009年国际金融危机后的较低水平。2020全年，CPI累计增速为2.5%，较2019年低3.4个百分点。

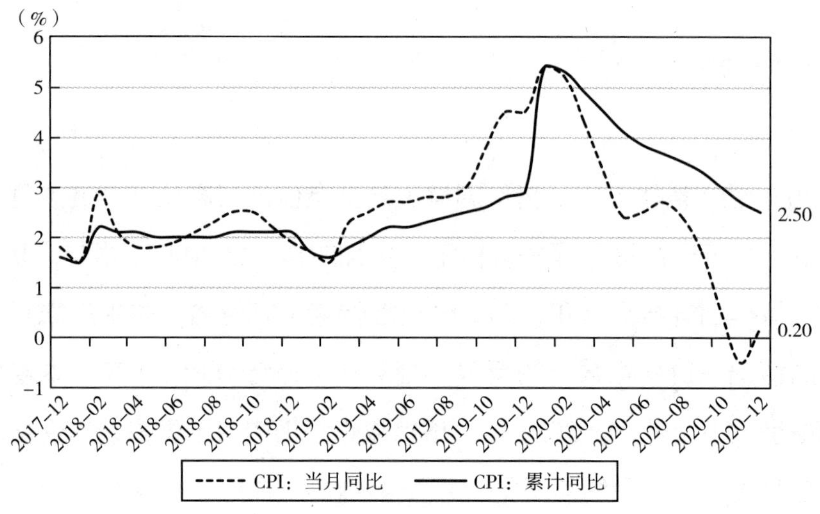

图1　CPI当月同比与月累计同比增速走势

数据来源：Wind数据库。

2019—2020年CPI先升后降的走势主要受猪肉供给变动引发的价格变化影响。猪肉价格周期由来已久，在市场化条件和我国原有的生猪散养为主的模式下，猪肉价格景气时，养殖户为追逐利润，增加能繁母猪和生猪供给，造成猪价下跌；猪价下跌导致养殖户减少供给，猪价重新上涨，使得生猪生产和猪肉销售过程中的价格周期性波动。这种固有的价格周期，叠加2019年前后"南猪北养"等政策推进过程中的不协调现象，以及非洲猪瘟的蔓延，使得本轮猪价周期有"超级"猪周期的特征。观察外三元生猪平均市场价格，从2018年底的12.8元/公斤涨至2019年最高点的41.4元/公斤历时仅10个月，涨幅达223.4%（参见图2）。与此同时发生的就是CPI增速的连连上行。但从2020年猪价运行情况看，价格的顶点基本确认。随着生猪生产的恢复，猪肉价格基本脱离顶点。2020年CPI在整体下行趋势中出现的两次月度波动也很大程度上来源于猪肉供需的变化。

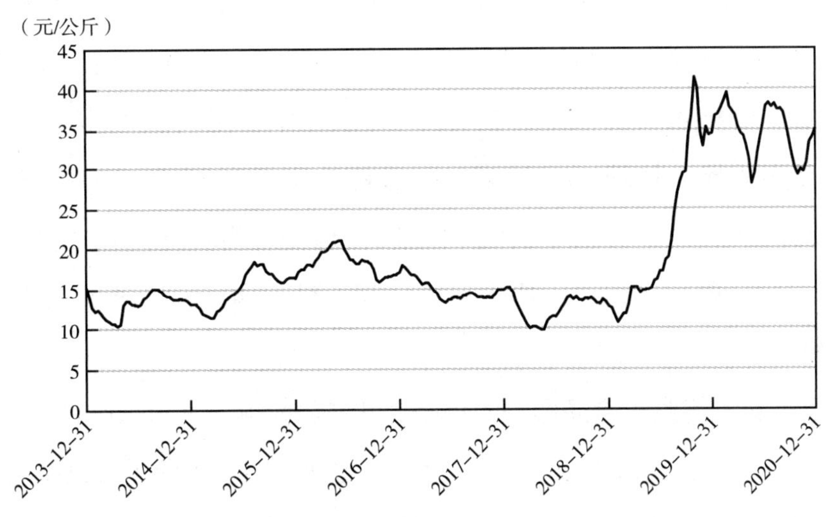

图2　外三元生猪市场价

数据来源：Wind数据库。

如图1，CPI当月同比增速在6、7月份的阶段性上行来自猪肉市场的供需两端同时作用，这一时期猪肉进口与储备冻猪肉投放有所放缓，加之前期猪价下跌引发养殖户加快出栏后，供给又有所收紧，且高温和洪涝等自然灾害影响生猪养殖及调运，也压缩了供给；而餐饮业恢复经营、工厂复工、学校复课，使得猪肉消费潜力得到充分释放，增加了需求，猪肉价格随之阶段性上调，拉动CPI上行。此后CPI月度同比增速继续下行至11月的-0.5%，12月份又呈现一次上行。本次波动体现的依然是以猪肉为代表的食品类消费品的供需变化。一方面，年末肉类消费需求增加；另一方面，受疫情影响冷链进口肉类受到一定影响，根据海关总署数据，2020年第四季度猪肉进口数量较第三季度下降4.3%，供给略有收紧。

（二）CPI下行的主要原因不是猪价，而是消费恢复不足

猪价周期对CPI变动会产生影响，这在2019年体现得非常明显，猪肉价格与CPI同步快速上升，但2020年情况发生了变化。结合图1和图2观察，猪肉价格虽脱离顶点，但2020年波动中仍维持较高水平；而CPI却呈现极为明显的快速下行趋势。虽然要考虑到2019年猪肉价格快速增长造成的高基数会使得2020年CPI下降，但CPI当月同比在2020年末创2009年国际金融危机以来的历史低值，却不是猪肉价格脱离顶点能完全解释的。

观察剔除了能源和食品影响的核心CPI走势，可见其自2018年以来一路下行的趋势。而在2020年，这一下行趋势的速率明显加快（参见图3，该时期下行曲线更加陡峭）。2020年，当核心CPI当月同比增速在3月份触及历史低值1.2%后，继续一路下降到12月的0.4%。核心CPI增速屡创新低，背后是消费恢复的动力不足。

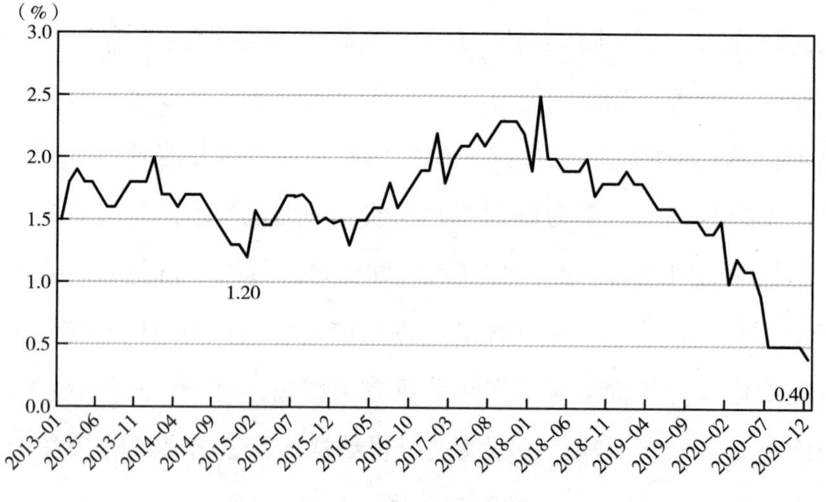

图3　核心CPI当月同比增速走势

数据来源：Wind数据库。

2020年中国经济走出了V型反转态势，实现了2.3%的正增长，消费恢复的进程相对缓慢。2020年全年，社会消费品零售总额累计增速为-3.9%，仍未转正；其中：商品零售累计同比下降2.3%，餐饮收入累计同比下降16.6%，距离恢复到正常状态仍有较大差距（参见图4）。

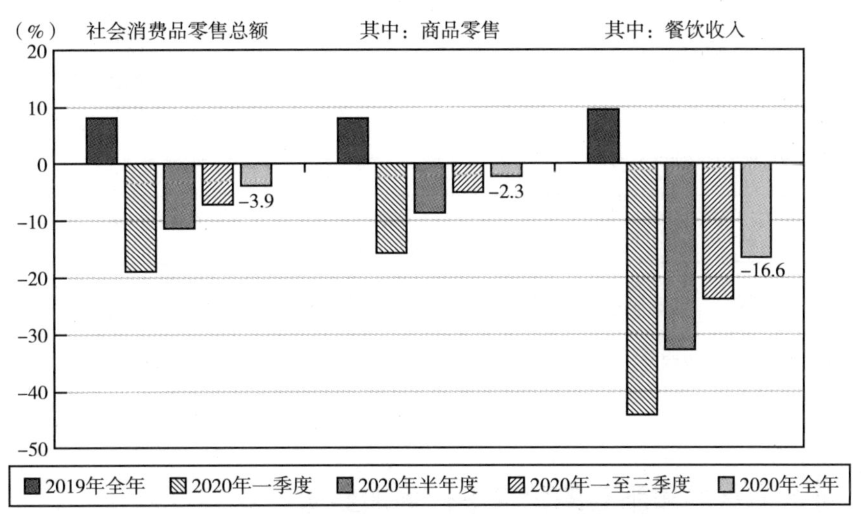

图4 社会消费品及其中商品和餐饮的零售总额增速

数据来源：Wind数据库。

消费的基础是收入。2020年居民收入实际增速仅2.1%，较2019年下降3.7个百分点；消费支出实际同比增速为-4%。往前回溯，居民实际可支配收入已连续三年下降，实际消费支出增速也连续两年下降。与此同时，以居民消费支出与可支配收入的比值为消费率，可见消费率也在近年逐年下滑，从2016年的71.8%下降至2020年的65.9%，下降了5.9个百分点。可以发现，相比收入增速的下降趋势，消费支出的下滑更加明显，而这一趋势是在疫情前就已经显现的，疫情冲击强化了这一趋势（参见图5）。

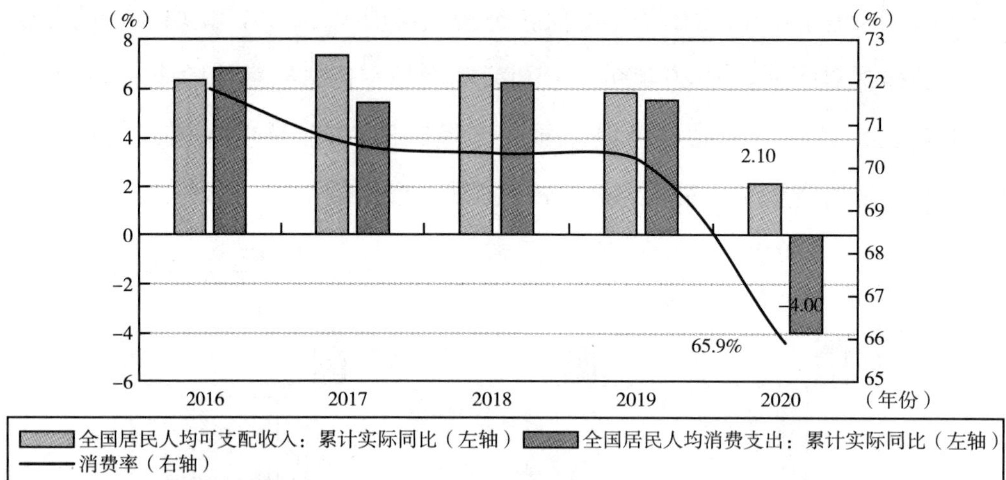

图5 全国居民人均可支配收入与消费支出年增速与消费率变动

数据来源：Wind数据库。

（三）可选消费品和服务的价格下行更加显著

2020年CPI整体下行，观察分项数据，可见可选消费和服务的价格下行更加显著。2020年，CPI的七个分项中，除食品烟酒和其他用品服务的价格指数增长外，其余分项的价格指数增速均有所下滑，其中：衣着可以视为一定程度上的可选消费，其2020年价格指数下降了0.2%，显示居民在可选消费项目上的节制；居住分项价格指数下降0.4%，考虑到CPI核算中居住项目主要核算房屋租赁的价格，说明疫情影响下，经济运行不如以往，住房租赁需求有所下降；交通通信和教育文化娱乐分项则集中代表了服务业的价格走势，二者2020年价格指数增速分别为-3.5%和1.3%，分别较2019年下降1.8和0.9个百分点。疫情常态化防控背景下，经济交流、旅游和聚集性娱乐活动受限，加之收入预期不稳，服务类消费需求自然遇冷，价格走势下降（参见图6）。

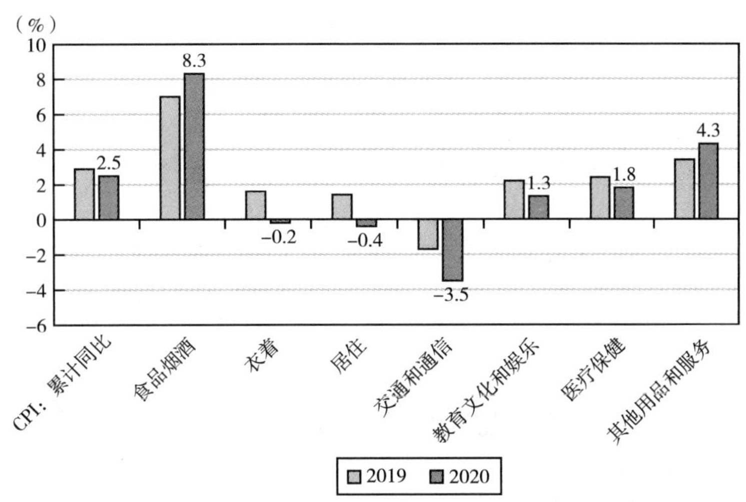

图6　2019年和2020年总体CPI及各分项CPI增速

数据来源：Wind数据库。

二、生产者价格指数分析

（一）生产恢复进度快于消费，可解释PPI与CPI相对背离的走势

自2019年6月以来，PPI当月同比增速就在负值区间持续运行。进入2020年，PPI月环比增速呈现较明显的下降又回升的态势。2020年5月至年末，PPI月同比增速从-3.7%升至-0.4%，接近转正（参见图7）。这一趋势与CPI增速的持续下降背离，是2020年生产恢复进度快于消费的年度主基调在价格指数上的反映。

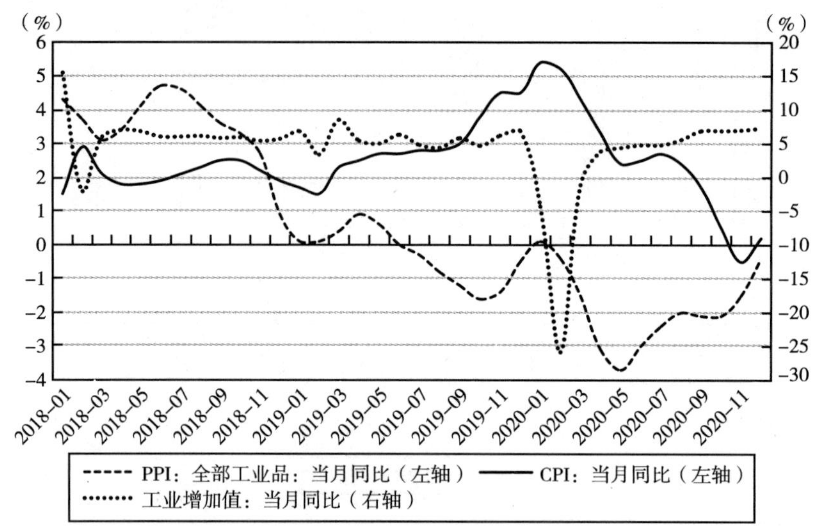

图7　CPI、全部工业品PPI及规模以上工业企业增加值当月同比增速

数据来源：Wind数据库。

经历疫情冲击后，我国经济中率先恢复的就是工业生产。2020年2月，规模以上工业增加值大幅下滑25.9%，但到6月份该指标就恢复至4.8%，基本上与上年同期持平；此后增速稳步提高，12月达到7.3%，高于上年同期0.4个百分点。全年规模以上增加值增长2.8%，显示出较好的生产恢复态势。生产恢复的状态正与PPI增速一同朝转正上行的趋势发展。同时，如前文所述，消费的恢复进度偏慢，不及生产，在价格指数上就体现为5月份以来CPI与PPI的相对背离运行态势。

（二）国际油价趋势与PPI走势基本重合，生产者价格呈上下游分化

2020年国际原油价格先降后升（参见图8），与全年PPI月同比增速的走势基本一致。2020年受新冠疫情、世界经济衰退、原油供需失衡等因素影响，国际市场原油价格一度暴跌，后缓慢回升，呈V型走势。前期价格下降主要由供给因素引致，3月，由于石油输出国组织（欧佩克）与以俄罗斯为首

的非欧佩克产油国未能就原油限产政策达成新的协议，沙特阿拉伯宣布大幅下调官方石油价格并自4月起提高产量，国际油价出现恐慌性暴跌；经过多轮谈判，4月欧佩克与非欧佩克产油国达成历史性减产协议；下半年，随着国际原油市场供应端收紧，越来越多的国家在防控疫情的同时启动复工复产，原油需求回暖，国际油价缓慢上涨。

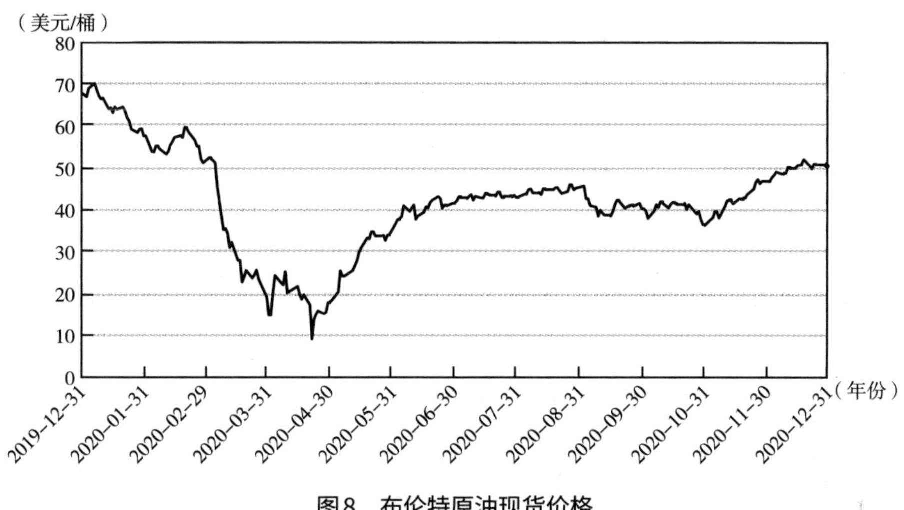

图8　布伦特原油现货价格

数据来源：Wind数据库。

国际油价的回升，以及国内生产需求的恢复，使生产资料PPI基本呈现与整体PPI一样的自2020年5月以来的增速上升趋势。该指标增速已从5月的-5.1%持续回升至12月的-0.5%；与此同时，生活资料PPI却呈缓慢稳定的下行态势，该指标增速在2020年12月为-0.4%，较上年末低了1.7个百分点（参见图9）。生产资料和生活资料PPI走势的分化主要来源于两个方面：

第一，生产恢复进度快于消费。生产资料包括采掘工业、原材料工业和加工工业，对应的是产业链中下游的生产需求，工业生产的快速恢复增加了生产需求，拉动了生产资料PPI的上行；而生活资料一般对应着消费需求，消费的相对低速恢复和消费需求的低迷，导致生活资料PPI走势低迷。

第二，生活资料与生产资料存在产能利用率的走势分化。疫情爆发前，以食品制造业、纺织业为代表的生活资料生产行业产能利用率有所下降，而以有色金属加工、黑色金属加工为代表的生产资料加工行业产能利用率在上升。到2019年12月，食品制造业和纺织业的产能利用率分别较2017年1月降低了1.3和0.3个百分点，而同期黑色金属加工业和有色金属加工业产能利用率分别提高了6.5和1.9个百分点。面对疫情带来的需求冲击，经历过“去产能”的黑色金属加工等行业抵御冲击的能力更强，而产能相对过剩的行业则面临更大的出清压力。

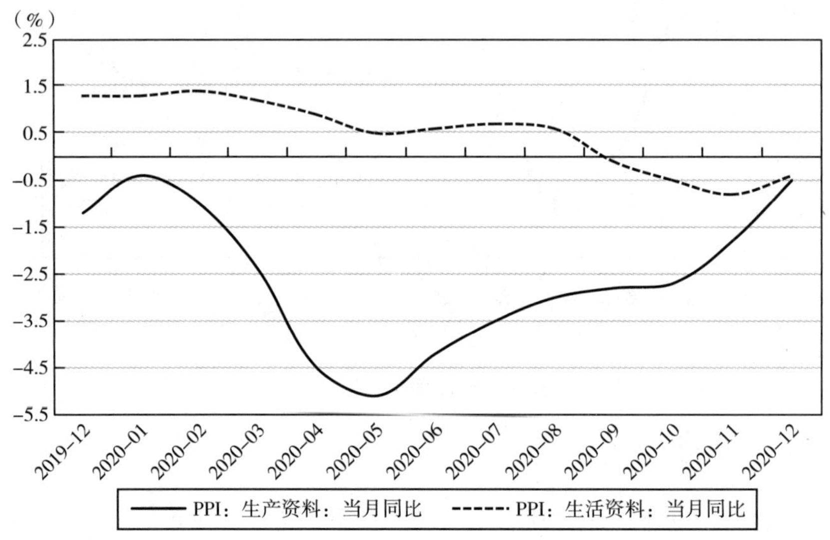

图9　生活资料与生产资料PPI当月同比增速

数据来源：Wind数据库。

三、2021年价格走势展望

（一）核心CPI难言触底，整体CPI震荡中缓慢上行

2021年的消费者价格指数走势仍取决于供需结构的变化。综合判断，核

心CPI难言触底，可能会继续受消费不足影响再次探底；整体CPI受食品和能源扰动大，将在震荡中缓慢上行。

供给方面，作为最大扰动项的食品供给可视为确定性的变量，主要因为猪肉供给在2021年稳步回升的趋势基本确定。在消费者价格领域，猪肉价格周期之所以重要，是因为猪肉作为主要的肉类消费品，其价格嵌入了消费品供需市场的方方面面，会影响交易参与者的定价行为。根据猪的自然生产周期，猪价的一个周期时间是3—4年，从2019年初至今，本轮周期已走过两年，价格顶点基本得到确认。2021年猪肉国内供给将稳步回升，农业农村部数据显示，至2020年11月末，全国生猪存栏和能繁母猪存栏均已恢复到常年水平的90%以上，已有23个省份提前完成产能恢复任务目标，全国生猪存栏最迟至2021年上半年就会恢复到常年水平。目前来看，生猪生产恢复成效超出预期，一大批高水平的规模猪场快速崛起，预计2020年生猪养殖规模化率能够达到57%左右，比2019年提升4个百分点，大大高于常年2个百分点的速度。

需求方面，2021年将继续受消费动力不足的影响。消费的动力减弱并不是2020年疫情冲击引起的特殊现象，疫情只是强化了消费不足的趋势。释放消费潜力、提振消费需要通过制度建设改善就业和收入预期，并完善社会保障体系，但这方面努力难言在短期内产生效果，消费在2021年继续低迷的可能性较大，核心CPI可能继续探底。

此外，需求方面最大的不确定性因素在于应对疫情的政策调整能否增强其确定性。从全球范围内看，疫情对经济运行的边际影响正在减弱，当前每日新增病例依旧处于高位，但各国经济恢复正在进行。一定程度上，短期经济表现主要取决于各国对疫情的政策反应而非疫情本身。2021年，我国冬春疫情防控形势依旧严峻，政策对跨地区流动、聚集性服务性消费仍有较大控制；另一方面，随着防控经验的积累，常态化防控下对政策不确定的预期也有降低趋向，部分消费释放也有一定空间。加之猪肉的供给需要一个过程，国际油价在经济复苏背景下会有继续上升的趋向，整体CPI应会在震荡中缓慢上行。

（二）PPI 回升将有速率加快趋向

PPI回升的趋势在2021年大概率会延续，且回升速率可能会显著提高。这主要是基于国内制造业“生产—利润—投资”循环的向好趋势和国外需求进一步回升判断。

一方面，2020年工业生产在整体经济复苏中领跑，并得益于有力的减税降费政策，企业降成本效果明显，工业企业利润修复显著。与此同时，在生产和利润上行的背景下，制造业投资在2020年有摆脱此前低迷状态的倾向，这一倾向预计将在2021年得到确认。制造业投资需要更新换代生产设备，生产需求扩大，工业品价格回升会加快。

另一方面，从全球范围内来看，疫情的负面影响正在减弱。我们对疫情的发展维持相对稳定的判断，作为消费国且经济体量较高的发达国家疫情基本步入中后时期，发达国家步入艰难重启期会导致需求回升，海外资源品供给国疫情或处于初中期，会压缩资源品供给。而作为资源供给国的新兴市场国家疫情依然严峻，尤其人均医疗资源少，疫情控制可能相对迟缓，资源品的供给压力依然存在。国内方面，固定资产投资、房地产开发投资增速均在上行，钢铁、煤炭、有色等工业品价格均可能有较强表现。

四、政策建议

当前价格指数更多的是在反映经济中的供需状态，2020年价格指数最突出的特点就是CPI走势和PPI走势的相对背离，这背后是消费恢复进度慢于生产的年度基调。为提振消费需求、稳定工业生产向好趋势，建议政策层面应做到三个“加快”。

第一，加快构建疫情防控政策的确定性。一定程度上，短期居民消费行为和经济表现主要取决于对疫情的政策反应而非疫情本身。在严格防控疫情的前提下，各地方政府的疫情防控政策应构建一定的确定性，稳定消费预期，促进消费恢复。

第二，加快推进需求侧改革的制度性政策。需求是经济增长的动力，是人民美好生活的基础。当前我国消费率持续下滑，不仅比美国、日本、英国这些发达国家低，甚至也不及印度、越南等发展中国家。首先应通过制度性建设，稳定就业、提高居民收入，让居民有能力消费；其次应改革收入分配机制，包括在初次分配领域提高劳动者报酬的比例，不使收入增量过多地被资本获取，在再分配领域进行收入调节，扩大中等收入群体比重。最后，对于不敢消费的问题，当务之急就是构建更好的养老、医疗体系，让消费者没有后顾之忧。

第三，加快促进制造业投资，增强制造业对投资的吸引力。目前看到的经济改善主要源于三个方面：一是国际国内疫情控制后生产端复工赶工；二是基建地产投资带动的上游材料类、中游装备制造类工业生产；三是政府对于新基建等领域的扶持与投入。但生产改善的长期逻辑支撑尚不牢固，体现在基建投资改善了工业品价格趋势，但对生活资料生产部门的积极意义较小。应注意投资拉动在保持强度同时的结构性需要，增强制造业对投资的吸引力，使得吸纳较多劳动人口的行业能够普遍地出现复苏态势，保障就业和居民收入，为经济持续健康运行奠定基础。

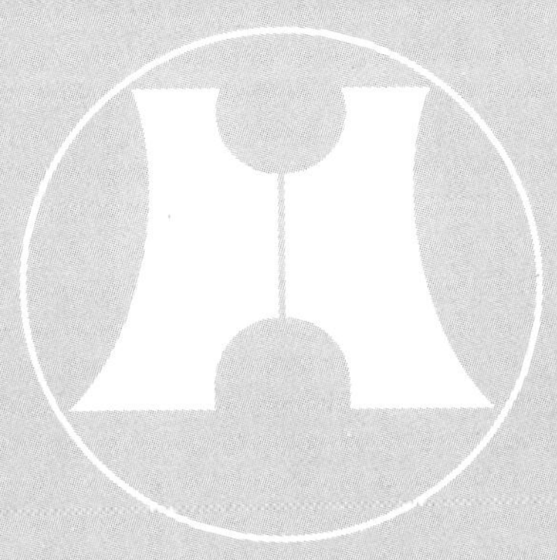

分报告九：就业规模与数量趋稳，质量与结构矛盾强化

执笔：武靖州

2020年，我国失业率先升后降，重回疫情前水平，大城市就业阶段性压力也已缓解，保就业目标基本完成；生产能力稳步回升对就业支撑作用明显。但就业结构性矛盾有所强化，以农民工为代表的流动人口就业弹性较大；各类矛盾交织迸发，高校毕业生就业压力大；居民收入和消费支出恢复情况不佳说明就业恢复的质量不高。展望2021年，随着新发展格局的逐步推进，整体就业形势有望进一步好转，但我国流动人口的就业弹性和劳动力供需结构性矛盾依然会长期存在，国际上的不稳定因素也将持续对我国就业总量和结构造成影响。应继续落实稳就业政策，筑牢就业稳定的基础，并精准施策，解决就业结构性问题。

一、失业率重回疫情前水平，保就业目标基本完成

（一）失业率持续下降重回疫情前水平，大城市就业阶段性压力已经缓解

2020年2月，城镇登记失业率达到峰值6.2%，此后在6%上下小幅反复，6月降至5.7%，7月持平，8—11月连续下降，分别为5.6%、5.4%、5.3%

和5.2%，12月持平，已经恢复到上年同期的水平，说明随着经济走出V型反弹的路径，就业压力逐步缓解。值得注意的是，大城市就业压力曾高于全国水平，但至年末这一局面已经得到缓解。2020年1—5月，31个大城市调查失业率处于总体上升态势，在5月达到高点5.9%，且这一指标数值6—9月份持续高于全国平均水平，这在调查数据失业率数据发布以来是罕见的现象（参见图1）。但到10—11月份，大城市失业率连续与全国失业率持平，并在12月收于5.1%，较全国低0.1个百分点。

大城市就业压力变化，与服务业恢复低于整体经济增速、又在四季度超过整体增速的特点相互验证。2020年1—9月，第三产业GDP累计同比增速0.4%，低于整体GDP增速0.3个百分点；第四季度单季，第三产业GDP增速6.7%，高于6.3%的整体GDP当季增速0.4个百分点。在四季度之前，中心城市聚集了大量服务业岗位，疫情防控常态化，加之居民消费尚未恢复，服务业恢复进度偏慢，部分商业活动尚未完全恢复，一定程度上影响了大城市的就业。第四季度大城市的服务业恢复逐渐加快，就业压力得到较明显的缓解。

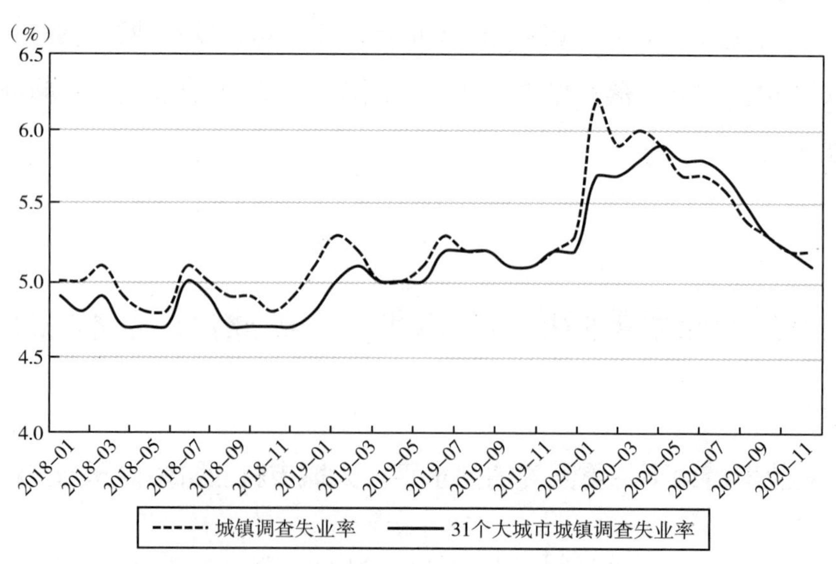

图1　全国与31个大城市城镇调查失业率走势

数据来源：Wind数据库。

观察新增就业人数数据（参见图2），可见2020年已完成就业目标，但总体新增就业水平仍未恢复到正常状态。2020年1—12月，全国城镇新增就业1186万人，完成全年目标任务的131.8%；但2019年新增就业1352万人，2020年降幅为12.28%。全年降幅较第三季度末收窄5.9个百分点，降幅收窄源于第三、四季度新增就业改善，7—9月新增就业人数分别为107万、110万和117万人，9月环比增速为6.4%，达到2020年的最高水平，并比上年同期9月多增4万人，增幅3.5%。而新增就业人数同比增速则在9月份转正为3.5%，此后三个月同比增速分别为15.6%、4.7%和19.2%，9—12月新增就业人数合计较上年同期多增37万人（参见图3）。

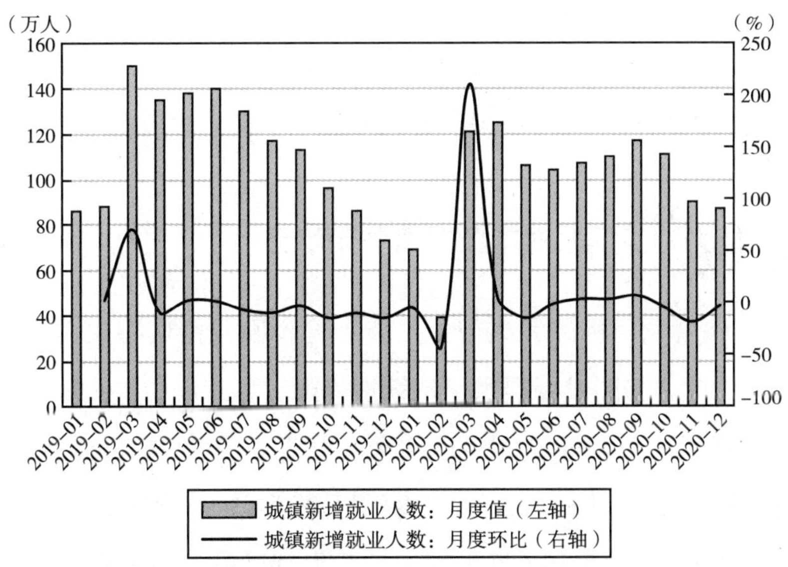

图2　2019年1月—2020年12月城镇月度新增就业人数及环比变动情况

数据来源：Wind数据库。

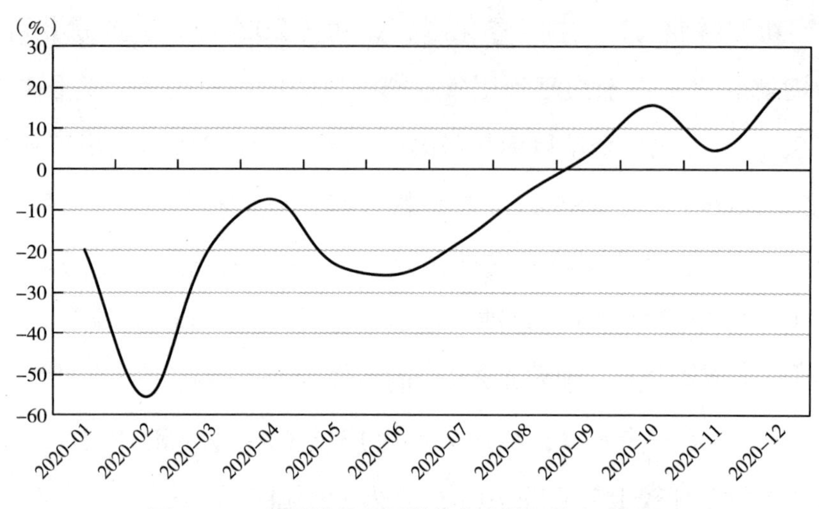

图3　2020年城镇月度新增就业人数同比变动情况

数据来源：Wind数据库。

综合来看，2020年新增就业目标已经完成，且就业压力缓解的积极信号在下半年有较多显示，说明2020年保就业政策取得一定成效。

（二）生产能力稳步回升对就业支撑作用明显

2020年保就业目标的完成与生产能力稳步回升密切相关。企业生产能力的回升亦为此态势的发展提供了持续性保障。复工岗位中，就业人员平均工作时间在初期的疫情冲击后迅速回升并稳定。2020年5月，就业人员平均工作时间回升至46小时/周，6月继续回升至46.8小时/周，此后7—9月均维持在此水平上，10—11月小幅波动后继续回升。这一指标数值较出现在2月份的最低值提高了16.7%，比上年同期水平稍高，显示疫情冲击后企业恢复生产的节奏已经基本完成回归正常的转变。生产恢复的这一趋势在工业企业产能利用率上也得到了佐证，2020年第一至四季度工业企业产能利用率分别为67.3%、74.4%、76.7%和78%，已恢复至上年同期水平（参见图4）。

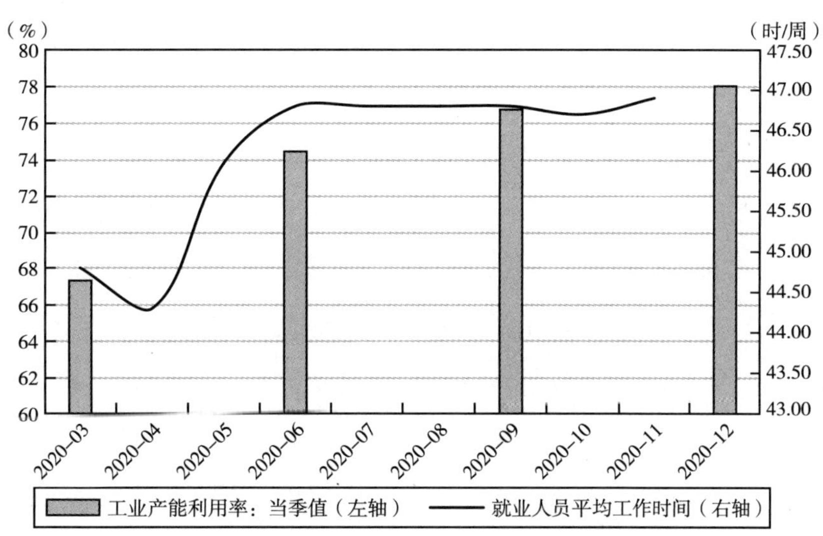

图4　就业人员平均工作时间及工业产能利用率变动情况

数据来源：Wind数据库。

（三）就业结构性矛盾有所强化

2020年1—8月，规模以上工业企业增加值累计同比增速正式回正为0.4%，2020年全年规模以上制造业企业增加值累计增长3.4%，恢复进度可观。同时，2020年6月以来，因国内疫情防控得当、国外疫情形势不明朗，在我国完备的工业体系下，以纺织服装等为典型代表的商品出口快速改善，带动相关行业用工需求增加。我国出口链明显改善，其中传统劳动密集型消费品出口改善最为明显，代表性劳动密集型商品中，家具玩具、服装鞋靴等出口改善最为显著。这类行业出口的快速改善，带动了生产和用工需求的快速增长。

制造业复苏明显，人才需求较大。人社部公布的"第三季度全国招聘求职'最缺工'的100个职业排行"中，28种职业新进排行，其中"仪器仪表制造工""真空电子器件零件制造及装调工"等19种职业与制造业直接相关，占67.9%；短缺程度加大的15种职业中，“铣工”“装配钳工”“工具钳工”等5种职业与制造业直接相关，占30%。

但制造业呈现一定的结构性就业矛盾。在前期疫情影响下，部分农民工留乡或二次返乡，劳动力供给明显减少，传统制造业劳动力短缺问题有所凸显。根据农业农村部数据，截至2020年8月末，全国近3000万农民工留乡或二次返乡，其中 1700 多万人通过灵活就业或在政策支持下实现就地就近就业或创业，跨省输送的劳动力供给明显减少。在用工需求方视角下，根据智联招聘网站调查数据，截至 9 月中旬，仍有9%的企业员工未完全到岗。而农民工一般会季节性流动回到户籍地，截至第三季度的数据基本可以说明农民工对制造业的供给较往年有所减弱。

二、流动人口就业弹性大，高校毕业生就业结构矛盾突出，就业恢复质量仍不高

2020年以农民工为代表的流动人口就业弹性较大；各类矛盾交织迸发，大学生就业压力大；居民收入和消费支出恢复情况说明就业恢复的质量不高。

（一）流动人口就业弹性大

2020年第一季度，建筑业、制造业、餐饮业开工进度处于初期，农村外出务工劳动力较上年同期下降30.6%，降幅巨大。但第二季度农村外出务工劳动力又较第一季度增加5501万人、回升至1.78万亿人（参见图5），这部分就业群体重新进入了就业岗位。农业转移劳动力规模在一个季度内可以有5000万量级的变化，显示了这部分群体就业的弹性。而通过二季度5000万农业劳动力的增加与失业率在半年内0.5个百分点的极差，可以看到一部

分农业转移劳动力在疫情影响下已经退出了城镇调查失业率统计的“分母”，失业率统计数据其实并不能很好地反映该部分人群的就业情况。

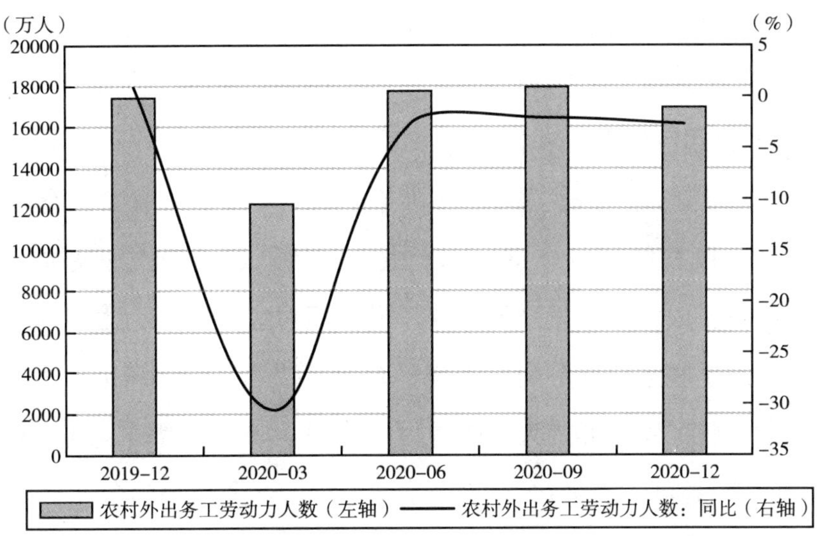

图5　农村外出务工劳动力人数及增速变动

数据来源：Wind数据库。

巨大的就业弹性下，农民工就业仍面临诸多风险与困难。如前所述，有相当规模的农民工返乡并长期留乡，目前农村市场在短期内并不具备如此巨大的容纳能力，也不利于我国稳定制造业和服务业就业队伍。此外，疫情冲击下农民工整体收入水平较大幅度下降。根据新闻报道统计，受疫情影响2020年农民工零工工作量和薪酬水平均有所降低，不少工种的日薪有30—50元的下降。

（二）高校毕业生就业结构矛盾突出

高校应届毕业生重点群体就业压力在2020年较为严峻。整体而言，2020年尚有未就业毕业生，2021年又新增900万应届毕业生，叠加2020年高校扩招 51.1万人，应届毕业生的就业压力持续存在。根据部分高校披露的就业报告，代表性高校的2020届毕业生，签约率较2019年普遍下跌5—15个百分点。由国务院发展研究中心、中国发展研究基金会和智联招聘组成的“大学生就业问题研究”课题组发布的《就业困难大学生群体研究报告》显示，在874万应届毕业生中，需要在市场化机构就业的约590万人，截至6月，仍有26.3%的2020届应届生在求职。

高校毕业生的就业压力本质上是结构性的。高校毕业生拥有较好的知识水平，在全国性的就业市场上并无太大劣势。近年来快速发展的民营企业、第三产业已成为吸纳就业的重要领域，但对大学生吸引力尚显不足；而高校毕业生对于制造业部分岗位而言，专业性技术又无法满足。根据某招聘平台数据，当前民营企业为大学生提供了65.8%的岗位需求，但6月份只有27.8%的大学生向民营企业投递简历；国企、外企和上市公司分别只提供5.4%、5.2%和6.8%的大学生岗位需求，但投递到这3类企业的大学生简历比重分别达到13.8%、16.3%和11.3%。

（三）居民收入增长低迷、消费下滑，就业恢复质量不佳

保就业的重要性除稳定经济外，还体现在就业是民生之本，但2020年居民收入增长低迷、消费下滑，显示就业恢复的质量不佳。2020年居民收入实际增速仅2.1%，较2019年下降3.7个百分点；消费支出实际同比增速-4%。而往前回溯，居民实际可支配收入已连续三年下降，实际消费支出增速也连续两年下降，消费率在近年也是逐年下滑的，从2016年的71.8%下降至2020年的65.9%，下降了5.9个百分点。所以，当前的就业恢复形势虽然在就业数据上完成了保就业的目标，但基于保就业的目的考虑，就业恢复并没有很好地形成稳定的收入预期、促进消费需求的释放。

三、2021年就业形势展望

展望2021年，随着新发展格局的部署推进，整体就业形势有望进一步好转。但我国流动人口的就业弹性和劳动力供需结构性矛盾依然会长期存在，国际上的不稳定因素也将持续对我国就业总量和结构造成影响。

2020年，由于有效的防控措施和经济的韧性，我国经济走出了一条V型反转之路，成为世界上唯一实现年度经济增长的主要经济体。2021年经济复苏态势有望持续，低基数引致的2021年高增速将有利于引导较好的预期，有利于激活消费市场潜力，进一步缓解就业压力。另外，数字经济在疫情下的增长速率提高，各行业、各领域的数字化升级，将成为促进就业市场发展的有利因素，新业态就业、灵活就业拓宽就业渠道的作用会越来越凸显。预计就业形势将持续稳中向好，城镇调查失业率有望继续下降。

但由于经济结构调整、产业转型升级，以及教育培训领域相关改革滞后于劳动力市场需求等因素，供需错配现象会持续存在。就业方面的不确定因素还包括在疫情中遭受严重冲击的餐饮、住宿、文旅等服务行业基本在目前难言完全恢复，部分中小企业仍难以走出困境。此外，还需关注国际环境变化对我国经济总量和结构进而对我国就业总量和结构的影响。全球经济尚未出现突破性的技术进步，疫情中经济恢复如果没有新的需求出现，会对我国经济和就业总量造成压力，各国振兴制造业的行动还可能加剧全球制造业产能过剩。

四、政策建议

当前整体就业形势稳定，应继续落实稳就业政策，筑牢就业形势稳定的基础。就业领域存在结构性矛盾，较为突出的是制造业的供需错配、流动人口的就业弹性以及高校毕业生的结构性就业困难。应综合考虑，精准施策，解决结构性问题，保障就业。

首先，应进一步落实就业优先政策，保障和引导农业转移劳动力就近就业的同时，加强人口流入地的社会保障体系建设，平衡外出农民工返乡就业与在沿海地区就业的比例，避免出现阶段性的“用工荒”，尤其应注意通过财政政策引导和社会保障体系完善对这部分就业人员的保障。根据人社部2017年统计公报，农业转移劳动力参加工伤保险、职工基本养老保险、职工基本医疗保险和失业保险的比例分别仅为27%、22%、22%和17%，社会保障覆盖不全面，在人口流入的沿海地区更是如此。没有稳定的保障体系，农民工就业弹性过大，在突发事件下，很容易引发结构性失业问题。

其次，针对应届高校毕业生的就业问题，关键在于减少因信息不对称导致的结构性失业。因为高校毕业生这一群体受教育水平高，实际在就业市场有相对的优势，应在扩大招聘规模、拓宽就业渠道的同时解决好供需错配问题。

再次，应将疫情防控机制推进到更加科学和人性化的水平。目的在于使得特定消费场所让个体户等小规模经营者获得正常运转的机会，保障消费场所的经营和小规模经营者的就业。

最后，企业投资是企业扩张的基础，企业盈利能力修复又是企业投资恢复的基石。当前，应以提振消费为基础扩大营收，以结构性财政政策降成本，助力企业尤其是制造业企业盈利能力修复，在市场化机制下引导投资进入实体经济。

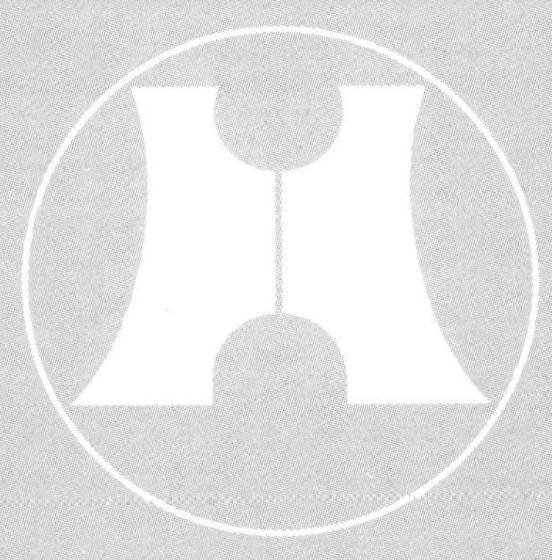

分报告十：积极财政政策对冲疫情风险，稳定持续政策应对未来不确定性

执笔：刘天琦

一、总基调：2020年积极财政政策超常态显著扩张

2020年一季度国内疫情集中爆发，宏观经济遭受剧烈冲击，伴随疫情好转与复工复产复商推进，宏观经济经历了疫情剧烈冲击后快速修复的过程，积极财政政策作为2020年政策组合中核心内容之一，对于抗击疫情、稳定经济发展发挥了超常态化的显著扩张：一是目标赤字率由2.8%提升至3.6%以上，对应赤字规模增加至3.76万亿元，央地财政计划调入资金及使用结转结余近3万亿元，以对冲疫情风险带来的财政收入大幅下滑。二是新增专项规模扩容74%至3.76万亿元，发行抗疫特别国债1万亿元，建立特殊转移支付机制，资金直达市县基层，及时、有效地保障地方政府落实帮扶疫情冲击主体。三是减税降费规模空前化，全国减税降费规模2.5万亿元，占2020年整体GDP比重的2.5%左右，新增减税降费规模达1.6万亿元，有效帮助企业对冲疫情冲击，激发市场主体活力，增强了经济发展信心。

二、经济修复超预期，一般公共预算收入回升态势良好

伴随疫情主因，叠加经济下行和减税降费等原因，2020年全年一般公共预算收入呈现自2009年以来的首次累计同比负增长，如图1所示。2020年四季度，一般公共预算累计达到18.3亿元，较上年同期下降3.9个百分点，2020年全年财政收入增速延续负增长态势但降幅趋于收窄。其中，受疫情影响，2020年一季度一般公共预算收入累计降幅呈现近10年来最低点，随着疫情趋于好转和复工复产复商的推进，经济逐步复苏，二季度以来，一般公共预算收入呈现V型反弹，6月收入当月同比转正。但受非税收入增速下降的影响，四季度开始，一般公共预算收入累计增速降幅变动明显，11月较前一月一般公共预算收入累计同比增速仅增加0.2个百分点，且当月同比转负，但12月伴随非税收入当月大幅增长，拉动一般公共预算收入当月转正，增幅达17.44%。

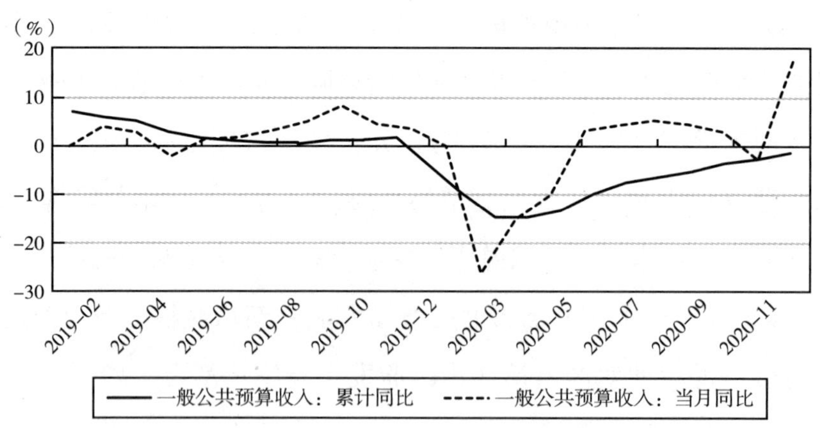

图1　2019—2020年一般公共预算收入累计同比和当月同比

数据来源：Wind数据库。

从收入的主要来源看（参见图2），2020年税收收入成为一般公共预算收入增速降幅收窄的主因，首先，受疫情冲击与支持企业减税政策影响，全年税收收入负区间“爬坡”上升。表现为2020年一季度税收收入呈现大幅下降态势，3月份税收收入当月同比增速为-32.5%，呈现近20年来最低点；随着疫情好转和各项政策推进复工复产，6月开始，税收收入增速回升转正，当月同比增长8.2%，较上月加快1.1个百分点；截至2020年11月末，税收收入累计同

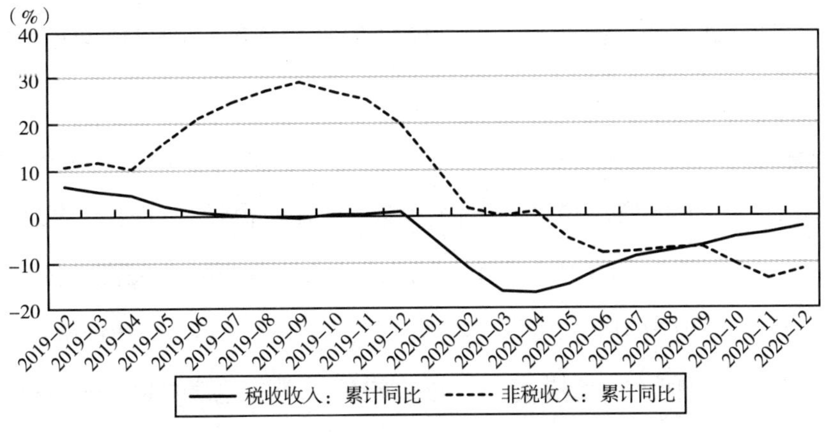

图2 2019—2020年税收收入与非税收入累计同比

数据来源：Wind数据库。

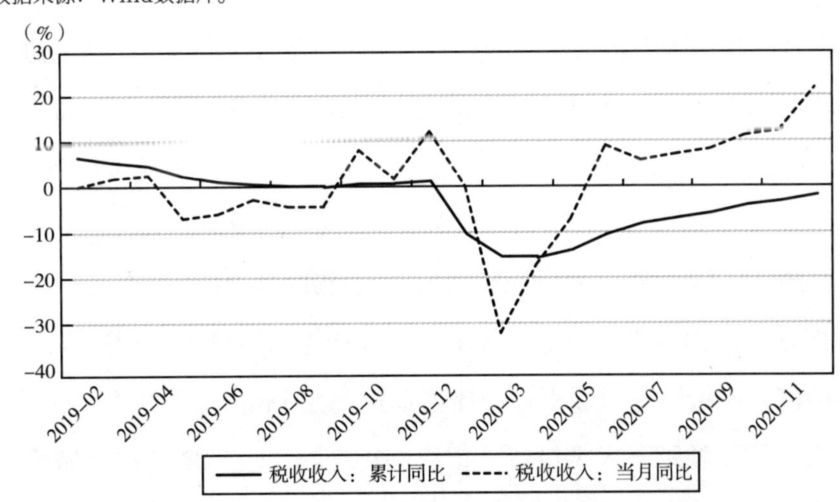

图3 2019—2020年税收收入累计同比和当月同比

数据来源：Wind数据库。

比下降3.7%，较三季度同比上升2.7个百分点，这反映出2020年各项减税降费政策落到实处，纾解了企业的现金流压力，市场主体活力释放，经济回暖向好；另一方面也反映出受经济增长带动，税收收入的正向联动增长（参见图3）。

分税种来看，多项税种在负区间徘徊但整体向好。如图4、图5所示，2020年四季度，除个人所得税、车辆购置税、印花税、证券交易印花税和其他税收累计同比增速分别为11.4%、0.9%、27.9%、49.2%和3.3%正向增长外，国内增费税、消费税、企业所得税等多项税种均呈负增长。2020年一、二季度受疫情严重冲击影响，国内生产、消费与进出口受到巨大影响，受牵连的国内增值税、消费税和进出口环节相关税种增速呈现大幅下降的负增长态势，其中，国内增值税、国内消费税、企业所得税最高降幅达到24.4%、16.4%和13%，如图6所示，进口环节增值税和消费税、关税、外贸企业出口退税下降幅度更为明显，最高降幅分别为25.1%、17.5%和26.8%。三季度以来，伴随国内疫情的逐步好转，国内投资、消费延续回暖，内需持续改善，出口增速进一步加快，对原材料和中间品进口亦有较强拉动，同时，人民币升值利好对进口形成提振，因此，进口相关税种降幅也逐渐收窄，2020年四季度，国内增值税、国内消费税、企业所得税、资源税、环境保护税、进口环节增值税和消费税、关税、外贸企业出口退税累计同比增速分别为-8.9%、-4.3%、-2.4%、-3.7%、-6.4%、-8.1%、-11.2%、-17.4%，较2020年三季度变动4.6、0.7、2.5、5.3、1.7、1.3、0.4、-5.4个百分点。此外，受房地产积压需求释放、房贷利率下调，信贷、债券及销售回款等渠道的扩充，房企资金来源持续好转，加之企业的全面复工，房地产施工进度随之提速等影响，12月，房地产开发投资完成额累计同比增速提高至7%，增速较上半年提高5.1个百分点，继续领跑三大类投资，相应的房产税、土地增值税、城镇土地增值税、耕地占用税均呈现降幅收窄态势，四季度累计同比增速分别为-4.9%、0.1%、-6.2%、-9.5%，较三季度上升2.9、2.6、0.4和1.1个百分点。

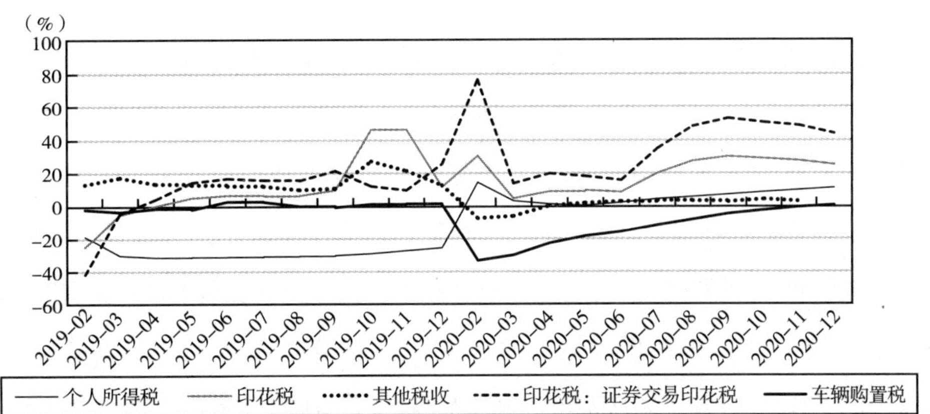

图4　正向增长的税种收入累计同比增速

数据来源：Wind数据库。

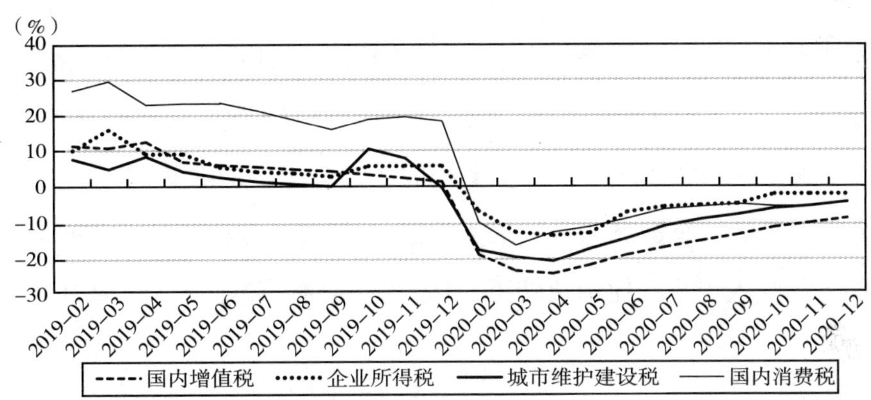

图5　负增长趋势明显的主要税种收入累计同比增速

数据来源：Wind数据库。

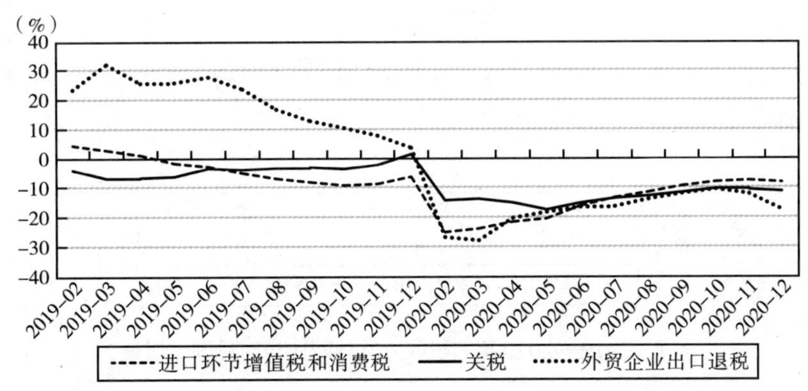

图6　进出口相关税种收入累计同比增速

数据来源：Wind数据库。

其次，受疫情、“减费”政策及上年同期非税收入基数高等影响，非税收入出现2007年最低点位，但有好转趋势。如图7所示，2020年5月以来，非税收入就开始呈现负增长态势，为弥补地方财政收入的不足，三季度非税收收入出现短暂的降幅收窄，但在非税收入增加有限的基础上，四季度，非税收入同比增速下滑继续明显，10月非税收入当月同比下滑至-45.08%，呈现了2007年有史以来最低点位，这主要与2019年非税收入的高基数和2020年涉企收费减负有关。2019年，为弥补税收“减收”，各级政府增加特定国有金融机构和央企上缴利润，推动非税收入同比增长20.2%，非税收入创历年新高。2020年以来，应对疫情冲击等不利环境，中央政府工作报告明确“坚决整治涉企违规收费”“涉及就业的行政事业性收费全部取消”等政策引导下，企业负担持续减轻，全国行政事业性收费、地方教育附加等专项收入呈现下降趋势，进一步拉动非税收入的减少。但随着地方积极挖掘潜力，多渠道盘活国有资产力度的加大，2020年末，非税收入趋于好转态势，12月份非税收入当月同比由负转正，达到6.44%，较前一月份增加48.84个百分点。

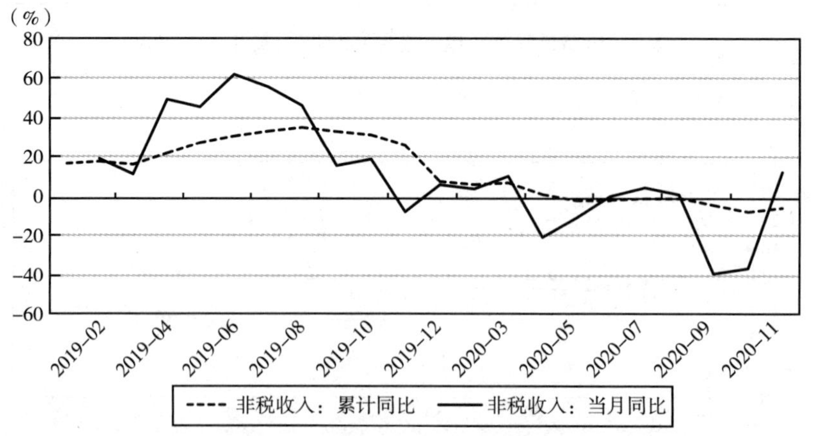

图7　2019—2020年非税收入累计同比与当月同比增速

数据来源：Wind数据库。

三、一般公共预算支出“保基层、保民生”作用凸显，内部结构分化明显

疫情、“减收”和缩减无效支出情形下，一般公共预算支出“减支”明显，但“增支”压力不减。如图8所示，2020年，受疫情影响财政“减收”和“过紧日子”的要求，全国一般公共预算支出累计同比增速落入了负值区间且长期徘徊，为应对疫情冲击、坚持贯彻“六稳”“六保”方针，“增支”压力不断加大。如图8所示，2020年，一般公共预算支出经历了9个月的负增长后，11月份首次实现正增长至0.7%，2020年全年增速达到2.8%，虽较上年同期下降5.3个百分点，但较三季度增加了4.7个百分点。

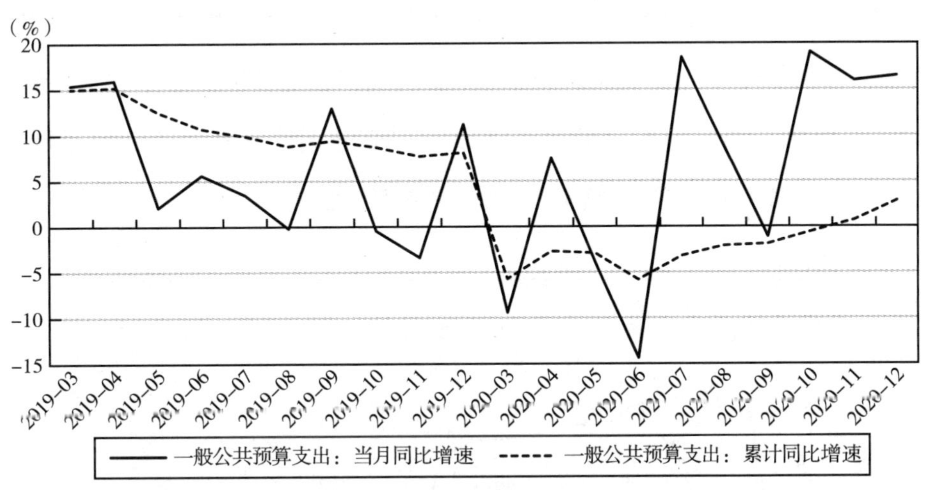

图8　一般公共预算支出累计同比与当月同比增速

数据来源：Wind数据库。

分结构来看，债务付息支出增速领跑各项支出，财政紧平衡“保基层、保运转”类支出力压基建支出。2020年，教育、科学技术、社会保障和就业、卫生健康、节能环保、城乡社区事务、农林水事务、交通运输和债务付息累计同比增速分别为4.4%、-4.9%、10.9%、15.2%、-14.1%、-20%、

4.4%、3.2%和16.1%，较2019年变动-4.1、-19.3、1.6、5.2、-32.3、-36.1、-1.9、2和3.8个百分点。其中，债务付息、社会保障和就业、卫生健康支出增速位列前三（参见图9）。受近年来地方债余额持续增长，及逆周期财政政策推动地方债发行额增长的影响，债务付息支出增速领跑各项一般公共预算支出，且支出增长速度相对较快，是2020年全年增速未跌入负值区间的支出。仅次于债务付息支出，社保和就业支出增速远高于一般公共预算支出整体增速，体现了财政对中央"六稳""六保"方针的现实贯彻落实，也表明，财政收支紧平衡状态下，财政支出优先保基层、民生稳定的政策意图。受疫情冲击影响，2020年初以来，卫生健康支出呈现大幅增加，并伴随疫情变化同步调整。2020年是脱贫攻坚收官之年，农林水事务支出一直保持较高增长。此外，受疫情下延缓的复工复产影响，支出提质增效作用凸显，及不排除债务付息、卫生健康、社保类支出的挤占等影响，2020年，除农林水事务支出外，科学技术、城乡社区事务、交通运输等基建类支出呈现多数月份负增长（参见图10），整体支出呈现结构分化。

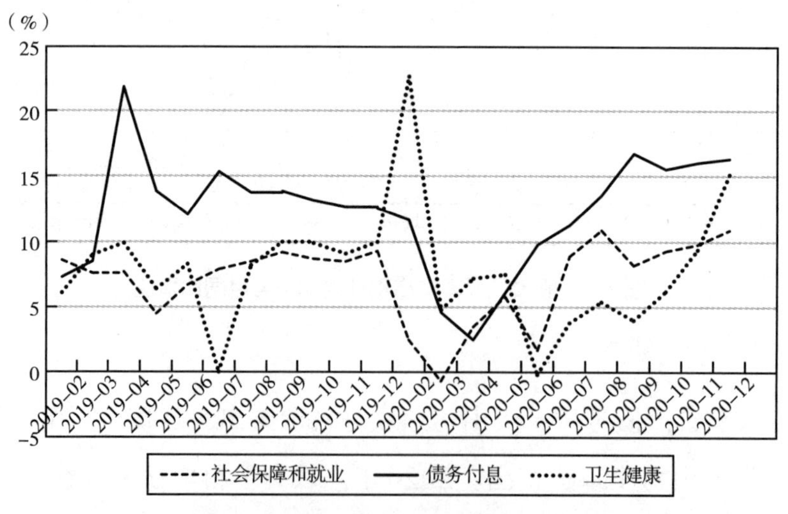

图9 正向增长的财政支出累计同比增速

数据来源：Wind数据库。

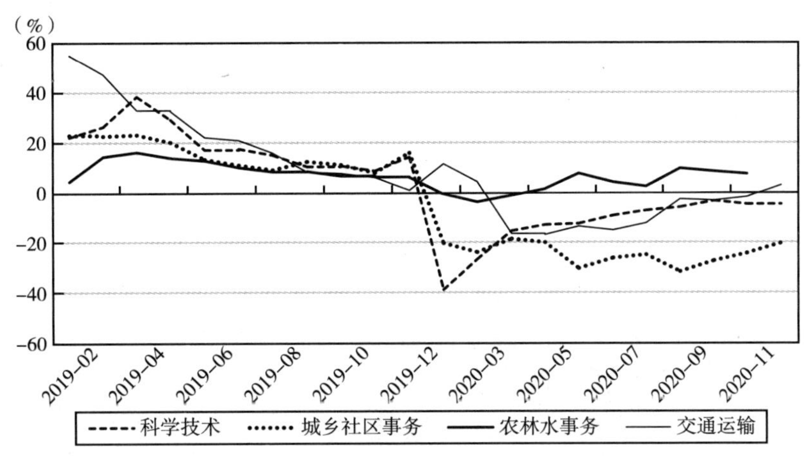

图10　基建类财政支出累计同比增速

数据来源：Wind数据库。

四、土地出让收入拉抬政府性基金收入，政府性基金支出重点向地方注入

政府性基金收入增速持续加快，土地收入拉抬收入作用明显。受疫情影响，2020年一季度政府基金收入迅速落入负增长区间谷底，随着复工复产的推进，以及受地方国有土地使用权收入较强韧性的拉动影响，二季度开始，政府基金收入增速实现V型转正，主要原因在于房地产开发投资保持强劲增长，2020年全年累计同比增速为7%，虽然年中融资新政促进了房企的负债结构调整，新开工和竣工受到一定拖累，但土地量跌价涨情形凸显，体现为土地市场购置面积同比增速结束5个月为负趋势仍大幅转正，2020年土地成交增速呈现了全年正增长态势，最终房地产投资的较强韧性拉高了国有土地使用权收入增速。2020年四季度，在国有土地出让收入增速15.9%大幅带动下，全国政府性基金收入累计同比增速为10.6%，较三季度增速上升6.8个百分点。其中，中央、地方本级政府性基金收入同比增速分别为-11.8%、8%，较上半年增速上升2.9、6.9个百分点（参见图11）。

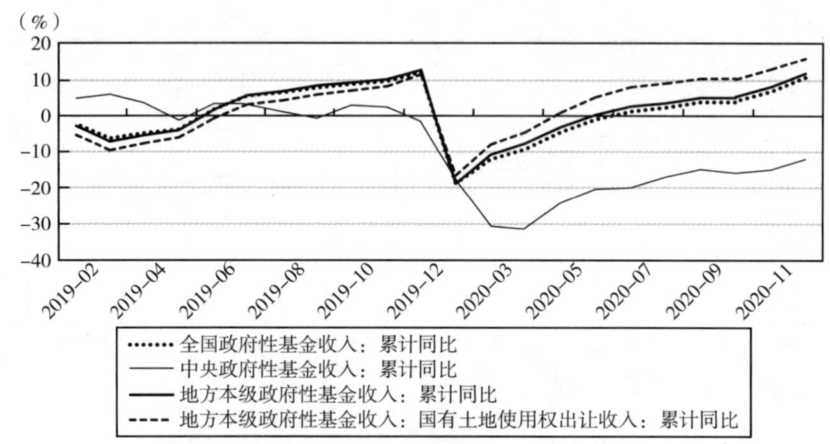

图11　全国和各级政府性基金收入累计同比增速

数据来源：Wind数据库。

政府性基金支出重点向地方倾斜。2020年，为应对疫情风险，中央发行了1万亿元抗疫特别国债，全部转给地方用于公共卫生等基础设施建设和抗疫相关支出。截至2020年末，全国、中央和地方本级政府性基金支出累计同比增速分别为28.8%、-12.8%、30.2%，较上年同期增速变动9.8、-10.1和10.3个百分点。其中，地方政府性基金支出占全国政府性基金支出的比重不断上升，中央本级政府性基金支出占比不断下降，反映出政府性基金支出重点向地方倾斜。

地方政府专项债券发行规模不断增加，成为政府基金支出重要组成。2020年，为发挥财政政策的逆周期调节作用，扩大政府投资规模，全国地方政府发行债券累计6.4万亿元，其中，一般债券发行2.3万亿元，专项债券4.1万亿元，为历史最高水平。从地方专项债占政府性基金支出比重来看，2020年地方政府专项债券越发成为政府性基金支出的重点，如图12所示，箭头部分的缺口部分主要为地方专项债发挥的区间。而从各地区来看，31个省份中，宁夏回族自治区、湖南省地方债发行额为负增长，其他地区地方债券发行则呈现不同规模的正增长。具体来看，截至2020年12月末，江苏省、山东省和广东省地方政府债券发行规模位列全国前三位，发行额为4180亿元、3932亿元和3639亿元；较上年同期，江西省、贵州省和山西省地方政府债券发行规模增速较快，分别增长了48.75%、46.65%和46.65%（参见图13）。

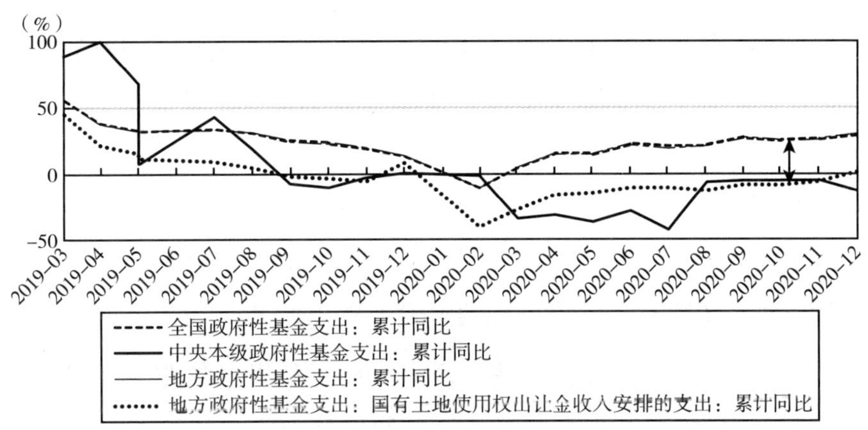

图12　全国和各级政府性基金支出累计同比增速

数据来源：Wind数据库。

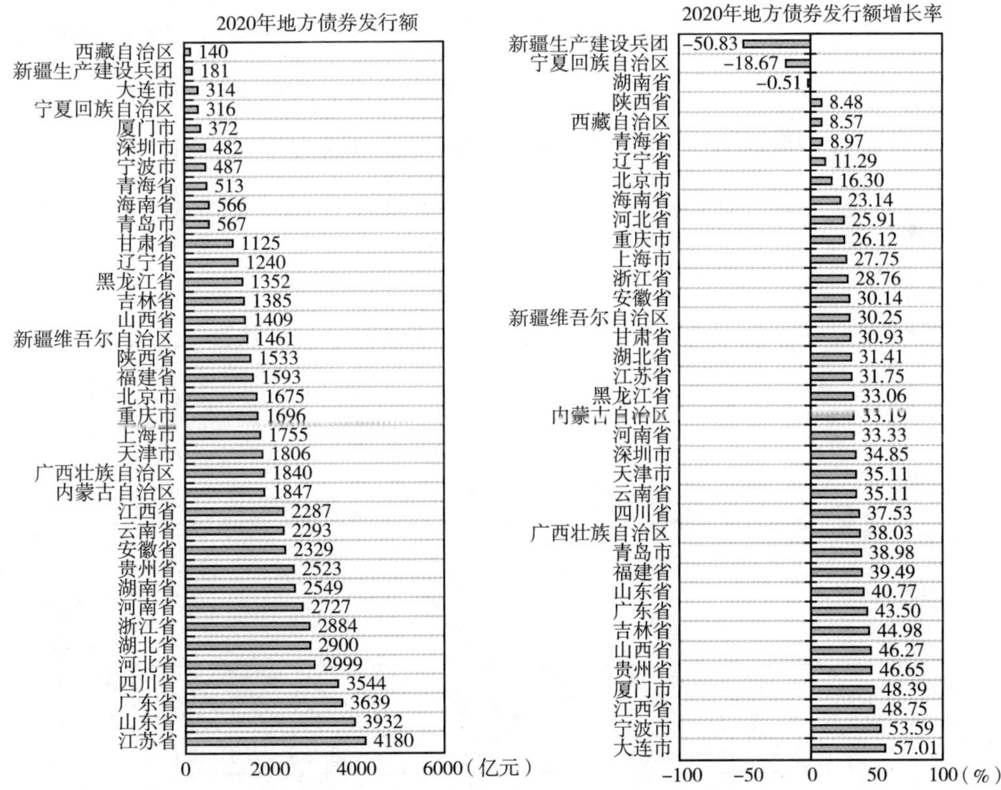

图13　2020年省市（含计划单列市）的债券发行额与债务增长率

数据来源：财政部政府债务研究和评估中心数据测算。

五、中央与地方、地方间财政收支分化趋势明显，地方财政自给度较低

财政收支重点向地方倾斜。2020年四季度，中央财政收入和地方本级财政收入累计同比增速为-7.3%和-0.9%，较上年同期下降11.8和4.1个百分点。为更好地支持地方抗击疫情和缓解地方的财政收支压力，2020年以来，中央与地方财政收入的分化更为明显，体现出了中央财政对地方财政的支持力度之大。6月开始，地方本级财政收入的当月同比开始转正，且增速高于2019年同期水平和中央财政收入当月同比增速。9月开始，中央财政更为加大了对地方财政的支持力度，中央财政收入当月同比转负，而地方本级财政收入当月同比快速上升，11月，地方本级财政收入较中央财政收入当月同比高出26.4个百分点（参见图14）。同时，伴随地方财政收入增速稳步增加以及年底支出进度的加快，2020年11月开始，地方财政支出累计同比增速转正，当月同比增速高达20.9%，中央本级财政支出仍呈现负增长，财政重点向地方财政倾斜的作用明显（参见图15）。

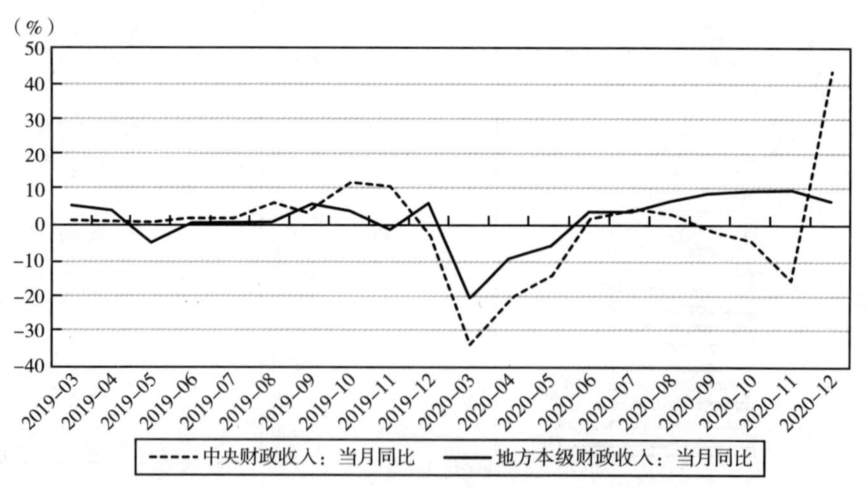

图14　中央财政收入和地方本级财政收入当月同比增速

数据来源：Wind数据库。

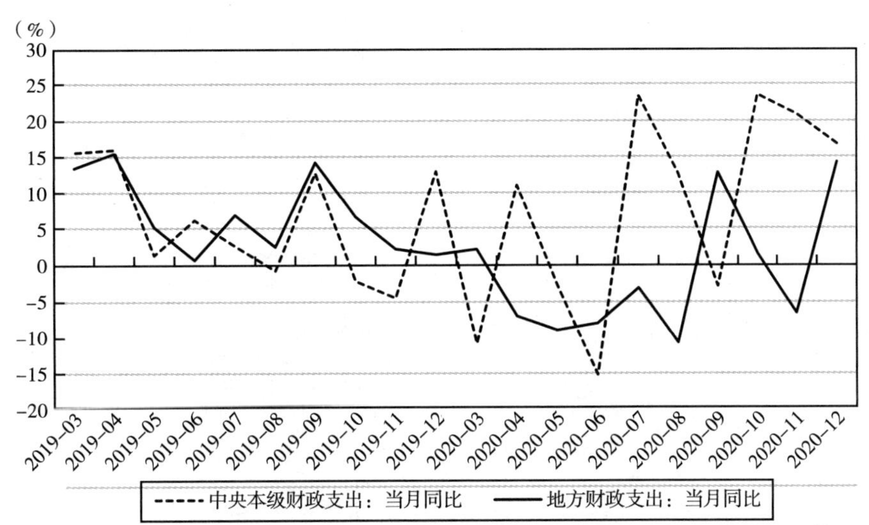

图15　中央本级财政支出和地方财政支出当月同比增速

数据来源：Wind数据库。

地区间财政收支分化明显，部分地区财政自给度仍较低（参见图16)。分地区看，截至2020年11月末，31个省份中，18个省份财政收入累计负增长，这些省份主要为受疫情直接影响较为严重的湖北、天津、黑龙江等地，以及受疫情冲击旅游行业恢复缓慢的海南，和发展恢复缓慢的西部地区；而这18个省份中有11个省份的财政支出呈现正增长趋势，一方面反映出为缓解疫情对这些地区的影响，财政加大了支出力度帮助这些地区尽快恢复经济，另一方面侧面体现这些地区财政收支承压可能会相对加大，2020年各省份的财政自给度[①]数据显示，截至2020年11月末，31个省份中仅有8个省份的财政自给度是高于50%的，剩余的省份财政自给度不足50%，意味着仅8个地区财政收入超过了财政支出的50%，多数省份的自给程度严重不足，且收支承压很大。

① 注：财政自给度＝财政收入/财政支出×100%。

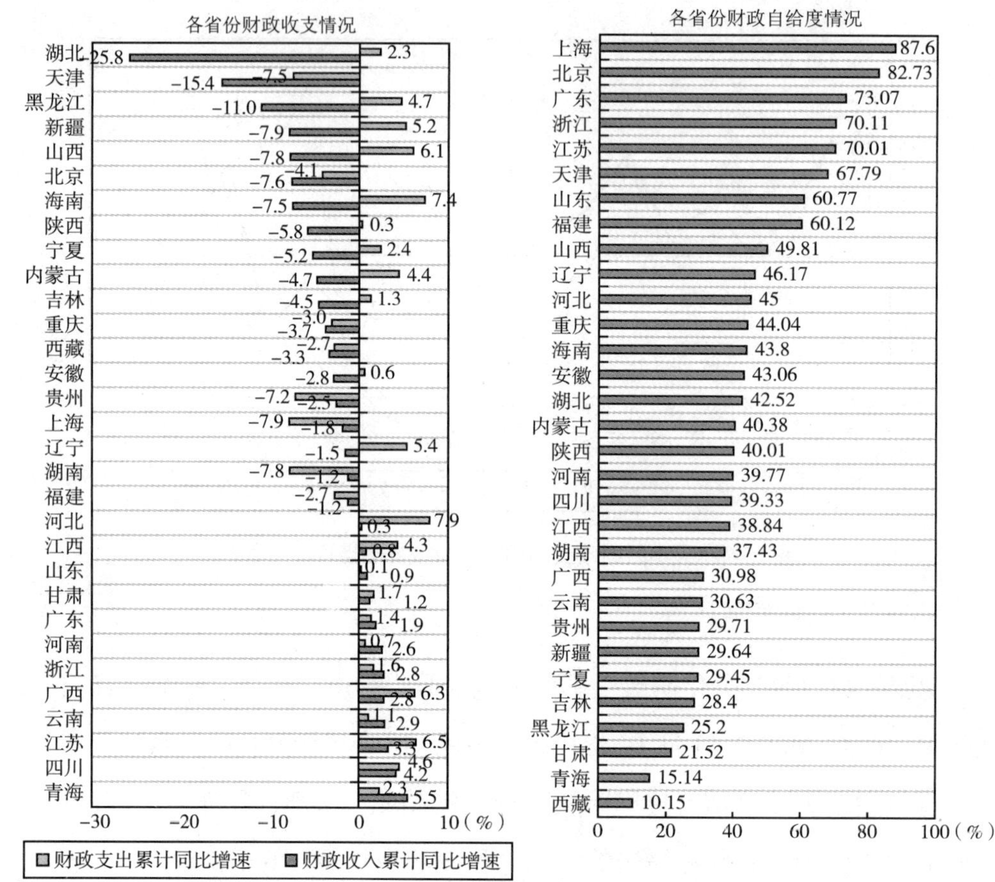

图16　2020年各省份财政收支情况和财政自给度情况

数据来源：Wind数据库。安徽、福建省数据来自各省财政厅网站。

六、积极财政政策效果明显，地方财政收支承压加大，地方政府债务偿还压力大、风险集聚

（一）积极财政政策效果明显，减收与补给有限的双重约束下，地方财政收支承压持续加大

为应对疫情冲击，财政收支较为困难的情况下，应推行积极财政政策，

并加大逆周期调节力度。2020年，全国赤字规模3.76万亿元，较2019年增加1万亿元，同时发行1万亿元抗疫特别国债；全国减税降费规模2.5万亿元，占“十三五”期间减税降费规模7.6万亿元的30%左右，占2020年整体GDP比重的2.5%左右，新增减税降费规模达1.6万亿元，有力地助推了企业轻装上阵下的更好发展。但是，持续、大规模地减税降费也意味着各级财政收支承压的继续加大，同时还面临着疫情不确定下多渠道财政收入补充来源的不足。2020年，中等口径的地方财政收支缺口达到了13.6万亿元，较上年同期高出2.5万亿元（参见图17）。从2019年弥补减税效应的增收渠道来看，通过国有资本经营收入和国有资源（资产）有偿收入补充的非税收入的方式已明显减少，排除2019年基数高的因素，2020年非税收入较2018年同期增长6%，而2020年减税规模则为2018年的近2倍，非税收入补收功能的有限性原因在于其兼具“增收”“降费”双效应，即在增加国有资本、资源等收入扩充税收来源之外，非税收入涵盖的各项行政事业性收费总基调为减少趋势，因此，非税收入弥补“减税”的渠道收入规模非常有限。此外，中等口径下弥补地方财政收支缺口的收入来源还包括国有土地使用权出让收入，而当前“房住不炒”等房地产调控政策进一步压缩了土地出让收入弥补

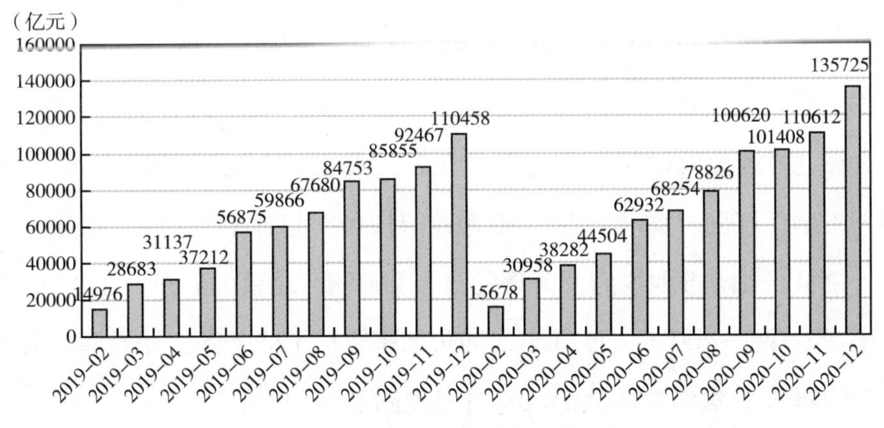

图17 中等口径下的地方财政收支缺口

数据来源：根据Wind数据计算。

地方财政收入的空间；严控地方隐性债务“去杠杆”等政策的实施也在一定程度上对各级财政收支形成明显冲击。减收与补给有限的双重约束下，地方财政收支承压持续加大。

（二）地方政府政府债务偿还压力加大，存在诸多“风险点”

地方政府债务偿还压力大重点体现在三个方面：一是地方政府债券到期相对密集，各省债务率均高于国际安全限额。2020年，地方政府债券发行额6.4万亿元，达到历年最高；地方债券到期额2.1万亿元，较去年同期增长62%，如图18所示，2020—2025年为地方政府债务偿还密集期，六年间地方政府年均债务偿还量约为2.83万亿元。同时，地方政府债务余额总量达到了25.6万亿元，中等口径下的财政收入（一般公共预算收入+政府性基金收入）为27.6万亿元，可以测算出，2020年地方政府债务率约为92.75%，接近国际安全标准100%；2020年全国国内生产总值为101.6万亿元，测算出全国地方负债率率为25.2%，国际上通常以负债率60%作为政府债务风险控制标准参考值，相对于政府债务率，负债率显著低于警戒线[①]。但是分地区来看，截至2020年11月末，31个省份的债务率均高于100%，表明各省份的地方政府债务余额已远超过了政府可支配的综合财力，其中，青海、贵州、吉林、云南4地政府债务率均远超过了500%，湖南、甘肃、广西、宁夏、黑龙江、新疆、重庆、天津、内蒙古9地政府债务率超过了400%，河北、江苏、福建、海南、辽宁、陕西、安徽、江西、湖北、四川10地政府债务率超过了300%，西藏、山西、河南、浙江、山东5地政府债务率超过了200%，北京、广东、上海3地政府债务率在100%—200%。而31省份的负债率要优于债务率，除天津、贵州外，其余29个省份的负债率均低于60%（参见图19）。

① 债务率＝地方政府债务余额/政府综合财力×100%，其中政府综合财力＝一般公共预算收入＋政府性基金收入，负债率＝年末地方政府债务余额/GDP×100%。

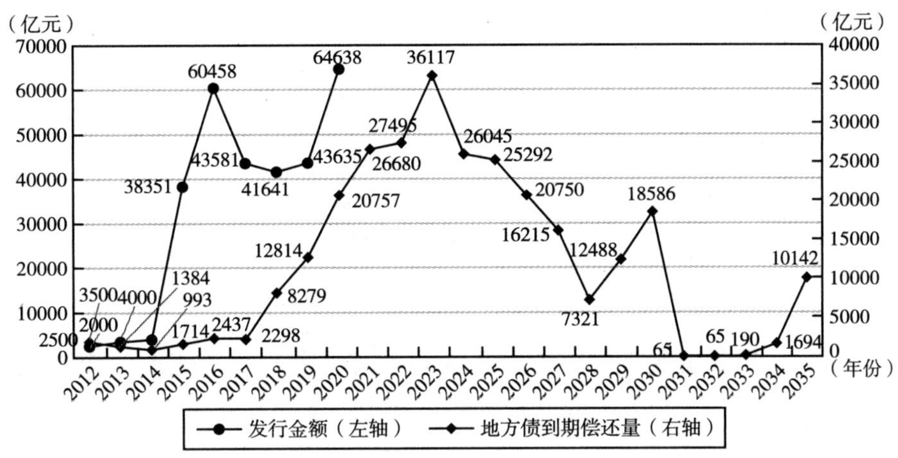

图18　2012—2035年地方债发行额和到期偿还情况

数据来源：根据Wind数据库汇总。

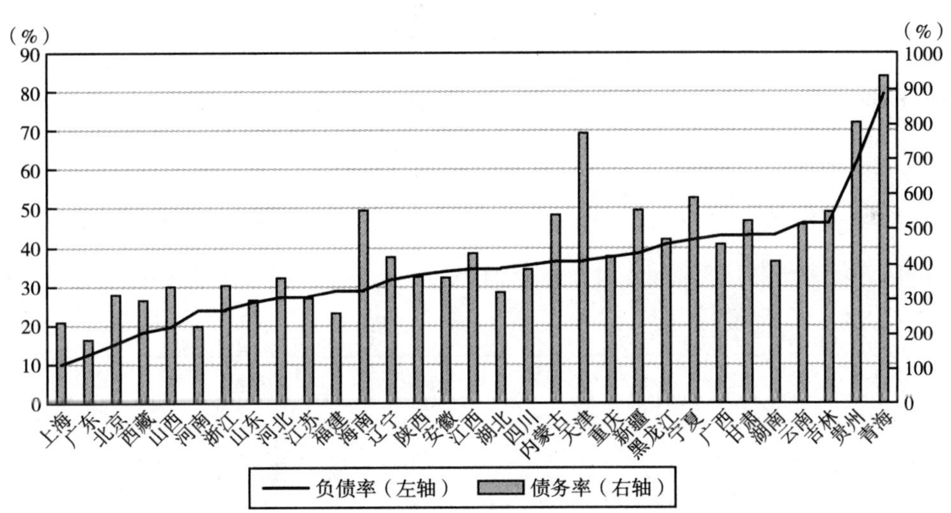

图19　截至2020年12月末31个省份地方政府债务率和负债率

数据来源：Wind数据库。

二是地方政府“借旧还新”再融资债券规模加速扩大，债务本金和付息压力加大。2020年，地方政府债务本金和付息的压力尤为凸显。2020年四季度，再融资债券规模达到了1.89万亿元，较2019年再融资和置换债券发行总额增长44.8%，占2020年新增债券发行总额的58.5%，反映出地方政府通过“借旧换新”发行再融资的诉求不断加大，再融资债券的发行并非是减少了地方债务规模，而是将债务偿还周期延长，债务风险后移。债务偿还的本金可以通过发行再融债券的形式得到一定程度的缓解，但债务利息的压力将伴随再融资和新增债券的发行不断加大。2017年以来，债务付息支出与地方债余额实现了同步增速状态，2020年，债务付息支出累计高达9829亿元，累计同比增速16.4%，已超过了其他各项财政支出增速，而2020年新增财力为负值，明显难以偿付当年的政府债务付息水平，因此，仅能通过列支财政支出以偿还付息，这也会对其他财政支出产生挤出效应。

三是地方政府城投债发行规模有上升趋势，地方隐性债务风险仍值得关注。2020年，虽然部分地方融资平台实现了转型，但伴随疫情冲击，地方政府财政收支矛盾的不断加大，城投债发行规模也呈现递增态势，2020年城投债发行额为4.09万亿元，较2019年增长16.97%；城投债债务余额为10.3万亿元，较2019年增长15.4%。分31个省份来看，2020年，除辽宁、青海、安徽、新疆、吉林、内蒙古、黑龙江、广西、海南、福建、陕西11个省份城投债负增长外，其余20个省份城投债发行仍呈现明显正增长，其中，西藏、上海、宁夏城投债债务规模增速已高达80%以上，分别为95.7%、89.7%和81.7%（参见图20）。

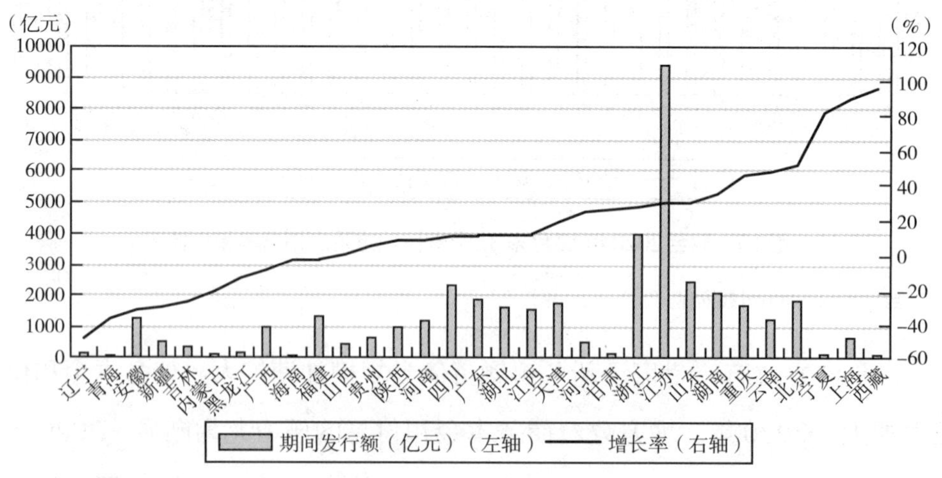

图20　2020年31个省份地方政府城投债券发行额和城投债务规模增长率

数据来源：Wind数据库。

七、2021年财政展望与对策建议

（一）财政展望

1.财政政策逐步回归常态化，总基调仍积极。2020年是“十三五”期间财政政策力度最强的一年，对稳投资、稳消费、稳就业起到“雪中送炭”的关键性作用。在市场主体特别是小微企业最困难之时，减税降费政策增加了市场主体现金流，起到积极支撑作用，伴随经济的稳步复苏，2021年财政政策逐步要回归常态化。但是由于国际国内疫情发展的不确定性，我国经济恢复基础尚不牢固，世界经济形势仍然复杂严峻，复苏不稳定不平衡，疫情冲击导致的各类衍生风险仍不容忽视，因此作为主要宏观政策的财政政策“不急转弯”，施行稳定、积极的财政政策继续应对未来的不确定性。但由于已过了2020年国内疫情的高峰期，且新冠疫苗逐步上市、经济稳步好转，考虑到国家财政的可持续性，在积极财政政策总基调不变的情况下，政策力度、节奏和重点也应适时调整，使其更为适应和匹配经济发展情况，2020年疫情高峰下采取的阶段性政策安排，根据实际情况可采取适时延长或退出。

2.经济修复映射一般公共预算收入预计增速回升，赤字收缩下一般公共预算支出预计小幅下行。2020年下半年，在经济逐步复苏情形下，税收收入的增幅变动是拉动一般公共预算收入降幅收窄的主要源泉，2020年国内生产总值从一季度的-5.8%增长至四季度的6.8%，凸显出经济的稳步持续复苏，在经济持续修复的带动下，以及财政赤字等多项财政政策回归常态化的趋势下，作为宏观经济的映像，预计税收收入会进一步上升，进而拉动一般公共预算收入增速回升。一般公共预算支出方面，我国在“3%赤字率红线”软约束下，2020年之前财政目标赤字率从未突破3%，2018年、2019年分别为

2.6%和2.8%，2020年“赤字率3.6%以上”赤字目标力度空前，是特殊背景下的特殊政策，2021年逐步回归常态应属合理预期，但赤字不会大规模减少，此背景下，除保障疫情不确定下的重点防疫、民生支出，一般公共预算支出预计小幅下行。

3.国有土地使用权出让收入下行但有限，专项债回归常态预计规模逐步“退坡”，地方债风险管控进一步加强。在“房住不炒”为基调的多项房地产政策加压的情况下，预计2021年国有土地使用权出让收入增收能力减弱，但收入下行幅度有限。原因在于：一是延续2020年三、四季度的土地市场高度景气情形，部分收入大幅增速的良好态势预计将会延续到2021年。二是2021年财政政策逐步回归常态化基调下，部分地区对国有土地使用权出让收入的依赖程度可能还会有所提高。三是房地产销售市场的稳定趋势，在一定程度上对土地市场形成支撑。

2020年，国内经济状况受到疫情极大冲击，地方政府债券发挥了重要调节作用，当前疫情防控常态化的形势下，疫情得到较好的控制，对我国出口形成了有力支持，初步预计经济整体态势向好。在此背景下，政府通过赤字扩张的必要性下降，因此赤字率将会有所下调，或将恢复到3%以内。同时，考虑到2020年专项债大规模发行，其规模已远超政府性基金收入增速，专项债风险正逐渐积聚，因此，预计2021年专项债规模将逐步“退坡”回归常态。与此同时，为防控地方政府债务风险的进一步扩大，《关于进一步地方政府债券发行工作的意见》和《地方政府债券发行管理》等规范地方债发行管理文件的陆续出台，尤其在信用评级、信息披露和监督检查等方面工作的进一步规范、明确，预计2021年地方债风险管控将进一步加强，与此同时，永煤债事件一定程度反映了地方政府兜底能力的下降，地方政府债务风险包括隐性债务风险的防范重要性也应进一步重视。

（二）政策建议

2021年财政政策强调“提质增效，更可持续”的基调下，建议从以下几个方面着力：

1.减税降费改革逐步转向完善税费制度改革，挖掘更多减税空间和财政发展空间。从中央经济工作会议提出的“落实减税降费政策”到“完善减税降费政策”可见2021年“减税降费”政策的实施还要兼顾考虑财政可持续性的导向，因此，为继续缓解企业的负担和增强内循环发展空间，还要适时适度调减增值税纳税档次和税率，逐步降低间接税比重，优化税收结构；提高个人所得税等直接税比重，发挥个人所得税调节收入分配的作用，同时，继续深化个人所得税体制改革，对高端人才和教育投入加大减免力度，发挥个税的人才引导和税收收入调节作用等。

2.增发国债化解财政收支压力，健全地方政府债务应急处置机制，抓实化解地方政府隐性债务风险。2020年，疫情冲击下，地方政府承压加大，部分基层政府财政减收达到50%以上，通过地方政府债券的发行，增强地方政府财政能力，帮助地方政府对冲风险恢复经济社会秩序。但是根据各地地方债发行期限和利率来看，基本呈现趋同，进一步反映出地方政府债券存在一定的市场化定价机制失灵，也就造成了较于国债，地方政府债券发行的流动性明显不足，据测算，2015年以来，地方债的流动性有所提升，但国债的交易活跃程度仍是地方债的4倍左右[①]，在当前国际抗疫形势严峻、中国经济稳定复苏的形势下，国际社会对中国经济预期明显好转，因此可通过增发国债的形式以缓解国内财政收支的压力。

为防范地方政府债务可能集聚的风险，还应进一步健全地方政府债务风

① 国债与地方债的相对交易速度=（国债交易占比/国债余额）/(地方债交易占比/地方债余额)×100%

险应急处置机制和化解地方政府隐性债务风险。2020年中央经济工作会议指出“抓实化解地方政府隐性债务风险工作”。在疫情冲击造成地方财政收支矛盾不断加大的情形下，地方政府要发挥其应有的作用，仍离不开扩大地方政府债务对冲风险。因此，在此背景下，还要进一步健全地方政府债务风险和应急处置机制，及时、有效化解地方政府隐性债务风险，促进地方政府债务和债券项目纳入预算管理，坚持地方债券发行的市场化原则，合理安排新增债券规模，实现债券发行与地区经济发展的合理匹配。

3.统筹财政资源，推进财政支出结构的优化，强化地方预算绩效管理，实现进一步的“提质增效”。“党政机关要坚持过紧日子”，2021年预计财政整体上仍面临减收增支压力，财政运行仍处于“紧平衡”状态。在这种情况下，更应注重统筹财政资源的使用和调动民间资本的积极性，一是强化党政机关过紧日子的理念，压缩无用、无效支出。二是向内挖潜，优化财政支出结构，完善项目支出的预算绩效管理，提高政策和资金指向性、精准性、有效性。三是统筹财政资源，将有限的资源投入到“外溢性强、社会效益高”的项目，加快投融资体制改革，盘活存量，充分调动民间资本的积极性，确保财政经济运行的可持续。

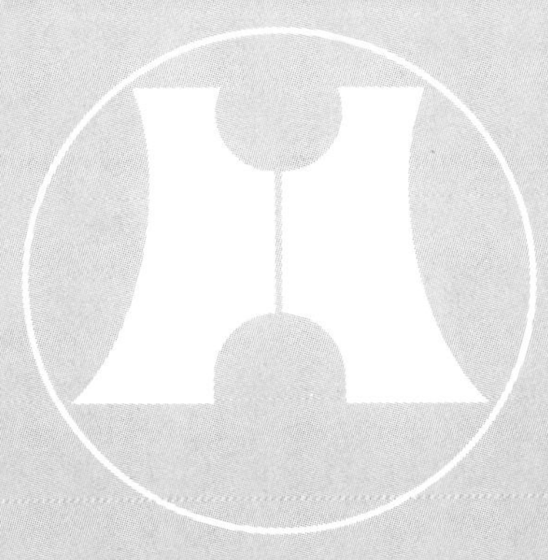

分报告十一：中美金融市场均较平稳，货币政策方向表现殊异

执笔：张鹏

2020年第四季度，新冠肺炎疫情总体进入到第二轮暴发期。与疫情暴发第一轮情况不同的是，各国对新冠肺炎疫情的应对及反应总体正常，并未出现严重恐慌的情况，经济和社会端也没有采取极端的控制政策，金融产业发展和运行指标总体正常。特别是中美两国的情况更加值得关注，两个国家在保持相关经济指标回暖（中国应为“复苏”更加确切）的同时，货币政策的取向却是相反的。中国的货币政策向常态化回归，保持扩张性只是为了让经济增长的基础“更加牢固”；而美国的政策扩张仍是对冲性的、反危机性的，并支撑资本市场的表面繁荣。总体上，我国金融形势总体企稳，并在向实体经济让利的基础上，开启疫后增长阶段；而美国金融仍在谷底徘徊，尽管韧性较好，但上升的内生动力明显不足。

一、美国金融市场运行较为平稳，资源调动仍有空间

储蓄水平是美国进行投资的潜力空间所在，尤其是私人储蓄水平的稳定和增长，对于市场投资能力的提升作用和意义重大。美国当前的总储蓄规模和净储蓄规模，均较疫情发生前有明显的下降，甚至在政府大规模举债的背

景下，将2020年第二和第三季度的净储蓄水平降成了负值，但私人储蓄却保持明显增长，为家庭和企业在未来的投资扩张准备了良好的基础，有利于金融和房地产市场的持续稳定。美国储蓄水平的情况如表1所示。

表1　2019年第三季度以来美国储蓄水平情况　单位：亿美元

时间	2019年第三季度	2019年第四季度	2020年第一季度	2020年第二季度	2020年第三季度
总储蓄	39349	40436	41508	33621	34863
净储蓄	4916	5691	6418	–1723	–860
私人储蓄	17955	18465	19953	49957	35082

资料来源：美联储数据库（FED）。

受到私人储蓄、特别是中小企业储蓄快速上升的影响，美国货币市场的结构构成也出现了显著变化，M1的规模迅速扩大，其中活期存款和其他结构性存款的规模和增速显著加快。这种货币结构带有较明显的企业投资转化能力和家庭消费提升能力，但也对货币政策的正常运行带来了影响：如果上述的储蓄增量主要来自美联储的基础货币供给，美联储必须要考虑资金的实体经济投资转化能力和消费对供给的支撑能力，如果相关通道不畅，极容易引发资产泡沫或通货膨胀风险。美国M1构成结构的变化情况见图1。

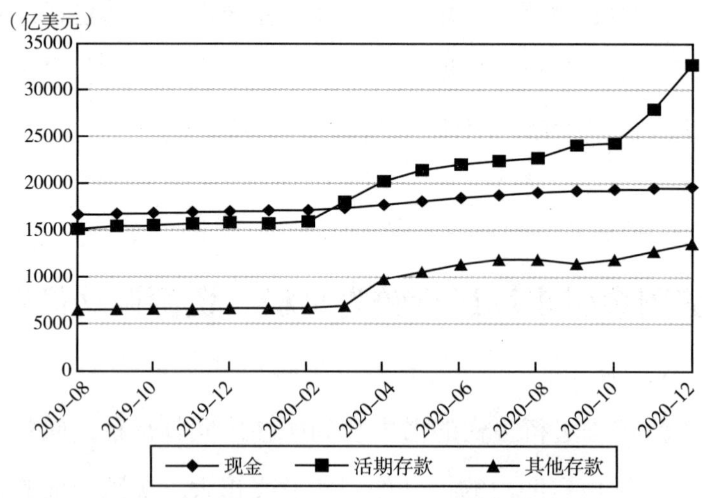

图1　2019年8月以来美国M1构成结构的变化

资料来源：美联储数据库（FED）。

根据图1，在2020年3月以前，美国M1的构成结构是比较稳定的，现金与活动存款、其他存款保持相对固定的比例和相对稳定的增速。而2020年4月以来，两项存款的规模和增速明显超过了同期的现金变化，说明诱导两项存款的变化因素是外生的，主要与美联储的新增货币供给相关。

此外，正如前面对储蓄分析时提到的，美国目前家庭和企业资产负债表均保持稳定，债务风险处于可控范围之内，甚至并未有任何上升。这一结论在美国家庭投资的利息收入和支出的比较上更为直接和明显。具体见表2。

表2　　2020年美国家庭利息收入、支出与比值情况统计

项目	利息收入（亿美元）	利息支出（亿美元）	收入/支出
1月	16970	3657	4.64
2月	16885	3629	4.65
3月	16798	3601	4.66
4月	16710	3359	4.97
5月	16540	3036	5.45
6月	16370	2860	5.72
7月	16199	2684	6.04
8月	16284	2778	5.86
9月	16191	2872	5.64
10月	16118	2966	5.43
11月	16179	2929	5.52
12月	16219	2892	5.61

资料来源：美国劳工统计局（BLS）。

根据表2，受到美联储快速降低利率水平的影响，美国家庭在疫情后的利息支出较疫情前出现了明显的下降，在利息收入没有明显变化的情况下，收入支出比迅速改善。从表2中数据看，美国家庭尚未受到债务风险和压力的侵扰。

二、美国的宏观经济政策及运行环境分析

第四季度，为应对疫情的反弹和冲击，稳住美国经济的基本面，并维护家庭和企业资产负债表的总体稳定，美国在货币金融政策上出现了一定程度的新调整，本文将其政策逻辑、框架和环境归纳如下，并对拜登政府的经济救助政策的空间和环境进行预测分析。

（一）美联储货币政策虽然保持稳定，但隐有收缩之意

2020年12月，美联储议息会议决定继续保持联邦基金利率水平维持在0—0.25%，直至通货膨胀率达到2%或者重新回到充分就业区间（4.5%—5.5%）。从美国的经济形势、就业增长和货币政策常态化的进程来看，预期美联储将保持现行利率水平直至2022年末或2023年初。预计2021年美国经济转入恢复阶段，失业率降至6%左右，而就业参与率上升至63%左右；2022年美国经济的增长进一步稳定，就业参与率提高不大，而失业率将降至5%左右；受经济持续回暖的刺激，大宗商品价格开始上升，通胀水平也将达到或超过2%的控制线，加息的条件基本具备。

而从货币政策正常化的进程来看，美国应该是重复金融危机后的退出模式，即先减少购债规模，再启动加息安排，最后实施缩表回归常态；这种进程也决定了在2021至2022年的上半年，无论美国经济形势如何好转，这个时期的美联储控制货币增量是最为重要的，而并不是提高资金成本，影响正在复苏中的企业生产经营和投资决策。据此，我们认为，美联储将在2021年底到2022年初减少并逐步停止购买国债，从而改变市场对货币供给的预期。

从美国的基础货币供给情况来看，与我国的情况不同，由于美联储前期

采取了缩表措施，导致其拥有良好的基础货币投放空间；另外，受到美国金融市场的高度有效性和传导性的影响，也不宜采用降低法定存款准备金的方式来扩张市场流动性的供给。因此，美联储采取了大规模扩张基础货币的方式来增加市场流动性的供给量，并降低国债融资成本，引导市场利率中枢下行。具体如图2和表3所示。

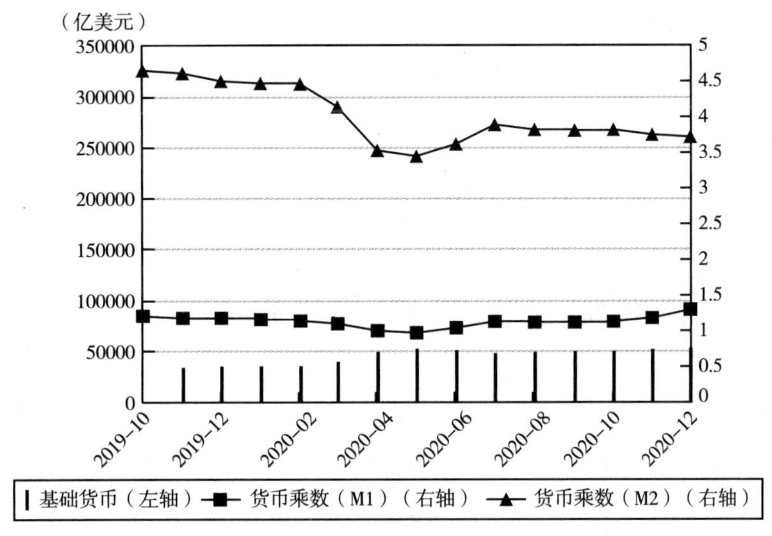

图2 2019年10月以来美国货币供给情况

资料来源：美联储数据库（FED）。

表3 美国联邦基金利率和贴现利率情况 单位：%

项目	2019–08–01	2019–09–19	2019–10–31	2020–03–03	2020–03–15
联邦基金利率	2.25	2	1.75	1.25	0.25
贴现利率	2.75	2.5	2.25	1.75	0.25

资料来源：美联储数据库（FED）。

根据上述图表，7月份以来美国M1计算的货币乘数得到了良好的恢复，说明美国实体经济端和居民消费端正在向正常状态回归，考虑到基础货币规模已经较疫情冲击前扩大了1.76万亿美元，上述M1释放出来的投资和消费潜力可以持续较长一段时间，对美国实体经济的恢复发展形成支撑。而从

M2计算的货币乘数来看，四季度的货币乘数水平仅有3.75左右，较疫情冲击前的4.5左右约相当于0.75，约合4万亿美元的流动性空间。这一流动性的自生能力，可以在不扩大债券购买计划的前提下，就能够较好地保障拜登政府的国债发行需要。因此，在综合考虑美联储仍将持续一年左右的债券购买计划和良好的M2的提升空间的情况下，预期2021年全年美国联邦基金利率都将保持在0—0.25%的历史低位，且贴现利率仅会缓慢上升至0.5%左右的水平（考虑到购债计划可能缩减）。这一利率走势将降低长期国债的流动性，提高长期国债的收益率，从而抑制杠杆的叠加和滚动，避免在经济复苏期产生过大的资产泡沫，扭曲金融资源的配置结构。

（二）美国财政运行的基本情况与政策环境分析

至2020财年（2019年10月1日至2020年9月30日）末，美国政府预算赤字达到约3.1万亿美元，占GDP的16.1%，创1945年以来的新高；联邦债务余额达到21万亿美元以上，占GDP的比重达到102%，间隔70多年政府债务余额再度超过GDP。而从第四季度（即美国2021财年的首季）的运行情况来看，财政赤字规模同比上涨61%，达到5729亿美元，仍保持着较大的规模和较高的增速。这种赤字水平和债务余额占比均说明美国的财政政策空间受到了明显的压缩，未来进一步扩张财政支出规模的能力整体受限。尽管2021财年还会出台拜登政府的救助计划，但无论是规模大小、持续时间还是覆盖领域都会出现较为明显的收缩。

但值得我们关注的是，虽然美国政府债务压力急剧上升，联邦债务余额甚至突破历史极值，进入高风险区间，但美国财政运行状况总体稳定。根据表4，美国联邦税制主要是企业所得税和个人所得税，7月份以来，随着美国在经济管控上的放松，企业开工率的提高和就业状况的改善，美国联邦财政收入状况快速恢复，与经济基本面保持高度一致，为美国财政政策的结构调整和动态转换提供了空间和条件。

表4 2020年美国联邦政府财政统计数据 单位：亿美元；%

时间	财政收入		财政支出		政府赤字	
	规模	增速	规模	增速	规模	增速
2019-12	3358	7.43	3491	7.04	133	-1.87
2020-01	3723	9.50	4049	22.21	326	475.48
2020-02	1880	12.37	4232	5.48	2353	0.56
2020-03	2368	3.48	3558	-5.32	1190	-19.03
2020-04	2419	-54.84	9799	161.14	7380	560.39
2020-05	1739	-25.08	5726	30.19	3988	91.92
2020-06	2408	-27.89	11049	222.67	8641	10093.16
2020-07	5635	124.19	6265	68.84	630	-47.37
2020-08	2232	-2.08	4232	-1.19	2000	-0.17
2020-09	3732	-0.24	4978	70.89	1246	250.55
2020-10	2377	-3.19	5218	37.31	2841	111.26
2020-11	2196	-2.50	3648	-15.94	1453	-30.44
2020-12	3461	3.07	4897	40.77	1436	980.55

资料来源：美国财政部数据库（DOT）。

这种财政收入的基本情况将会为拜登政府实施新一轮的财政政策扩张创造相对有利的条件。即拜登政府在扩大财政支出的同时，将会带来良好的财政收入增长的正反馈，从而适度缩小收支缺口，控制债务的总体规模，形成联邦债务规模和增速环比下降的局面。

根据前述分析，预期拜登政府在2021年要执行的1.9万亿美元的救助计划并不存在明显的风险限制或是政策边界的约束，并预计将在2021年一季度获得国会的批准。对于拜登政府的救助计划的内容及实施方案，我们将在2021年第一季度的分析报告中涉及。

三、我国金融市场运行平稳，货币政策常态化须协调推进

2020年，我国金融市场的运行总体平稳，非金融企业境内股票融资达到8923亿元，同比多增5444亿元，增速为156%；而企业债券净融资的规模达到4.45万亿元，同比多增1.11万亿元，增速为33%；政府债券市场净融资8.34万亿元，同比多增3.62万亿元，增速为77%。我国2020年社会融资总额（增量）的平均增速为36%，上述直接融资渠道均接近或超过了该平均增速的水平。2020年纳入社会融资总额统计的直接融资规模共计13.68万亿元，同比增加5.27万亿元，平均增速为39%，超过社会融资总额（增量）的平均增速，占整体融资的比重为39%左右。我国金融市场和融资活动的各项指标正在有序地改善中。

（一）异常增长的货币乘数主要来自房地产市场，必须得以修正

从货币市场来看，受到货币发行渠道改革和国内结构性投资性存款规模较大等因素影响，我国央行在货币供应量上走了与美联储截然不同的道路：控制基础货币的投放总量，通过加大货币乘数的方式，增加市场流动性的供给。图3较好地反映了我国货币供给方式的特点。货币乘数的提高主要有三个渠道：一是提升金融市场的效率，加速资金周转速度；二是依托房地产市场，形成信贷和存款的快速转换（不同居民间，而不是直接的存转贷）；三是扩大存款账户的范围，将更多的表内账户调整为存款概念覆盖下的账户，从而增大存款来源和规模。根据货币数量公式，我国2020年的货币周转速度达到了0.46，为我国改革开放以来货币周转速度的新低（见表5）；而2020年，央行也并未对存款账户的范围和类型进行调整，故这个层面的原因也并不存

在。这样，我国M2增长的主要来源将是第二个渠道，这说明，我国在2020年的信贷结构中，不管名义的投放结构如何，实际上还是有比名义规模更多的信贷资金通过其他间接渠道流入了房地产市场。

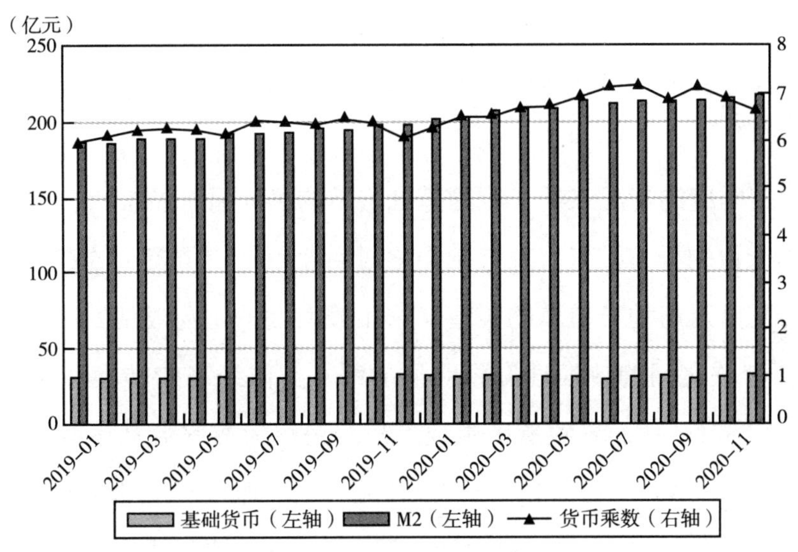

图3　2020年我国货币供应量的基本情况

数据来源：根据中国人民银行数据库数据整理计算。

表5　近年来我国货币周转速度的数据统计

项目	2015年	2016年	2017年	2018年	2019年	2020年
GDP（万亿元）	68.9	74.6	83.2	91.9	98.7	101.6
M2（万亿元）	139.2	155	169	182.7	198.6	218.7
货币周转速度	0.49	0.48	0.49	0.50	0.50	0.46

数据来源：根据中国人民银行数据库数据整理和计算。

从上述货币供应方式来看，央行将货币供应渠道上的不足通过货币乘数的扩张进行了有效弥补，从而为货币政策在未来扩大基础货币供给留有了余地，可以保持政策的主动性、避免市场端在传递上的不确定性。而美联储的操作则是建立在美国金融市场高度发达的价格传导机制和配置能力上的，通过快速增加基础货币供给，形成对当期资金需求的提供，并大幅度降低中短期利率，支持实体经济的投融资扩张，提升生产性企业的资产收益能力；而随着基础货币供应量的减少或停止，货币市场转向由银行体系持续派生，派生的方向是收益率较高的资产，也即实体经济的生产性资产，从而推动利率曲线保持正向斜率。从上述操作上看，中美两国央行各有所长，其手段落点的差异是基于两国市场的现实考量，且都为未来货币政策留有了空间和余地。

从第四季度的情况来看，我国基础货币的供应量开始加大，说明央行注意到货币乘数的异常扩张，并开始强化对商业银行信贷资金的穿透管理。总体预计，随着对房地产贷款的渠道穿透和最大信贷比例限制的严格实施，我国贷款与存款之间的转换速度将明显放缓（实体经济的转换速度要显著低于房地产投资），从而导致货币乘数下滑。央行大概率会从第四季度起直至2022年保持基础货币的适度扩张，以适应房地产调控对流动性的压力，以及流动性收缩对其他资产价格的压力。接下来，央行的三项政策将会是货币政策正常化安排中的重要构成，一是基础货币保持适度扩张；二是再贷款更加强调最终流向；三是中期借贷便利更加注重抵押资产的实体经济属性而不是现行的嵌入房地产市场的“安全性”。预计到2021年底，我国M2的规模将会达到238万亿元，货币乘数回落至5.7左右，基础货币量将达到41万亿元左右，较当前增加约8万亿元，须将8万亿元的基础货币投放与实体经济的增长和风险管理紧紧相联，并坚决、彻底地对房地产市场实施新增资金流入的限制（稳存量、限增量），在保持宏观杠杆率稳定的同时，优化债务资源的分布结构。

（二）重视中美间的差异，不将共同表现出的M1快速增长简单对待

与美国M1的表现几乎一致，我国在2020年的M1也保持了较明显的快

速增长，M1的年末余额达到62.56万亿元，同比增长8.6%，具体见图4。对此，央行调查统计司的负责人认为主要是由以下原因导致：一是在稳企业、保就业的结构性政策支持下，传统的制造业、批发零售业得到了大量的资金支持，推动了企业活期存款增加较快；二是一些行业获得了比较多的资金支持，但是由于项目还没有全部实施，所以形成了一定的资金沉淀；三是2019年10月以来，金融管理部门持续对结构性存款等产品进行规范，部分资金流向了活期存款中的协定存款。这三个方面的总结，除了第三条表现出我国的实际特殊性以外，其他两点与美联储对美国货币运行异常的释义并无明显区别，仿佛是积累了大量的投资能力和市场空间，静待其发力后，就可以将M1的高增长转换成M2的快速增长，从而回归正常。但实际上，如果综合考虑了以下三点，则应对我国M1的异常变化有所警惕，并采取有效的措施予以规范和化解。

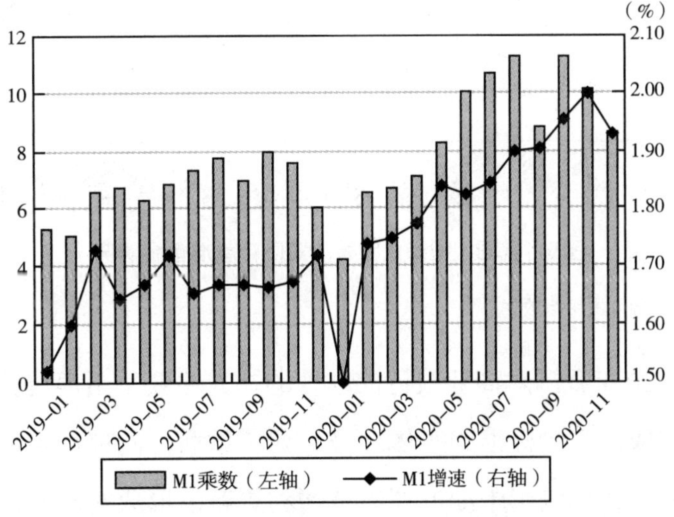

图4 2019年与2020年M1增速与乘数的变化对比

数据来源：根据中国人民银行数据库数据整理。

第一，美国是以增加基础货币投放的形式来扩大M1的规模，从央行到商业银行体系再到实体经济层面的货币传递路径较为明确。而我国则是在保持基础货币供给基本稳定的情况下，利用贷款转存款的派生模式来增加市场流动性供应，这种供给模式必须依赖于法定存款准备金的实质降低或是新的资金配置方式可以比原有的资金配置方式在贷款与存款之间的转换规模和速度更快。从图5来看，我国大型商业银行的实际存款准备金并没有明显降低的情况，直至2020年12月末，大型商业银行的实际存款准备金率仍保持在14.1%的高位，与2019年末的水平相差不大。这样，我国M1增长最主要的原因就是来自资金配置结构由实体经济向房地产市场转化，而这种资金的实际流向与货币政策的目标并不相符。

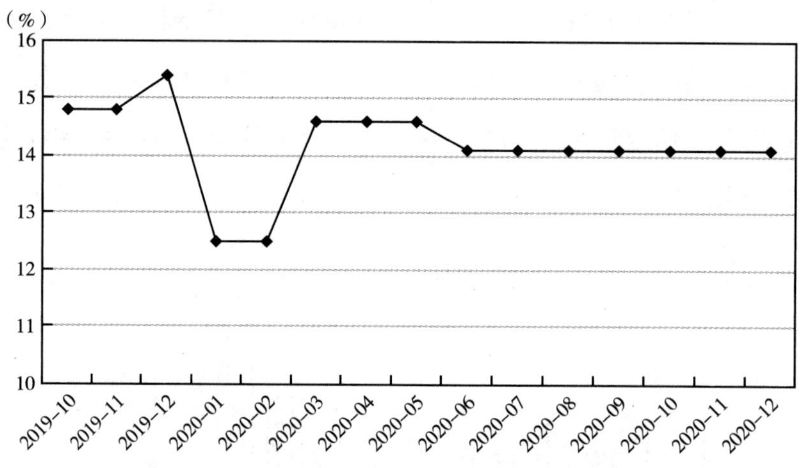

图5　我国大型商业银行的实际存款准备金情况

资料来源：中国人民银行数据库。

第二，2020年我国对商业银行流动性的补充主要采用再贷款的方式，即由商业银行完成对符合标准的实体经济企业贷款后，向央行申请获得再贷款的支持。这种方式相较于中期抵押借贷便利更容易形成对商业银行资金流向的控制，并形成比一般的公开市场操作更好的结构性调控效果。但实际上，这种管理只能在商业银行贷款层面形成信贷资金流入实体经济的引导，至于贷款投放给实体经济企业后的再流向则并未纳入控制的范围。仅从新房市场来看，开发类贷款与个人按揭贷款在2020年的新增额度就达到5.67万亿元，而预计2020年商业银行新增贷款中，名义上流入房地产的部分也仅在6万亿元左右[①]，基本相等。这样，二手房领域新增的贷款则存在无法解释的情况，而且住户存款增加11.3万亿元，较2019年增长13.8%，远超居民名义可支配收入4.7%的增速。此外，根据城镇和农村常住人口的情况计算，住户存款的新增规模与居民可支配收入的储蓄转化能力（11.2万亿元）基本相当（甚至略有超过）。而事实上，非正式的金融渠道将会导致居民可支配收入的明显漏损，居民可支配收入的统计也未必全面，住户存款的快速增长与9月份以来的房地产市场繁荣高度相关。

第三，M1中的活期存款在实体经济端沉淀的时间偏长，伴随着实体经济的复苏和回暖，部分行业的固定资产投资并未出现明显增长。一方面，截至2020年11月末，制造业和批发零售业等重点实体经济行业活期存款同比增速16.5%，新增额占全部单位活期存款的比重是30%，活期存款的沉淀规模仍在加大；而另一方面，制造业的固定资产投资增速仅为-2.2%，投资规模仍在下降。这说明实体经济的生产性收益和市场稳定性仍然不足，需着力稳定生产性资产的经营收益率，避免资金继续流入以加杠杆为基础的资产溢价型投资领域。

（三）社会融资规模平稳增长，融资结构持续改善

2020年的社会融资总额的规模的增量达到34.86万亿元，增长13.9%，明显快于GDP的增速水平，同比多增加9.19万亿元，增量增速为35.8%（见表6）。如此多的融资扩张，如果投资未能有效增加的话，必然会转变为资产价格的上涨和物价水平的上升。因此，2021年的货币政策必须有效联合财政政策和产业政策，在推动货币政策回归常态化的同时，打通从资本融资到产

① 本部分数据为季度公报数据，目前中国人民银行只公布到2020年第三季度的，第四季度数据是依据经验及其他相关数据推测的。

业投资的传导路径，避免继续催生资产泡沫或诱发通货膨胀。

表6　　我国社会融资规模（增量）统计表　　单位：亿元；%

社会融资项目	2020年总额	增速	四季度总额	增速
社会融资总额（增量）	348634	35.8	52476	3.65
人民币贷款	200309	18.54	33430	11.91
外币贷款	1449	–213.74	–1603	245.47
委托贷款	–3954	–57.92	–764	–74.03
信托贷款	–11019	217.83	–6882	188.07
未贴现银行承兑汇票	1747	–136.74	–3930	–939.74
企业债券	44466	33.19	3539	–60.48
政府债券	83370	76.62	16057	119.21
非金融境内股票融资	8924	156.58	2824	148.59
存款类金融机构ABS	2110	–47.69	2641	21.09
贷款核销	12180	15.44	4536	11.37

资料来源：中国人民银行数据库。

根据表6，第四季度的社会融资总额（增量）呈现出“双改善”的特点，即融资增速适度放缓，新增规模改善；融资更加重视表内和直接融资，渠道结构改善。如第四季度社会融资总额（增量）的增速只有3.65%，形成了对全年融资高速增长的有效收缩；但政策重点都得到了保障，如人民币贷款增速保持在11.91%，政府债券融资增速保持在119.21%，股票融资保持在148.59%，贷款核销增速也维持在11.37%的水平。表外融资的三大结构均有所下降，委托贷款、信托贷款和未贴现银行承兑汇票在第四季度的规模（增量）合计为-11576亿元，第四季度末的规模（存量）为20.91万亿元，占社会融资总额（存量）的比重为7.34%，较三季度末下降0.54个百分点，较2019年末下降1.5个百分点。此外，直接融资的规模和占比均有所增加，第四季度的企业债券、政府债券和股票融资规模（增量）约为22420亿元，占比（增量）约为42.72%，较三季度末提高约4.11个百分点，较2019年末提高约9.98个百分点。

（四）国际收支顺差明显增多，多用于补充商业银行外汇缺口

2020年，我国国际收支状况持续改善，由于国际收支平衡表的时间滞后约一个季度，目前主要通过几个外向型经济的渠道来进行分析①：第一，2020年的货物贸易顺差约为4215.1亿美元，增长20.1%，是近年来的高位；第二，2020年的服务贸易逆差约为1085亿美元，较2019年的逆差额下降约1175亿美元，逆差状况得到了很好的纠正；第三，非金融企业实际利用外资金额为1443.7亿美元，增长4.5%；第四，我国非金融企业对海外的直接投资规模约为1329.4亿美元，增长3.3%；第五，前三季度我国金融企业的海外收支总体表现为顺差198亿美元，全年顺差规模预计为270亿美元左右。这样，可核算口径的国际收支顺差规模为3514.4亿美元，规模为近年来的最大值。

但是值得关注的是，2020年末，我国的外汇储备的规模为32165亿美元，较2019年仅增长了1086亿美元。更令人感到惊奇的是，我国的外汇占款竟然只有21.13万亿元，较2019年年末减少1000亿元（约合150亿美元），与我国巨额的国际收支顺差差异极大。

根据上述分析，我国测算出来的外汇缺口约有2428.4亿美元，这一口径与我国商业银行的实际外汇缺口（约为2500—2800亿美元）基本相当。这样，总体判断为，我国2020年的国际收支顺差约有30%纳入外汇储备，另约有70%转为商业银行的外汇收支缺口，并基本消除了我国商业银行暴露在外的外汇风险。

① 本处数据来源为商务部、国家外汇管理局。

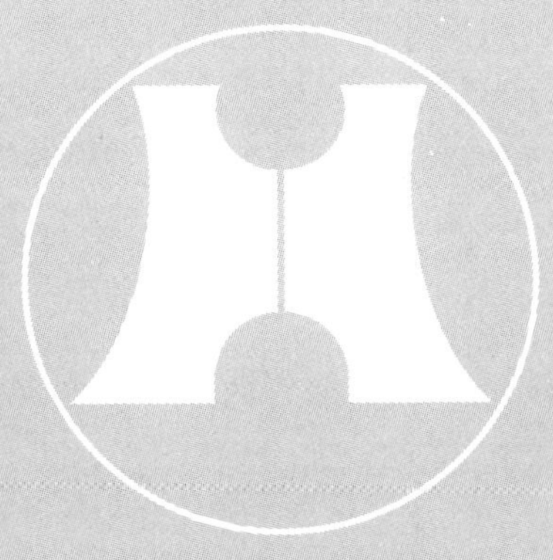

分报告十二：各国经济在不均衡中艰难复苏：同一个世界的不同“宽松”

执笔：李承怡

2020年，新冠疫情严重冲击世界各国经济，对于社会变化最敏感的金融市场首当其冲。由于各国疫情形势和防控措施的不同，各国经济复苏速度各异，相应的宏观对冲政策差异明显，尤其体现在货币政策上。中国经济复苏稳定，稳健的货币政策更加灵活适度、精准导向，货币政策正常化信号已释放；而欧美等发达经济体疫情形势依然严峻，货币政策保持宽松，甚至继续加码。未来，基于各国经济复苏速度的不同，中外货币政策分化趋势将更为明显。长期来看，欧美各国极度宽松的货币政策可能会进一步加剧国际金融市场的脆弱性，再叠加上疫情冲击导致的各类衍生风险，全球金融市场蕴含的风险不容忽视。

一、国内金融市场：货币政策适度稳健，正常化进程循序推进

或许是洞察到疫情冲击与传统经济危机的不同，为了不重蹈西方零利率的覆辙，2020年以来我国货币政策在逆周期调整过程中保持相对克制，本轮信用扩张规模虽然很大，但没有采取量化宽松等非常规的货币政策措施，没有出现大水漫灌的典型特征，却无碍我国经济修复回升。

（一）2020年下半年货币政策回归常态方向明晰

货币扩张速度边际收敛。央行于2020年三季度重新提出要“把好货币供应总闸门”，并要求“保持广义货币（M2）和社会融资规模增速同反映潜在产出的名义经济增速基本匹配”。10月以来，M0和M2同比增速均持续回落；12月，M1同比增速也开始回落，较11月大幅回落1.4个百分点。参见图1。

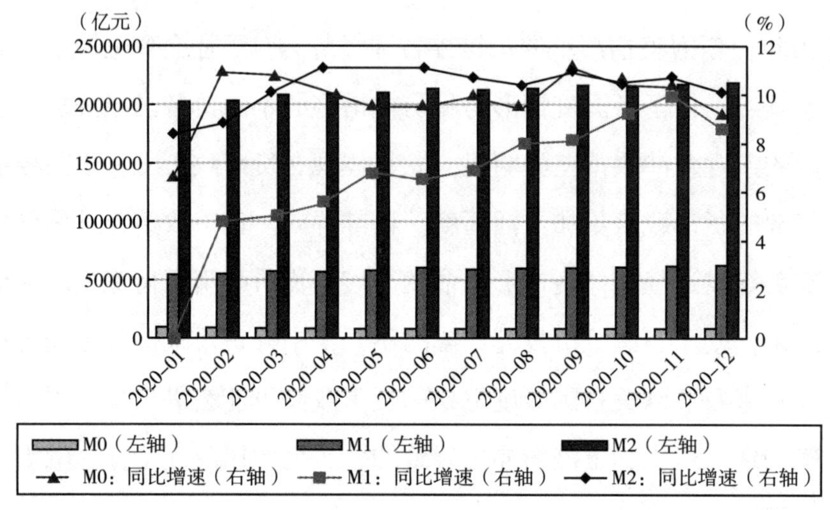

图1　2020年我国货币供应量情况

数据来源：中国人民银行。

社会融资增速拐点到来，信贷增速持续趋缓。2020年12月末，社会融资增速筑顶回落，存量社会融资规模284.83万亿元，同比增长13.3%，较11月回落0.3个百分点；新增社会融资规模1.7万亿元，较11月减少0.4万亿元。参见图2。

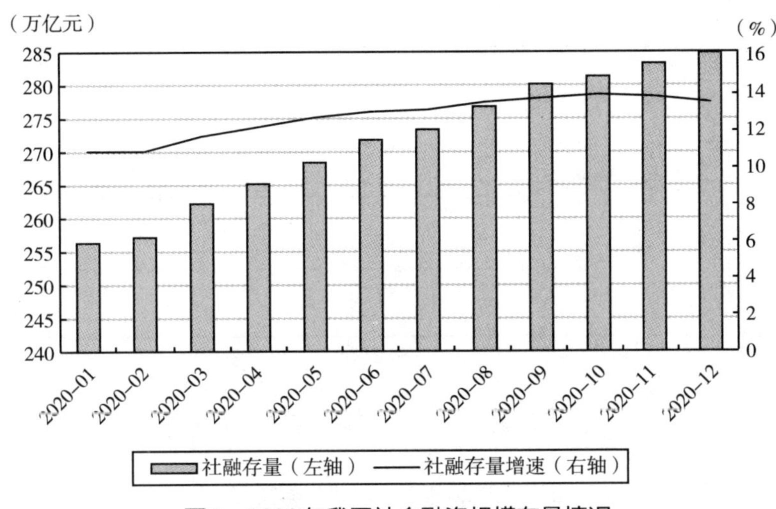

图2　2020年我国社会融资规模存量情况

数据来源：中国人民银行。

从全年货币政策的逆周期操作看，2020年1—5月，货币政策宽松，央行通过降息、降准、公开市场操作等常规政策工具投放基础货币；5月以来，货币政策开始回归常态化，货币扩张放缓，上半年的宽货币传导至宽信用；直到12月末，信用扩张也开始放缓，预示流动性拐点的来临。

（二）央行政策利率保持稳定，但市场自发加息

央行政策利率无显著变化。包括央行7天逆回购利率、1年期MLF和LPR等在内的主要政策利率均自2020年4月以来保持稳定，7天逆回购利率自3月底以来稳定在2.2%的水平，1年期MLF利率和LPR自4月中旬以来也一直分别保持在2.95%和3.85%，没有进一步调整。参见图3。

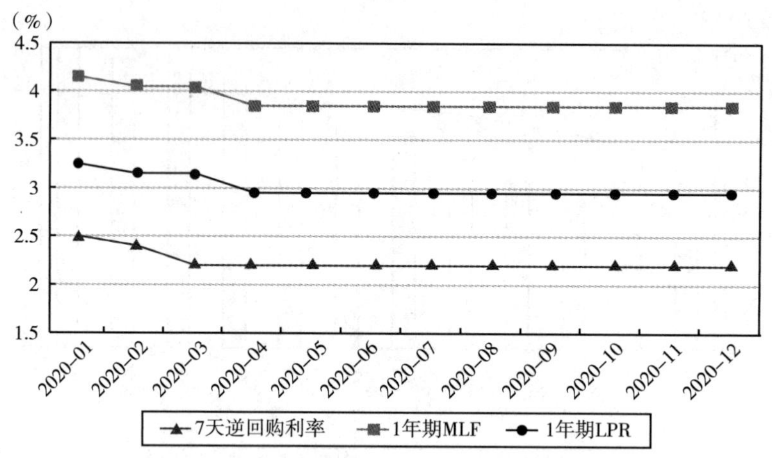

图3　2020年央行政策利率情况

数据来源：Wind数据库。

市场自发加息，以国债、企业债为代表的市场利率自5月起大幅回升。1年期国债收益率从2020年4月末的1.15%升至12月末的2.47%，上行幅度132个基点；在短期国债收益率上涨的带动下，5年期和10年期国债收益率也大幅抬升，4—12月的上行幅度分别为116个基点和60个基点；同时，10年期国债与1年期国债的期限利差明显收窄，预示未来经济预期仍较悲观。参见图4。

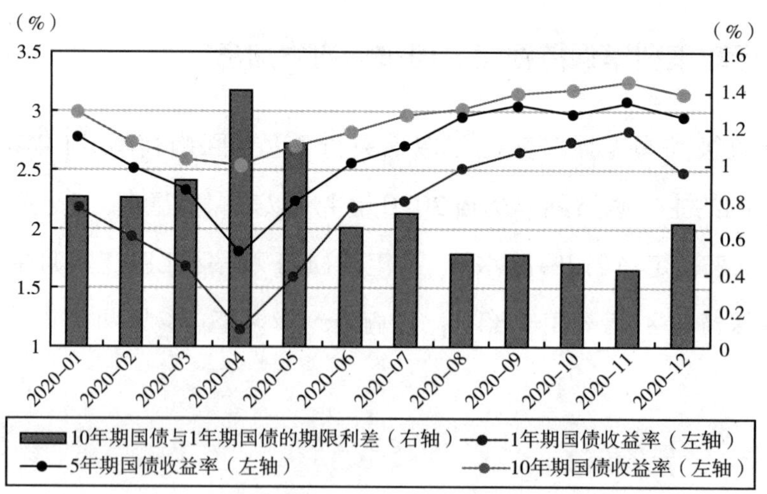

图4　2020年我国国债收益率及期限利差情况

数据来源：中国人民银行，国债收益率数据为当月最后一个交易日数据。

贷款利率稳在低位，但第三季度初显上行拐点。2020年9月金融机构人民币贷款加权平均利率5.12%，较6月略回升6个BP，很大程度上是由票据融资利率上行所带动的，这是中长期贷款投放增多所造成的自然结果；由于作为贷款定价的基准利率LPR自4月以来一直未有调整，一般贷款和个人住房贷款利率得以稳在低位。参见图5。

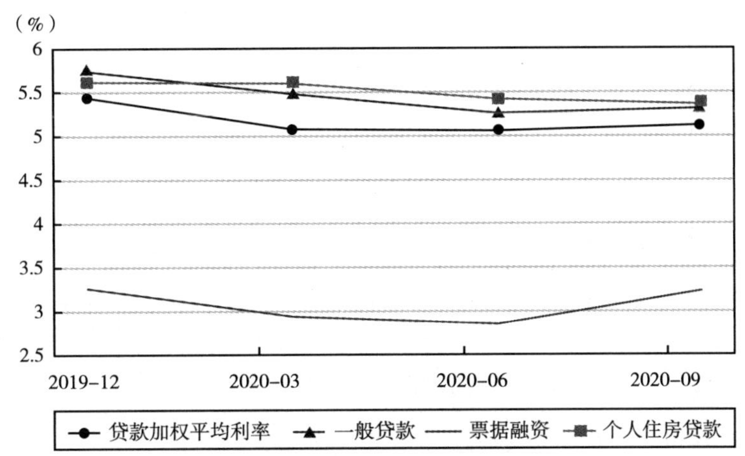

图5　2020年我国金融机构人民币贷款加权平均利率及各分项

数据来源：Wind数据库。

市场自发加息行为一是由于下半年以来，央行操作逐渐从大幅宽松转回中性，货币边际收紧，非银机构的拆借成本高于银行类机构。二是由于监管部门对部分银行进行窗口指导，要求逐步压缩结构性存款规模，为了缓解负债端压力，银行大量发行同业存单，推升了银行负债端成本。

（三）纾困政策之下2020年我国宏观杠杆率明显抬升

2020年12月，我国宏观杠杆率约为270.1%，较上年上升23.6个百分点，非金融企业杠杆率大幅上升10.4个百分点，政府和居民部门杠杆率分别上升7.1和6.1个百分点。从数据来看，杠杆率上升速度惊人，仅次于2009年。但我国杠杆率的抬升幅度已伴随经济修复在逐步缩小，且横向对比其他发达国家，我国宏观杠杆率上升幅度虽大，但尚在可控范围内（参见图6）。

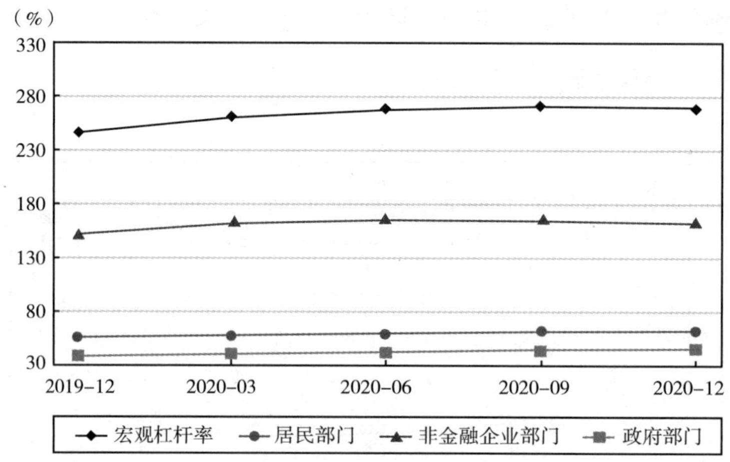

图6　2020年我国宏观杠杆率及分部门情况

数据来源：Wind数据库。

（四）央行汇率政策呈中性、灵活态度，人民币对美元汇率升值大格局暂难反转

2020年5月底以来，人民币汇率一路高歌猛进；10月上旬，央行将风险准备金率从20%降到0%，出手稳定外汇市场价格；但11月15日，RCEP正式签署后，人民币汇率进入6.5时代（参见图7）。值得注意的是，2020年人民币持续升值有着较为特殊的历史背景：国际疫情仍在反复，中国却“先进先出”；海外去全球化思潮涌动，中国却加大金融开放。上述冲击和变局给予人民币未来无限遐想的空间，市场对人民币的信心在不断强化。

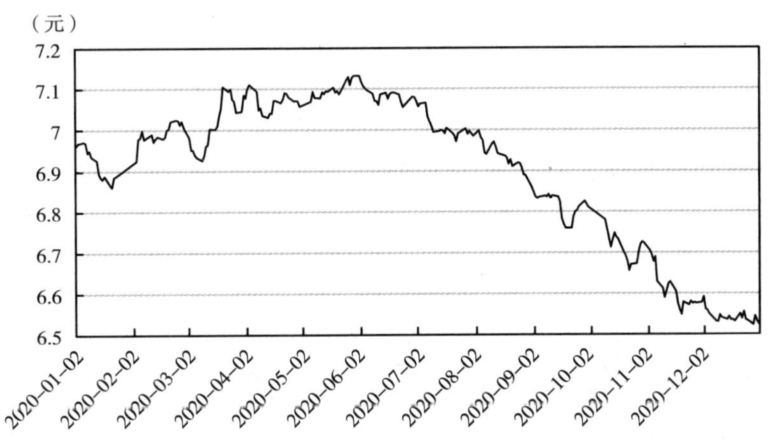

图7　2020年美元兑人民币（中间价）波动情况

数据来源：Wind数据库。

（五）金融风险隐患上升，资本市场表现与经济基本面脱节

如图8所示，2020年初的新冠疫情导致我国经济严重下滑，但股票指数高涨，实体经济表现和股票指数出现背离。其原因在于，资本市场中科技公司占比过大，或者说虚拟经济占比提升，导致股票指数反映实体经济情况有限。再加上数字经济发展也给股票估值带来挑战，大型金融科技公司估值很高，而且估值依据也不同于以往。但传统意义上的“实体经济”包括的范畴已越来越小，本身能否反映一国经济整体情况也值得商榷。因此，未来还需进一步思考，如何使资本市场与实体经济更相关。

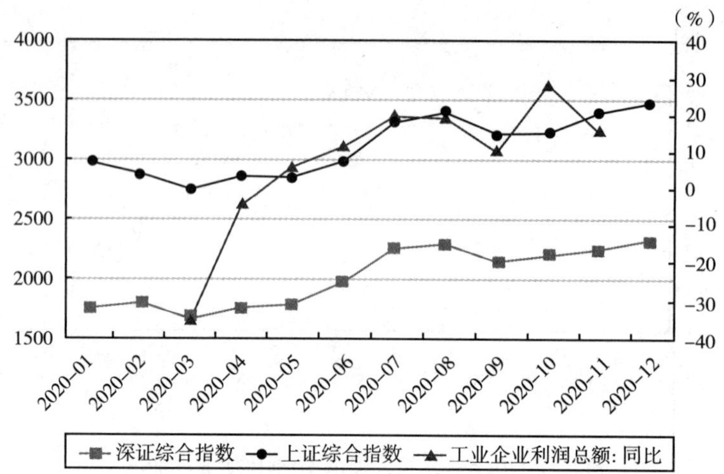

图8　2020年我国资本市场表现

数据来源：Wind数据库。

二、世界金融：发达经济体疫情形势依然严峻，货币政策维持宽松基调

2020年下半年，面对尚未偃旗息鼓的疫情，世界各国推出了大规模的货币宽松和财政刺激计划来提振国内经济。由于各国疫情防控措施、企业复工复产情况不同，各国的宏观政策也相应有所差异，尤其体现在货币政策上。以欧美为例，美国疫情形势依然严峻，经济复苏放缓明显，货币政策维持宽松基调不变，而欧洲由于疫情二次爆发，货币政策则进一步宽松。

（一）美国：经济复苏放缓，货币政策宽松基调不变但未加码

2020年美国的货币政策和财政政策都非常激进，对冲性刺激政策的频率和力度远远超过2008年次贷危机时期对冲政策的频率和力度。随着美国大

选尘埃落定，新冠疫苗接种在即，11月美国FDA批准辉瑞新冠疫苗紧急使用授权申请后，三大股指收涨，国际油价续升，全球市场风险偏好似有回升之势。

但美国疫情形势依然严峻，就业市场风云再起，宏观经济数据分化明显。2020年12月非农就业人口负增长14万人，连续6个月下滑；但就业回落主要集中在受疫情反弹影响较大的休闲住宿行业，其他行业就业大多继续稳健复苏。12月失业率6.7%，与上个月持平，基本延续了6月以来的回落趋势；其中，临时性失业反弹，但永久性失业见顶回落（参见图9）。制造业和服务业PMI自5月以来均实现V型反弹，12月制造业PMI再创年内新高，服务业PMI受疫情反弹的影响较前值有所回落。消费者信心方面，始终没有呈现出强势复苏的态势，12月密歇根消费者信心指数为80.7，同比下降19%，与年初的99.8还有很大差距（参见图10）。

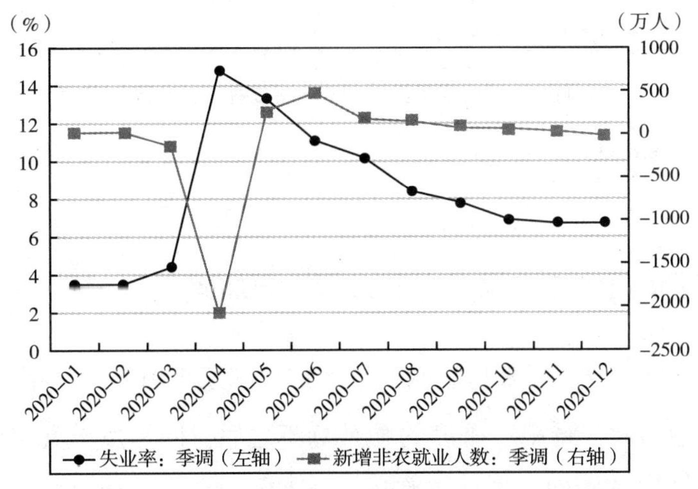

图9 2020年美国就业市场情况

数据来源：Wind数据库。

基于制造业强劲复苏，但消费复苏乏力、劳动力市场承压的背景，美联储于12月16日的年末FOMC会议上重申货币宽松基调，三大政策利率维持不变，并将继续每月购买至少800亿美元的美国国债和至少400亿美元的机构抵押贷款支持证券，直至实现充分就业和物价稳定的目标取得进一步实质性进展。2021年，随着民主党总统拜登上任以及民主党在两院具有的优势，美国出台新一轮的大规模刺激政策为大概率事件。

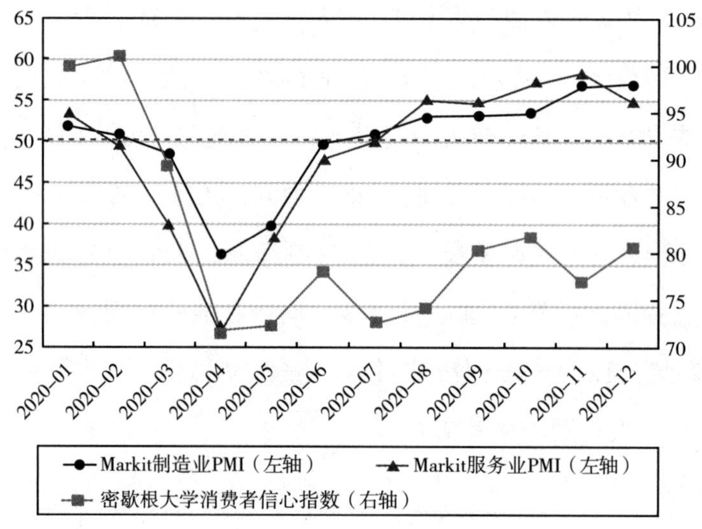

图10　2020年美国PMI与消费者信心指数

数据来源：Wind数据库。

（二）欧元区：疫情二次爆发，欧央行扩表加码

由于欧洲第二波疫情来势汹汹，欧洲部分国家重新实施严格的封锁措施，经济活动被迫叫停，继第三季度的强劲复苏之后，四季度欧元区经济将再次出现萎缩。从经济数据来看，同样面对疫情，欧元区的复苏显得更加乏力，服务业PMI连续4个月位于荣枯线以下，消费者信心也始终在低位徘徊（参见图11）。

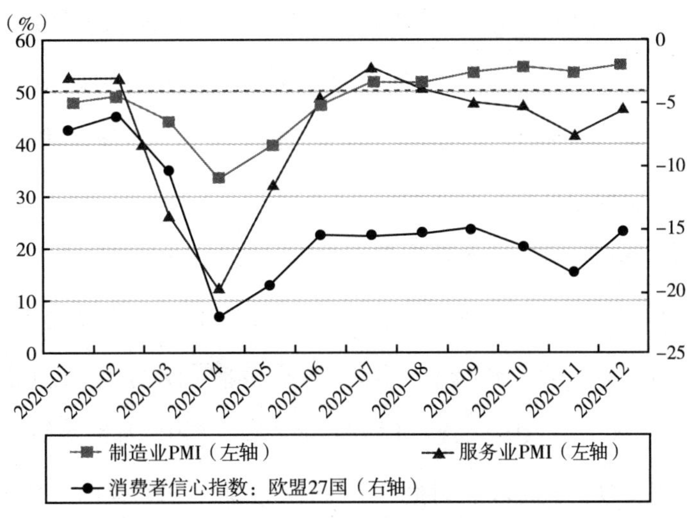

图11　2020年欧元区PMI与消费者信心指数

数据来源：Wind数据库。

12月10日，欧央行在政策会议上如期加码宽松，宣布增加5000亿欧元“疫情紧急购买计划”（PEPP）并将其延期至2022年3月。加码后的PEPP总额度为1.85万亿欧元，这意味着欧央行在该计划结束前，每月通过该计划购买的资产额将超过700亿欧元。同时，欧央行还宣布将第三轮长期定向再融资操作（TLTRO）利率优惠期延长一年至2022年6月，并将交易对手方有权借入的资金总额从其合格贷款存量的50%提高至55%。对于欧元区来说，疫情不稳定因素更重，但鉴于欧元区疲弱的经济数据，欧央行未来继续宽松政策还需考量欧元升值压力。

三、永煤事件：信用债违约事件来袭，暴露债券市场诸多问题

（一）永煤债事件引爆资本市场

2020年11月中旬以来，永煤集团债券违约事件持续发酵。11月10日，

永城煤电一纸公告让债券市场顿时陷入恐慌。该企业现金资产高达469亿元，却因“流动性紧张”无法如期兑付一笔仅为10亿元的超短期融资债券。再加上大股东永煤控股在违约前一系列的诡异操作让市场怀疑这根本不是流动性紧张，而是“恶意逃废债”。

在债券违约发生之前，永煤控股于11月2日曾公告将中原银行股权无偿划转至河南机械装备投资集团和河南投资集团，并将龙宇煤化工91.875%股权、永银化工60%股权、永乐生物85%股权及濮阳龙宇化工100%股权无偿划转至河南能源化工集团化工新材料有限公司，理由为整合煤炭产业链条、提升资源效益和市场竞争力。对此市场纷纷猜测，永煤集团明面上为剥离亏损业务，实为向母公司转移优质资产。

随之而来的连锁反应是，多个债券被抛售，大多国企债和高评级债的到期收益快速抬升，许多债券的隐含评级下调，信用利差、地域利差双双走阔，市场情绪高度紧张。因市场因素取消发行的债券数量激增，有的因为利率不合适，有的因为没有投资者购买。

直到11月21日，国务院金融稳定发展委员会开会强调要秉持“零容忍”态度，严厉处罚“逃废债”行为，23日永煤与债券持有人达成先兑付一半本金的协议，市场才暂时恢复了表面的平静。

（二）刚兑信仰的打破，将有利于形成一个更加公平、有效的信用债市场

永煤事件不仅是一波超预期的违约事件，整个事件的发酵过程反映出了信用债市场隐性的刚性兑付问题已越来越严重。

刚兑信仰可以理解为，在没有充分证据的情况下，相信某类债务一定可以按期偿还。刚兑信仰并不罕见，投资者持有发达国家的国债就是一种刚兑信仰。但如果刚兑信仰过于普遍，就会导致金融市场出现严重的定价失灵，

这恰恰也是中国债券市场长期存在的主要问题。过去十多年，许多投资者已经形成根深蒂固的信念，坚信城投平台、央企、国企能一直保持“金身不破”，坚信政府一定会兜底。

这导致个别情况下，地方债的发行利率甚至低于同期限的国债利率，地方债的定价逻辑完全脱离了对地方财政的分析。类似的情况也出现在同行业、同评级的企业之中，民企和国企之间存在明显的信用利差，城投债与同期限国债收益率的利差也在持续且缩小。信用债市场的定价越来越扭曲，民营企业的融资难、融资贵问题加剧，毫无疑问对我国资源配置的效率和经济增长的质量都将产生负面影响。

刚兑信仰是对风险的忽视，而打破刚兑信仰则意味着风险意识的回归。债券违约风险释放是债券市场建设过程中不可避免的现象。此次AAA级国企债券违约主要源于债务人无偿划出企业优质资产等恶意欺诈和恶意失信行为，这不仅极大地破坏了当地金融生态，也暴露出债券市场诸多问题，如投资人、承销商、评级机构等存在的诸多非理性行为，债权人保护缺位，以及地方政府、企业对债券兑付预期存在认识错位等等。

从永煤事件之后的信用债市场价格信号来看，打破刚兑信仰后，民营企业和国有企业的信用利差在收窄，信用债市场上的所有制歧视在缓解，一个更加公平、有效的信用债市场在逐步形成，这将带来更有效率的资源配置和更高质量的经济发展。

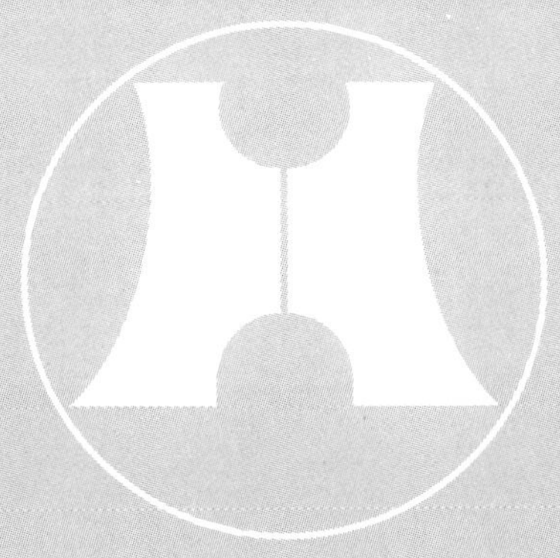

分报告十三：新冠疫情对全球经济结构性影响深远

执笔：吉嘉

全球范围内，新冠疫情仍在持续施加显著的经济与社会压力。虽然当前经济复苏的前景向好，但是短期的恢复路径仍具有较高的不确定性。部分国家和地区正在经历疫情反复与管控措施升级，未来区域疫情的分化形势恐将持续较长时间，这将为国际贸易与跨境物流运输带来严峻挑战，对持续性防控较为敏感的行业可能大幅萎缩。预计未来各国将产生不同程度的结构性失业与债务信用风险，进而提高国际市场总体需求的不确定性。宏观经济政策在保持力度、稳定市场预期的同时，仍需持续酌情优化。结构性政策应促进人力、资本等社会资源流向代表未来先进生产力的新兴领域，将本轮新冠危机产生的风险挑战转化为解决经济社会长期性问题的历史机遇。

一、持续性的高风险环境将对全球经济造成深远影响

（一）预计长期经济成本将呈现明显的区域差异

尽管经济发展预期在下半年得到较大恢复，新冠疫情产生长期经济代价的风险依然较高，全球经济的潜在产能恐将持续低于疫情前的预期水平。同

时，全球范围的短期复苏形势仍存在较高的不确定性，对增长前景具有重要影响的因素包括：新冠疫情局部爆发的频率、防疫措施的执行效果、疫苗研发和应用进展及财政货币刺激措施的持续性等。虽然近期信息显示疫苗的研发进展较为顺利，但是疫苗在世界范围内大规模生产并广泛配送是一项艰巨的任务。因此，在未来一段时期内，疫情仍具有周期性反复及再度恶化的风险，针对本土独特情况而实施的防控措施仍不能松懈，预计人员流动限制和社交距离要求将长期约束消费需求。尽管未来整体经济增速能够基本恢复，但全球经济产量规模可能将在较长时期内低于疫情前的预测水平（参见图1）。

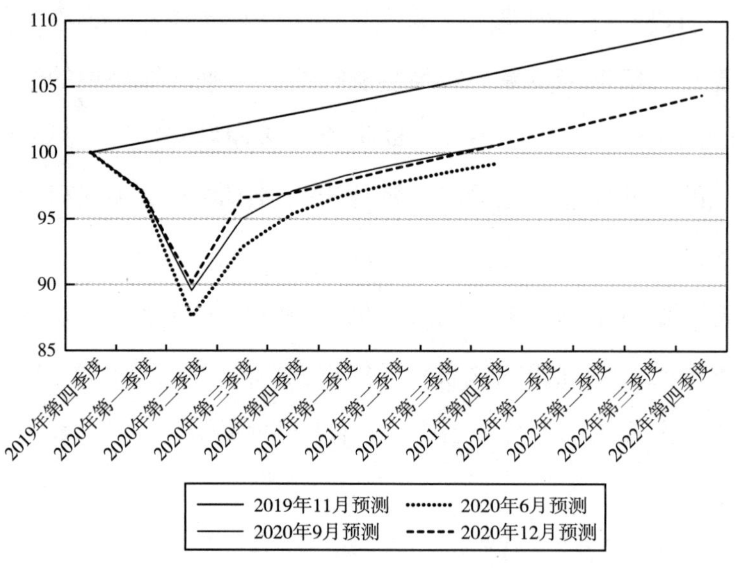

图1 世界GDP预测（设2019年第四季度=100）

数据来源：OECD。

如图2所示，未来全球经济的复苏路径料将出现持续区域分化，各国的疫情防控措施及传染病管理经验存在较大差距，中日韩及部分北欧发达经济体遭受的长期经济损失可能相对较小。美国经济产量在经历了2020年的3.75%下滑之后，未来两年GDP增速预计在3.25%—3.5%，其国内疫情的不确定性仍然较高，但2021年即将推出的财政刺激方案及持续宽松的货币政策将为经济活动提供有力支撑。疫情对许多新兴经济体的影响较为长远，暴露出部分区域客观存在的疫情管控难度大、贫富分化过高、敏感产业严重萎缩及政策空间受限等方面问题。

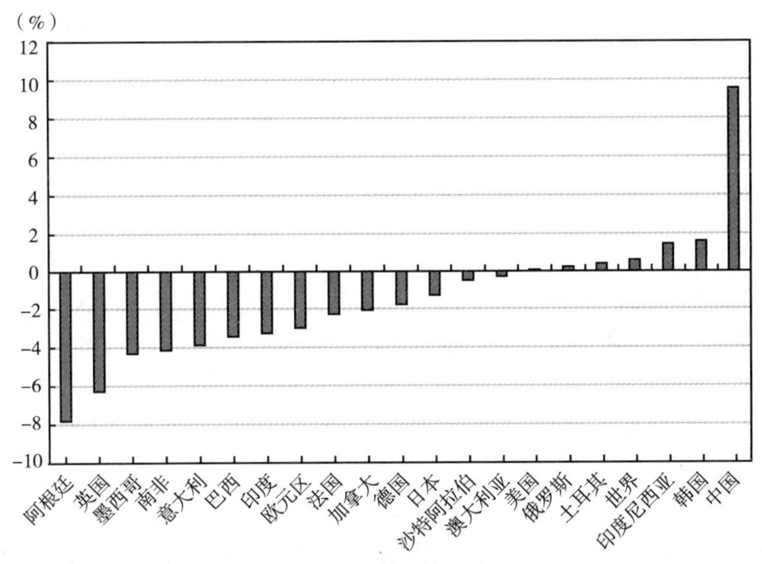

图2　GDP百分比差距（2021年第四季度相对2019年第四季度）

数据来源：OECD。

（二）国际贸易前景的不确定性仍然较高，商品与服务贸易复苏明显分化

新冠疫情危机引发的边境封锁及供应链中断，一度导致商品和服务的国际供给出现断崖式下滑。随后商品贸易出现较快反弹，而服务贸易仍维持在相对低谷（参见图3）。商品贸易与服务贸易恢复路径的明显分化，充分反映了本轮衰退的特征，同时也表明群体消费的重心正逐步由需要近距离社交的服务行业向数字经济、生物医药的相关产品转移。在疫情威胁下，跨境运输与旅游受到了持续性管控，虽然国际旅行活跃度在四月份触底，但下半年反

弹乏力，与疫情前水平仍有着较大差距。在各国放宽人员跨境流动约束措施之前，服务贸易的复苏前景恐将较为黯淡。

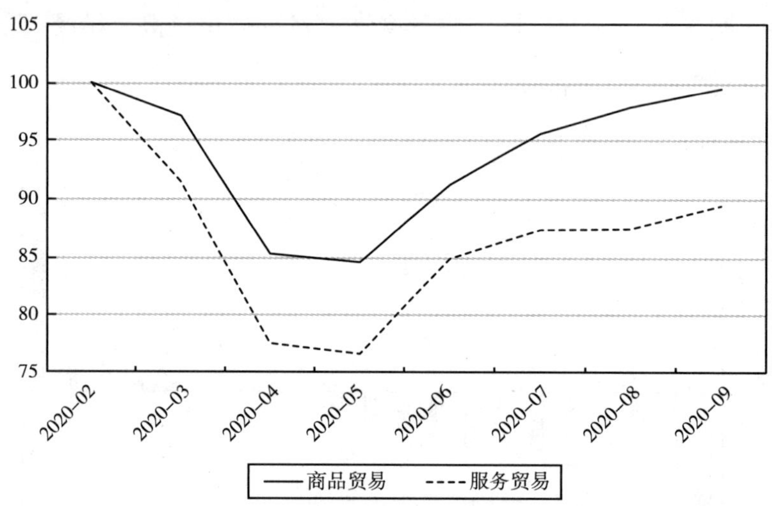

图3　商品与服务贸易的复苏路径（设2020年2月=100）

数据来源：WTO。

未来较长时期内的国际贸易前景仍具有较高的下行风险。2020年部分重要物资在跨境流通环节出现中断，使国际社会聚焦传统全球产业链分工合作模式的潜在风险。近期中美第一阶段经贸协议、东盟《区域全面经济伙伴关系协定》（RECP）及中欧全面投资协定（CAI）等合作框架的成功制定与签署，表明国际社会在放宽贸易约束方面取得了一定进展。然而，部分早前施加的贸易壁垒仍然存在，较高水平的关税及其他贸易干预措施，仍将在新冠疫情的阴霾下持续对跨境贸易构成阻碍。WTO的统计数据显示，在排除新冠防疫相关政策的情况下，全球针对进口商品与服务的约束措施的数量仍在持续增长，且增速高于进口相关的促进措施（参见图4）。

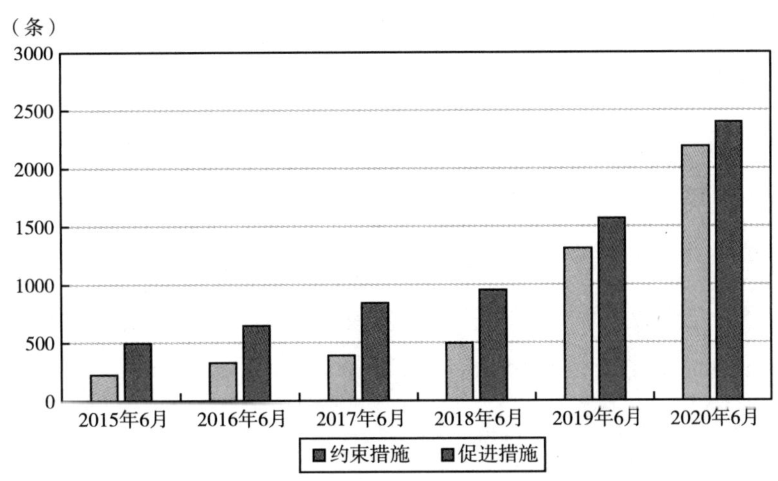

图4　非新冠疫情相关的进口约束与促进措施数量

数据来源：WTO。

部分国际舆论观点认为，发达国家制造业回流等逆全球化政策措施具有降低贸易依赖度及相关风险的潜力，但此类政策实际上可能显著降低整体生产效率。从理论的角度看，过度使用行政手段干预产业链分布会降低生产多元化，从而减弱单一经济体抵御经济冲击的韧性。由于贸易的自动调节功能具有稳定经济增长的作用，促进生产要素自由流动的相关政策有助于降低宏观经济的不确定性。其实对于部分重要物资，各国政府可以通过跟踪并管理生产源集聚度、提升存货储备等方式降低贸易依赖风险。

（三）全球经济增长预期在新冠危机前的十年间已遭遇连续降级

本轮疫情危机发生之前，全球经济的整体增长预期已经历了逾十年的持续性下滑。以2008—2010年全球金融危机为分水岭，世界银行分析指出，金融危机前的十年间（1998—2007年），全球长期经济增长预期曾出现轻微改善，增长率从年化3%提升至年化3.3%；而在金融危机后新冠疫情危机前的十年间，全球长期经济增长预期呈稳步下跌趋势，从2010年的3.3%降至

2019年的2.4%。

在过去十年间各国长期经济产出预期普遍下滑的同时，全球投资、消费及人均收入等方面的前景也一直较为疲软。全球人均收入预期增长率从2010年的2.6%下降至2019年的1.9%。其中，发展中国家人均收入的预期未来十年增长率从2010年的5.2%降至2019年的3.2%，使发达国家与发展中国家人均收入增长率之间原本的差距逐渐收窄。同一时期内，全球投资的长期预期增长率从4.3%下滑至2.6%，而全球消费的长期预期增长率下降了0.4个百分点，于2019年到达2.1%的水平。

（四）新冠冲击进一步破坏全球经济的长期驱动力量

新冠疫情对驱动经济增长的关键因素造成了损伤，除非生产力技术出现突破，未来十年全球的经济增长前景可能持续黯淡。疫情可以从多种渠道对长期增长前景产生负面影响：一是由于许多国家发生了严重的经济衰退，今后时期宏观经济环境的不确定性将大幅提升，进而对投资信心造成破坏。长期低迷的实物资本投入水平，对发展中经济体的增长前景具有尤为严重的负面影响。二是高失业率将侵蚀劳动力资源，且教育和培训机制受到的阻碍恐将延缓人力资本累积过程。三是各行各业的工作方式与产业供应链的运作方式将经历重塑，雇员与客户之间的社交距离及产业上下游的分散转移，将施加额外的生产经营成本。同时应意识到在近几年不断积累形成的贸易紧张局势下，国际贸易成本存在进一步恶化的风险。四是消费者偏好和行为可能出现深刻变化。在未来的宏观经济环境中，健康医疗成本、就业及收入前景存在高度不确定性，民众可能倾向于提高预防性储蓄并改变消费支出的构成及占比。持续黯淡的总体经济增长预期将打击消费支出与企业投资活动。

从图5可见，除中国外的全球投资活动剧烈下滑，并且将在未来一段时期内严重受限。与此同时，在西方发达国家与许多新兴市场货币政策高度配合的状态下，全球整体货币金融状况依然极度宽松。实物投资活动在如此宽松的状态下仍持续低迷，意味着金融体系在趋向平稳缓解的表象下，实际状态的脆弱性可能正逐渐提升。在排除中国的情况下，世界各国的固定资产投资水平甚至无法在2022年内恢复至2019年疫情前的基准水平，而我国受益于疫情有效防控带来的国内宏观环境的确定性，市场主体预期相对比较稳定，预期将成为未来两年全球新增投资的主要拉动力量。

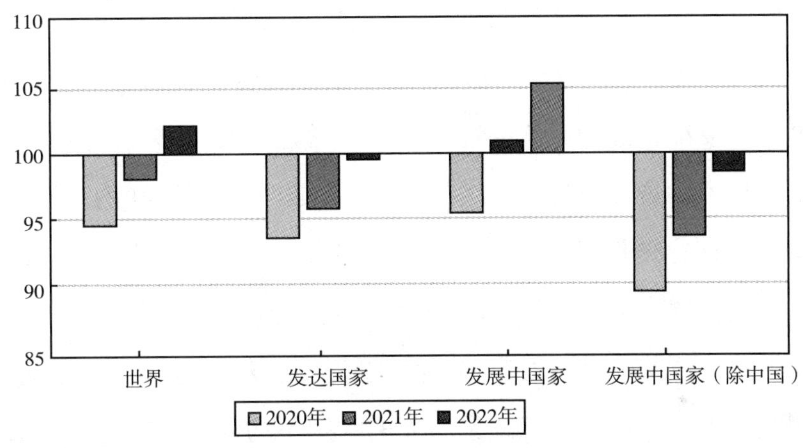

图5　全球预期固定资产投资水平（设2019年=100）

数据来源：世界银行。

（五）部分发展中国家的减贫脱贫趋势逆转，收入不平等现象进一步恶化

对部分发展中国家而言，新冠疫情冲击引发的全球经济衰退已使2010年代成为了其国内经济发展停滞甚至倒退的十年。据世界银行统计，在大约30%的发展中国家中，2020年的人均收入损失幅度已经超过了过去至少五年的累计增长幅度。在拉丁美洲、加勒比及部分中东和北非国家和地区，这一比例更是超过了80%，反映出这些区域内居民的生活水平严重恶化的现象。

预计全球范围内，生活在贫困线水平以下的人群数量将在2021年上升超过一亿人口，这意味着各国通过多年减贫脱贫努力达成的贫困人口下降趋势将被大幅逆转。

研究者对近100个国家的调查发现，在新冠疫情的影响下，有超过60%的家庭在2020年4—7月经历了收入下降。其中，受教育程度较低的人群面临了更高的失业或收入中断的风险，且仅有20%的家庭获得了政府或社保安全机制的援助。

新冠危机可能使未来全球的不平等格局全面恶化，一方面推升一国内部的收入分配不平等，另一方面拉大发达国家与发展中国家平均收入的差距。在国家内部，受冲击最为严重的社会群体普遍是妇女、移民、无稳定雇佣关系或从事低技术含量工作种类相关的人群。在未来一段时期内，预计低技术劳动力群体面临的失业问题将更加严峻且持久。相较于高收入群体，低收入群体的工作属性通常更加难以转换为远程办公的形式，因此其在工作过程中存在更高的感染风险，且相对容易因疫情防控引发的封锁隔离措施而丢失工作岗位和收入来源。另外，就国家层面的跨国平均收入分布而言，低收入国家中无稳定或合法雇佣关系的非正式经济部门的占比相对更大，如小商贩、地摊卖货等经济活动通常更依赖面对面社交，因此在疫情造成实体社交阻碍这一层面，低收入经济体也更为脆弱。

二、全球经济复苏仍将面临严重的不充分与不均衡问题

（一）全球经济复苏的前景展望存在高度不确定性

当前对全球经济复苏路径所做的基线预测，可能受多种风险因素的影响

而出现偏离。在高度不确定的宏观环境中，如果疫苗在研发、生产、流通等环节出现阻碍，或者部分国家的疫情防控措施无法有效维持，病毒在全球范围的扩散速度仍存在加快的可能性。这将进一步拖累原本就已较为缓慢的经济复苏进程，并再度加深全球经济潜在产能所遭受的损伤。在此情况下，宏观经济表现的长期疲软状态有可能在部分传统行业引发一轮破产潮，银行等系统重要性金融机构的资产负债表存在恶化风险，宏观经济政策的可利用空间可能消耗殆尽，而且部分暂时关停的市场主体可能永久性消失。

由于疫情传播及防控的后续进展对全球经济复苏前景注入了不确定性，OECD对全球各区域GDP未来两年的预测做出了情景式分析，在悲观与乐观两套假设的基础上分析基线预测可能出现的百分比偏差。如图6所示，由于亚太区域总体上拥有更为高效的防控管理能力及相对高的民众配合度，即使在全球新冠疫情更加强劲且持久的假设下，该区域内的总体消费支出及企业投资所遭受的直接负面影响可能仍然相对较轻。不过，处在当今深度交互关联的世界经济格局中，亚太经济体将难以规避来自全球消费需求疲软、跨境运输受阻、金融与大宗商品交易市场波动性加剧等外部冲击的潜在影响。

假设未来宏观经济调控政策的实施效率能够得到改善，情景分析中的部分下行风险可能得到有效对冲，这将有助于消除经济复苏过程中的部分阻碍并减轻资本市场的不稳定性。财政政策需要在保市场主体、保就业并稳定市场预期的方向上继续发力。低收入群体的边际消费意愿相对更高，如果公共社保支出可以更为精准地瞄准低收入群体，财政政策对冲疫情负面影响的效果将得到强化。

在悲观假设最终实现的情景中，疫情的负面影响将超出金融部门的预期，资本市场的群体情绪波动将引发大面积的资产重新定价行为，进而可能增加企业资金链断裂的概率。当前部分发达国家的政策利率已处于零下限，货币管理当局面临政策空间持续受限的严峻形势。基于悲观情景，货币金融政策需要延续当前的宽松配合状态，甚至寻求进一步加大刺激力度，尤其需要向市场提供流动性与经营贷款相关的政策支持。在特殊情况下，货币管理当局应该着力研发更多的非常态政策选项以持续提升金融环境的宽松配合程度，可尝试扩展央行资产购买范围，并通过适当沟通引导加强市场对政策利率将长期维持低位的预期。

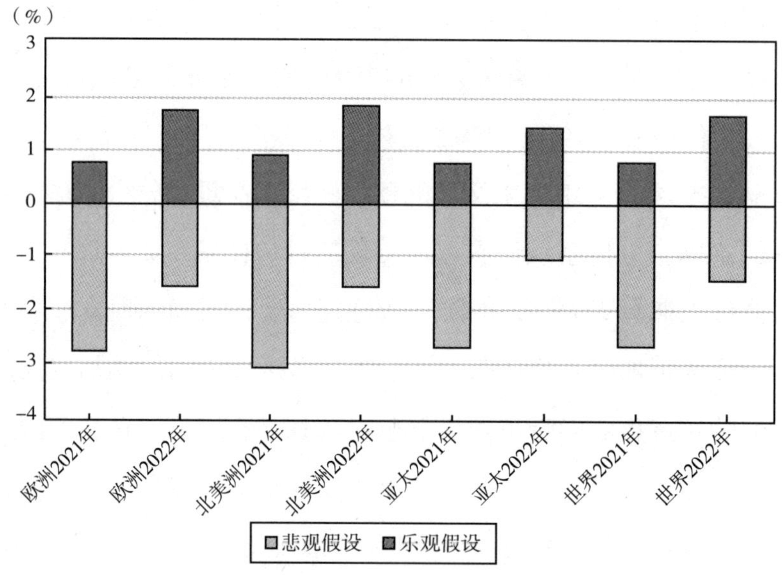

图6　未来两年全球各区域GDP基线预测可能出现的百分比偏差

数据来源：OECD。

（二）部分国家非金融企业的银行储蓄规模大幅增长

2020年初以来，美国、日本及众多欧洲国家非金融企业的银行储蓄快速提升，增幅远高于近五年的平均水平，住户部门的存款规模增长幅度虽相对较小，但同样有明显提升。相比之下，在2008年全球金融危机时期，相关储蓄规模在市场信贷紧缩的压力下曾持续缩小。2020年部分国家非金融企业银行储蓄增速与近年增速均值的显著差距，可在图7中直接观测。

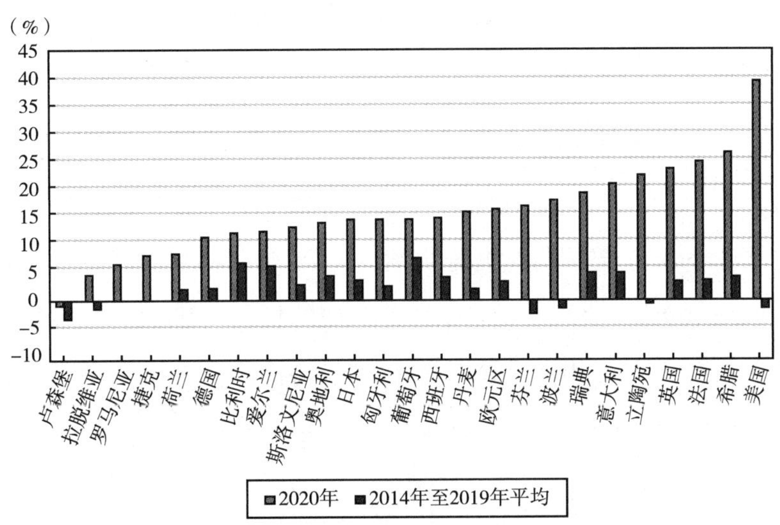

图7　各国非金融企业储蓄规模的百分比变化

数据来源：OECD。

在当今特殊年份，美国、日本及部分欧洲国家企业与民众银行储蓄出现爆发式增长的背后可能存在以下原因：

一是面对未来营收的高度不确定性，非金融企业对增加现金类资产作为流动性风险缓冲的偏好有所提升。二是在疫情防控措施阻碍部分消费行为的同时，各国政府普遍出台了收入稳定政策，导致社会储蓄率与银行存款相应提升。三是防控措施可能对高收入群体的高端消费需求产生了较大影响，国际旅行、文化演出等服务产业活动严重受限于疫情防范政策。四是疫情未来发展状况的高度不确定性提升了社会的预防性储蓄动机，此效应可能将在较长时期内持续。五是各国为保市场主体陆续出台了贷款便利及税收递延等措施，此类政策同样对企业现金囤积具有正向作用。部分发达国家的税收递延规模较大，其中意大利和日本的相关规模占比预计将分别超过其本国GDP的13%和5%。

值得注意的是，上述储蓄驱动因素在未来的消除或逆转可能释放投资与消费需求，进而促进经济复苏。当前非金融企业部门的超额储蓄有潜力对未来投资空间产生可观的正向作用，且居民部门的超额存款也意味着未来群体性消费能力具有提升潜力。

然而，储蓄规模背后的资源分布状态对经济复苏潜力同样具有重要影响。具体而言，假设非金融企业的储蓄增量主要集中在大型信息科技公司等拥有疫情受益概念的行业部门，则超额储蓄未必能够在将来激发整体经济的投资活跃度。如果居民部门实际上存在与之类似的情况，即居民储蓄增量主要集中在高收入群体中，则由于该群体具有相对较低的边际消费意愿，在未来经济社会状态相对稳定后，社会消费水平不一定能够出现广泛性提升。

（三）金融市场状态总体趋向稳定，债务信用风险仍需关注

尽管经济复苏前景的不确定性仍然较高，金融市场早前的紧张状态已在宏观经济政策的迅速响应下得到有效缓解。2020年三月到四月，新冠疫情的快速传播一度激起了严格的疫情防控措施，迅速恶化的群体情绪导致金融资产价格在短期内崩盘，市场波动性大幅飙升。此后，权益类资产价格已普遍反弹，且相关波动性指标已基本回归历史均值，仅在局部地区仍有波动起伏。在大规模货币政策刺激与高风险时期资本逃向低风险资产的群体倾向的影响下，发达国家政府债券的负债成本仍普遍处于历史较低水平。全球主要经济体主权货币相对美元的汇率已基本恢复，反映出国际外汇市场风险偏好已逐渐回升。

应注意金融体系的稳定问题仍可能在相对脆弱的部门中滋生。新兴市场的国际资本流入在三月份经历了大幅缩减后逐渐回升，这缓解了部分主权债务的外部融资压力。在资本与流动性缓冲较为充足的基础上，发达经济体的银行系统基本维持着稳定的运营状态，不过银行业的股权资产价格仍显著低于疫情前的水平。在借贷活动监管普遍趋严的情况下，银行的营利能力有所

衰减，部分传统行业经济总量的持续收缩可能进一步侵蚀银行部门的利润。

金融体系的高风险状态仍可能重新浮现。当前金融部门的短期流动性压力虽然相对减轻，各国财政与企业部门大幅提升的债务存量仍可能引发市场对金融稳定性的担忧。在航空运输、酒店娱乐及汽车制造等受疫情冲击较为严重的传统部门中，企业的债务违约概率可能在2021年大幅提升，中小型企业的破产压力尤为值得关注。在当前的形势下，对国际消费市场需求依赖度较高的新兴市场国家仍面临着严峻挑战。随着中国的市场需求出现强劲复苏，部分大宗商品价格趋向提升，这缓解了相关大宗商品出口国的压力，但国际旅游活动的持续萎靡，预计将对严重依赖旅游产业的国家造成长期困难。

实体企业更高的债务负担与更薄弱的债务偿还能力恐将成为本轮危机的后遗症之一。OECD基于全球企业样本的测算得出，新冠冲击导致企业权益资产规模急剧收缩，资产负债率的样本中位数在乐观和悲观假设下分别将提升6.7%和8%。如图8所示，无论疫情冲击前企业的资产负债率处在何种水平的百分位之上，全样本分布区间的杠杆率均有所提升。更严重的是，疫情

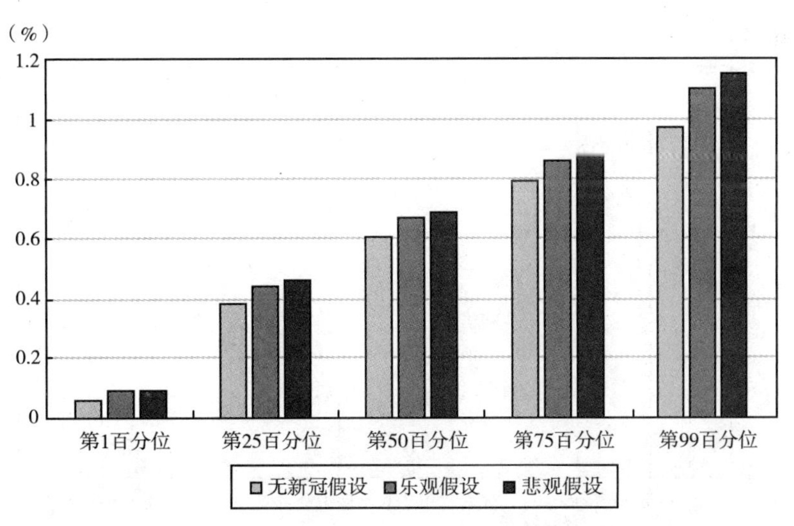

图8 预期企业资产负债率分布

数据来源：OECD。

冲击后资产负债率的企业数量分布将趋向高杠杆区间倾斜，这意味着具有偏高杠杆率的企业数量占比将明显提升。预期企业未来的财务稳健性将普遍恶化，应持续关注大面积资金链断裂的风险。

（四）各国公共债务风险处于历史高位，应警惕风险转移

早在2019年，全球债务总量已达到了世界GDP占比230%的历史新高水平，彼时全球政府债务对GDP占比已达到了83%。而2020年破纪录的债务负担可能逐渐对新兴国家的产出与投资增长构成更大风险。为应对本轮新冠危机，许多发展中国家与发达国家一样，规划实施了较大力度的财政刺激方案，投入刺激力度甚至远超2008—2010年全球金融危机时期。如图9所示，新兴市场和发展中经济体在2020年新增的财政刺激规模已达到其GDP占比约6个百分点，发达经济体的新增财政刺激规模更是突破了其整体GDP的20%，而低收入国家群体由于政策空间较小，财政刺激力度也相对较轻，占其GDP约2.5%。

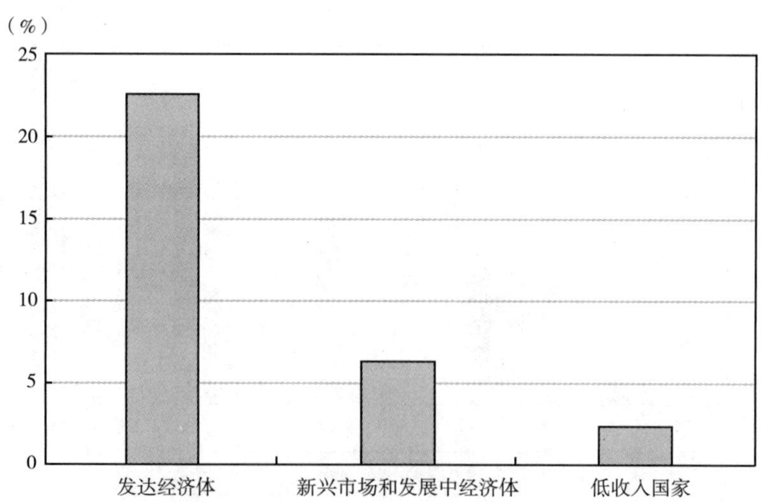

图9　全球各区域应对疫情出台的总体财政刺激政策占GDP相对规模

数据来源：IMF。

由图10可见，全球政府债务占GDP比重自1970年以来呈波动上升趋势，进入21世纪，发达国家的平均公共债务增速明显高于发展中国家。在2020年的特殊情况下，虽然为稳定总体需求并保护社会弱势群体和市场主体而出台的财政刺激措施具有合理性，但相关刺激措施终将转换体现为财政赤字并进一步推升财政风险。基于此，IMF预测2021年全球政府债务规模相对GDP占比将大幅增长17个百分点，达到GDP占比远超100%的历史新高水平。

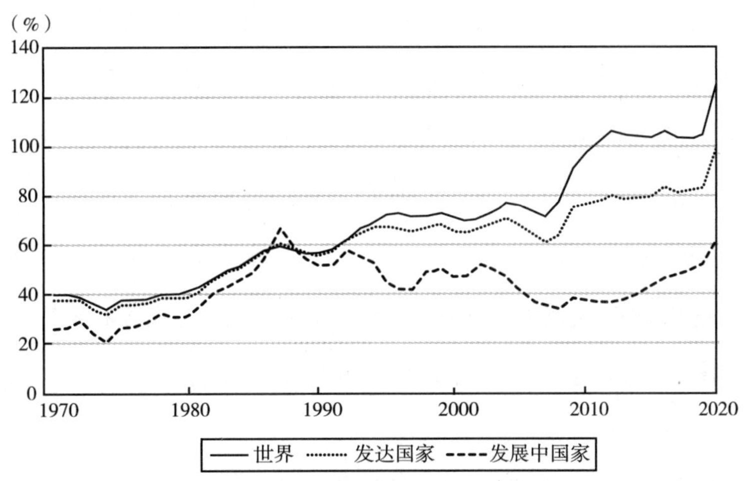

图10 全球政府债务占GDP相对规模

数据来源：IMF。

当前全球极度宽松的货币金融环境抑制了债务偿还成本，然而破纪录的公共债务负担与赤字水平将对未来财政政策的可持续性和有效性产生风险。历史上，金融危机往往在债务规模快速提升的金融失衡风险积累过程中酝酿形成。基于世界银行的定义，自1970年以来，发展中经济体发生过超过500轮债务高速积累时段；而对于其中接近一半的时段，其债务规模在触及顶点后的两年内发生了宏观经济损失较为严重的金融危机。

三、宏观经济政策短期应稳定支持力度，长期应推进经济结构改革

（一）应积极开展多边合作，共同应对本轮全球公共卫生危机

全球公共卫生危机的根本化解之道仍是全球合作。亚太区域国家在疫情防控过程中的监测、跟踪及隔离等环节表现出了较高的统筹与执行效率，为全球的疫情防控做出了一定贡献。实际上，大部分国家没有能力从本国的产业结构和资源禀赋中获取抗击新冠病毒所需的所有资源，更全面且紧密的多边合作机制有助于提升医疗产品的生产和传播效率。在疫苗得到广泛应用之前，各国仍需通过全面的公共卫生干预措施防范疫情再度恶化的风险。未来的医疗体系应保持充足的资源储备，以确保能够在迅速应对疫情反复的同时，不会延误其他疾病相关的基本治疗需求。有能力的国家应将医疗资源较为薄弱的发展中国家纳入其医疗物资储备战略的综合考虑范围内。

（二）阶段性的财政刺激措施仍需维持并酌情动态优化

为对冲前所未有的负面冲击与不确定性，大力度地推进财政刺激政策具有必要性。如果在疫情冲击之初，各国财政部门没有做出当机立断的响应，各国经济活动、居民收入及就业所遭受的损失及相关的收入不平等现象都将更为严重。可以预期财政仍需在未来几年内向宏观经济提供必要的支持，但相关政策的规模与内容应根据宏观环境变化而持续优化调整。在有限的财政空间内，公共支出的效率必须提升，前期向宏观经济提供的整体性支持措施应逐渐进化，要提升社保措施的精准性，并促进生产要素从面临结构性需求短缺的行业向新兴行业转移过渡。

（三）加大权益类公共金融支持政策的投入力度，对冲债务信用风险

在新冠危机时期，权益融资可协助遭遇流动性风险、但具备长期盈利能力的企业度过暂时性的运营资金难关。对于中小型企业，尤其是处于初创期的新兴领域企业，股权融资市场可直接利用的金融资源在各国普遍都是较为匮乏的，在经济困难时期获取资本金补充的难度更大。可考虑加大政府引导基金等权益类政策性金融工具的投入力度。不过，在向市场投入金融支持的同时，仍需注意防范公共投资相关的管理运营效率低下、产业竞争业态扭曲、社会资本挤出等潜在风险。所以此类金融支持政策在实践应用中需酌情推进，且必须结合各利益相关方的动机考量，提前规划研究在宏观环境恢复常态化之后的政策退出机制。

（四）贯彻以人为本的发展理念，积极引导人力资本建设

疫情冲击具有阻碍甚至逆转全球人力资本发展趋势的潜在风险。基于世界银行的统计分析，本轮新冠危机将对全球超过90%的儿童的教育经历产生负面影响。到2040年，预计这些早前教育经历曾遭受新冠疫情影响的人群规模将达到全球劳动力市场的三分之一左右，这可能降低全球经济的潜在生产力。当前全球范围的失业率仍处于历史较高水平，长期的结构性失业将对人力资源造成严重浪费。另外，疫情防控导致的校园关闭措施加剧了教育机会不平等的问题，不同区域提供远程教育的公共服务能力存在差异，不同家庭给学龄儿童提供私人教育的能力也有所区别。为避免新冠疫情加剧社会的机会不平等现象，教育、医疗、公共服务等与人力资本建设存在密切关联的基础设施与制度仍需优化。

（五）结构性改革应确保经济复苏进程具备包容性与可持续性

新冠危机给全球经济社会留下的损伤可能需要经历长期修复。社会中原本的弱势群体所遭受的打击普遍最为严重，并面临着长期的结构性失业风险。为缓解本轮危机的长期影响，应通过结构性改革政策促进生产要素的再分配效率，并对冲再分配过程中的不确定性。未来各国民众的消费偏好与行为习惯可能出现永久性变化，远程办公、清洁能源、数字服务等领域的变革将颠覆就业的传统形态与空间要求。促进经济复苏的结构性改革同时可创造恢复全球增长动能、改善环境及降低机会不平等的历史机遇，一国政策的包容性与可持续性将对其宏观经济的复苏路径产生重要影响。

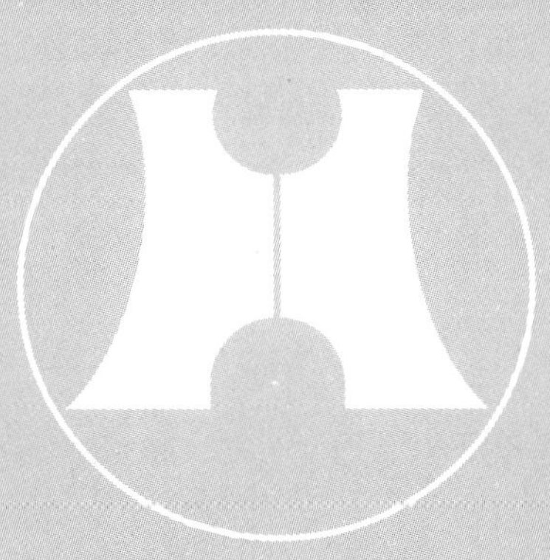

分报告十四：新经济动力强劲，发展机遇与挑战并存

执笔：苏京春　盛中明

经济增长理论中制度和技术的重要性在现实中体现在各国你追我赶的科创潮流，若要在新时期转变我国的经济增长方式，就要求发展以技术为基础、以市场需求为导向、综合新业态、新商业模式的新经济，它是我国创新驱动战略的重要组成部分，也是推进供给侧结构性改革、提升全要素生产率的关键着力点。经过一段时间的发展，目前新经济在我国宏观经济中发挥了举足轻重的作用，在世界范围内的表现既有亮点，也有缺憾，应审时度势，为新经济的长远发展制定完整方略。

一、新经济对我国宏观经济的贡献

（一）新经济是我国经济持续稳步健康发展的决定性一步

经济增长理论的演化历程告诉我们，由于资本、土地以及劳动等竞争性生产要素的投入过程中均存在边际报酬递减的规律，因而这些要素的投入所能支撑的只是短期的增长。经济的长期增长需要技术的创新与制度的变革。在实践中，我们可以从历史中明晰地看到历次技术革命推动着人类生产力水平大步向前并催生了一个个引领世界发展潮流的大国。在目前进行的依托互联网、以高新技术为代表的新一轮技术革命中，各国政府都在积极制定科技创新战略、抢占新技术高地。美国于2015年发布了《国家创新新战略》，提出包括六大要素的创新生态系统的新政策；德国制定了引领制造业发展的“工业4.0”计划，目的在于促进新技术与传统工业的融合、保持德国制造业的领先地位；日本也在2016年出台了《科学技术创新综合战略》，旨在为创新打造人才与资金基础、构建知识环境。

现阶段中国经济正处于转变发展方式和转换增长动力的关键攻关期，在世界科创的浪潮中，培育发展以技术为基础、以市场需求为导向、综合新业态、新商业模式的新经济是中国经济持续向前走稳步健康发展道路、跨越中等收入阶段的决定性一步。2020年，党的十九届五中全会通过《中共中央关于制定国民经济和社会发展第十四个五年规划和二〇三五年远景目标的建议》，强调发展战略性新兴产业，加快壮大新一代信息技术，提出要“推动互联网、大数据、人工智能等同各产业深度融合，推动先进制造业集群发展，构建一批各具特色、优势互补、结构合理的战略性新兴产业增长引擎，培育新技术、新产品、新业态、新模式。促进平台经济、共享经济健康发展。”对新经济的发展提出了较为具体的期待。

新经济是我国创新驱动战略的重要组成部分，也是推进供给侧结构性改革、提升全要素生产率的关键着力点。其本身代表着高新技术与传统产业的深度融合，是提升技术水平、整合行业资源、压缩交易成本等目标的重要实现形式，也是经济增长实现由量到质的提升的重要推动力。

（二）新经济：使要素配置精细化的一种经济形态

关于新经济，目前还未有一个完整确定的定义。国家统计局曾发布和新经济相关的《新产业新业态新商业模式统计分类（2018）》，因此也称新经济为“三新经济”，即新产业、新业态、新商业模式，根据国家统计局的分类，新经济包括了现代农林牧渔业、先进制造业、新型能源活动、节能环保活动、互联网与现代信息技术服务、现代技术服务与创新创业服务、现代生产性服务活动、新型生活性服务活动、现代综合管理活动，每一项内容都有对应的具体企业类型，这便于对新经济的具体产值进行测算。而其他官方机构，如上海市经济与信息化委员会此前也曾发布《上海“四新”经济热点区域（2015版）》，提出包括新技术、新产业、新业态以及新模式的“四新经济”。实际上，无论是“三新”还是“四新”，各类文件中阐述的新经济都是一种以知识、技术和制度为依托，以高新技术产业为支撑，以创新为动力，使要素配置精细化的一种经济形态。

就其具体内容，可以从新技术、新产业、新业态和新商业模式四个方面来理解。它们的具体内涵如表1所示。

表1　新经济四个方面内容的内涵

新经济的具体内容	内　　涵
新技术	可实际推广、替代传统技术应用和形成市场力量的新技术，具体包括可植入技术、数字化家庭、大数据、无人驾驶汽车、人工智能与机器人、区块链、共享经济、3D打印和神经技术等。
新业态	为顺应新技术创新和应用潮流，从现有领域中衍生叠加出的新环节、新活动，提供多元、多样、个性化的产品或服务供给的业态载体。
新产业	指一些其生产过程通过应用最新生产技术和工艺，其产品的性能、质量、使用、消费用途和功效等诸多方面都明显区别于传统消费品的产业。
新商业模式	以市场需求为中心，打破原有产业链及价值链，实现原有产业要素重新高效组合的模式。

资料来源：上海市工业与信息化委员会、网络资料。

（三）新经济具有融合性、高附加值、轻资产性与高风险性并存的特征

新经济是一种新型的经济发展模式，相较于传统经济形态有其独特性。

首先是融合性。新经济不仅催生了一系列新兴产业，还通过技术融合给传统产业带来了深刻的变革。例如，基础科学研究的成熟，推动了实验室技术的商业化，使得原有的汽车制造业、生物产业以及高端装备制造业等行业发生了重大的变革。再如，互联网和移动终端的不断发展也使传统行业与互联网结合，改变了其运营模式，在与人民生活关系密切的零售行业中，网络购物在2008—2012年保持着相对暴增的态势（参见图1）。在规模庞大后，其增速除了在2020年第一季度受疫情影响下下滑外，其余季度仍保持在20%左右。2020年第四季度，网络购物（B2C）规模达到2.18万亿元，全年规模实现7.26万亿元，较2019年增长18.4%。在规模增长的同时，“互联网+零售”也彻底改变了线下零售的支付手段、服务方式。

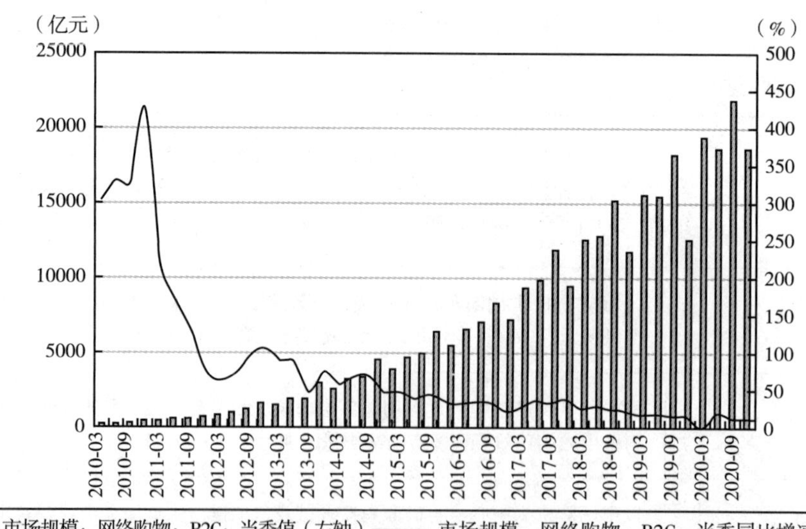

图1 网络购物规模与增速

数据来源：Wind数据库。

其次，新经济中的产品和服务具有更高的附加值。我国在经济腾飞的过程中长期扮演着“世界工厂”的角色，产品附加值相对不高。而新经济所代表的行业，注重技术、品牌等无形资本的积累，能够带来更高的附加值。未来在新兴产业的推动下，我国在国际分工中的地位将逐步提高，实现从“中国制造”到“中国创造”的转变。

最后，新经济的轻资产性与高风险性并存。新经济在运营的过程中相较传统行业对固定资产投资的需求较小，并且技术与模式成熟后其可复制性高、边际成本低，所以相对地会减少举债动机；但新经济在发展初期由于存在更大的风险，所以更需要风险投资对其进行孵化，以形成竞争力与稳定的盈利模式。

（四）新经济对我国宏观经济的贡献

新经济通过技术、商业模式创新融入经济发展，为我国经济贡献着与日俱增的力量。国家统计局根据《新产业新业态新商业模式增加值核算方法》测算了2016—2019四年的“三新”经济增加值，2016年其数值为11.36万亿元，到2019年增长至16.19万亿元，2017—2019年的增长率分别为14.1%、14.3%和9.3%，均高于总体名义GDP增长率，所以新经济增加值占GDP的比重逐年上升，从2016年的15.3%上升至2019年的16.3%，对宏观经济的影响愈来愈大（参见图2）。

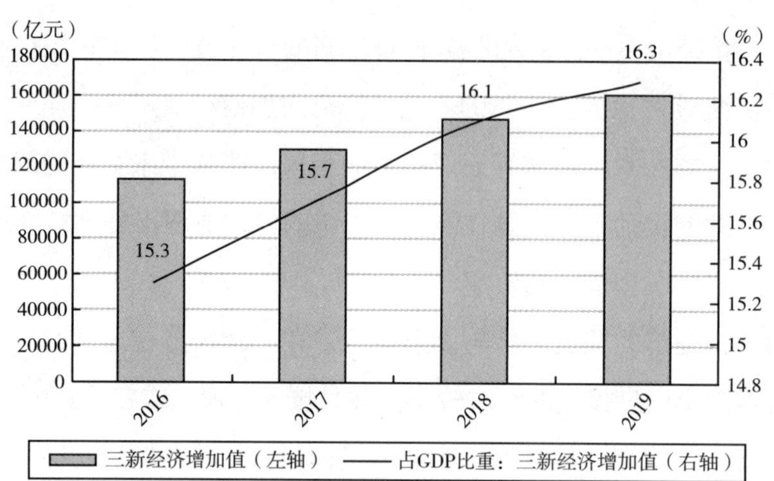

图2　新经济增加值与占GDP的比重变化

数据来源：国家统计局。

如图3所示，在新经济内部，其增加值占比最高的是第三产业，2019年达到52.4%，第二产业次之，第一产业比值最低，为4.1%。说明新经济主要作用在先进制造业与现代服务业。但是，这些总体的核算数据由于考虑到测算时的可操作性，是基于原有的国民经济行业分类做出的类别划分，在口径上可能存在偏大的问题；并且由于测量方法的局限和新经济定义的相对模糊，真正以技术为基础、依托创新模式与业态的经济增加值实际上还是一个难以精确计量的数值。在考虑理想中的新经济的现实发展状态和对宏观经济的贡献时，还需更深入地认识和研究。

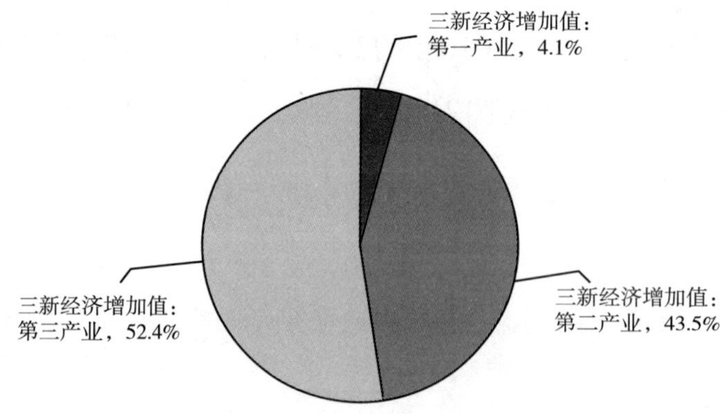

图3　2019年新经济增加值在各产业中的分布情况

数据来源：国家统计局。

二、中国发展新经济的成就与优势

（一）技术应用持续走在全球前列

新经济中的技术，如果要产生实际价值、助推经济增长，就必须能被合适地嵌入到微观实体的经营中，我国在此方面取得了长足的进步。全球顶尖的科技媒体《麻省理工科技评论》(MIT Technology Review) 每年都会评选“50家最聪明的公司”(TR50)，其评选遵从两个标准，一是公司是否拥有高精尖的科技创新，二是公司是否具有成功的商业模式。

表2　2019年度“TR50”中的中国公司

“TR50”排名	公司名称
1	华为
4	阿里云
7	科大讯飞
8	腾讯
10	远景集团
11	星际荣耀
13	京东方科技集团
14	中国平安
16	紫光集团
17	大疆创新
19	百度
20	药明康德
21	字节跳动
23	合刃科技
24	云从科技
25	蚂蚁金融

续表

“TR50”排名	公司名称
26	新松
28	美团
29	商汤科技
30	依图科技
32	曦智科技
33	启函生物
35	九天微星
36	百济神州
37	宁德时代
38	乂学教育松鼠AI
39	图玛深维
40	蓝箭航天
41	隆基股份
42	地平线
43	顺丰
45	优必选科技
46	旷视
47	西比曼生物科技
48	明略科技
50	初速度科技

资料来源：仪器信息网。

2013年，该榜单中仅有两家中国公司的名字，到2017年这个数字扩大到9家。而在最新发布的2019年“TR50”榜单中有多达36家中国企业，占比超过70%（见表2）。2020年，《麻省理工科技评论》再次锁定“中国聚力”，深度挖掘中国科技企业在疫情期间爆发出的韧性和潜能。2020的“TR50”榜单中，除特斯拉外，几乎所有公司都来自中国或有中外合资背景，显示出中国经济在科技运用领域强大的成长性。

（二）互联网运营模式领先世界

互联网行业的发展壮大是我国近十年来经济发展的主题之一。互联网技术起源于美国，但却在应用端借以运营模式的创新催生了一大批中国的互联网企业。

以天猫、淘宝和京东等平台为代表的、结合线上支付的发展的全流程电子商务模式是中国新型零售发展的新基石。以天猫为例，其本身并不参与商品的销售和服务，商品的销售、配送和售后服务均由线上商品的卖家提供，从而大幅地压缩了运营成本，再辅以同属阿里巴巴旗下的在线支付工具，从而实现了对资金流与盈利的把握。京东则是价值链整合的商业模式。

此外，以去传统中心化的中介模式为核心的共享经济也在中国取得了长足的发展。共享经济打破了相应服务提供者对传统商业组织的依附，可直接向终端用户提供服务或产品，服务或产品的供给方与需求方的连接方式从“一对多”转变到了“多对多”。从这一模式出发，滴滴出行发展成为了国际性的综合移动出行平台，为超过4.5亿用户提供出租车、专车、快车、顺风车、代驾、租车、共享单车等全面的出行服务，其2020年8月25日（中国农历七夕节）的日均发单量突破5000万单[①]。

还有小米、字节跳动等企业通过推动智能手机这一移动终端的普及，在新零售、线上线下生态互补以及短视频等领域做出了卓有成效的新产品与模式。而美国消费者在手机等移动设备上花费的时间在2018年前后才逐渐超过电视[②]，其移动互联网及相关产业的发展相对来说是迟滞于中国的。

---

① 资料来源于第一财经报道。

② 资料来源于腾讯科技翻译整理的玛丽·米克尔（Mary Meeker）发布的《2019年度互联网趋势报告》。

（三）人口规模庞大为新经济发展提供了广阔市场与人才基础

中国的人口基数庞大，巨额人口在增速放缓时会成为经济的负担之一，但随着人口而来的是广阔的消费市场。前述中国互联网企业成功的客观因素之一正是中国庞大的互联网用户为其摊薄了前期成本，并为依靠边际成本扩张业务范围以盈利提供了巨大空间。

更重要的是，技术创新所需要的人才基础也是中国新经济进一步发展的关键动力。虽然中国目前正经历劳动人口比重逐渐下降的过程，但随着生活水平提高以及教育的普及与升级，我国的科技人才增加态势和储备依然处在世界的领先位置。根据世界银行以及OECD发布的数据，在2014年中国科技人力资源总量就已达到7512万人，本科及以上学历的科技人力资源总量为3170万人，而同期美国科学家工程师总量为2110万人。根据《中国科技人力资源发展研究报告》，到了2018年，中国科技人力资源总量又继续达到1.02亿人。这些科技人才与其后来者将在互联网、通信、高铁、高端制造业、基建等工业和科技领域持续为中国新经济发展做出贡献。

三、中国发展新经济面临的挑战

（一）技术供给仍需加强

我国在新经济中的技术应用虽然展现了较强的成长活力，但技术积累与基础科学的研究水平较发达国家还有距离。PCT[①]专利的申请数量可以反映

① PCT是《专利合作条约》(Patent Cooperation Treaty)的英文缩写，是有关专利的国际条约。根据PCT的规定，专利申请人可以通过PCT途径递交国际专利申请，向多个国家申请专利。

一个公司及其所在国家的技术积累水平。世界知识产权组织统计了1978—2018年40年间全球各家公司的PCT专利申请数量，根据这一数据，可以统计排名前50名的公司的所属国家。如图4，美国公司在这50家公司中占到了19个席位，日本次之为18个，而中国只有4家公司上榜，它们分别是华为、中兴、京东方和华星光电。PTC专利虽然只是衡量创新的一个维度，但这一总量数据能说明创新绝对不是一蹴而就的。

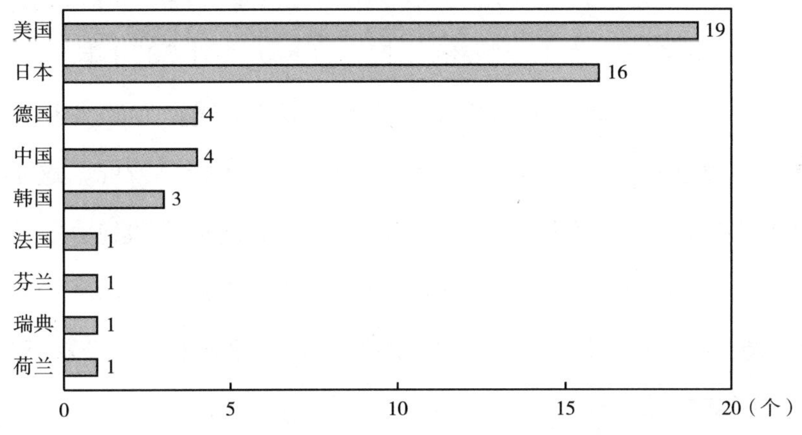

图4　1978—2018年累计PCT专利申请排名在全球前50名的公司数

数据来源：根据世界知识产权组织发布数据整理。

此外，在新经济的实践中，以互联网行业为例，中国企业目前还难以站在技术的供给端。把持着互联网基础设施技术提供的依然是甲骨文、微软和高通等美国公司。中国互联网企业在运营层面技术和模式创新具备着很高的被模仿性，而国外新兴大型企业如戴森、苹果等，依靠着极致化的技术探索已经形成了很深的行业护城河，比如戴森的核心竞争力在于无叶风扇技术，可以通过重量仅为222克的马达获得每分钟高达10万次的转速，使其能应用于吹风机、吸尘器、净化器等各类产品中。又如苹果公司不仅通过其操作系统增强了客户粘性，并在硬件制造方面具备着领先同业一代甚至多代的技术，使其在某些手机配件售价高过国内一些品牌的整机的前提下，仍然能收获大批消费者的青睐和高满意度。所以，中国在新经济发展的过程中，依然不能松懈对技术的追求，应努力搭建牢固的技术基础以寻求长远发展。

（二）“互联网人口红利”的衰减

前文述及我国庞大的人口规模是新经济中众多新业态和新模式扩张的良好基础，但这个优势的另一面可能也是我国新经济发展需要面对的一个挑战。

如图5显示的趋势，中国网民的规模逐渐扩大，在2020年12月份达到9.89亿人。与规模逐步增长同时出现的也有增速的放缓。2006年后，中国网民规模增速持续走低，在2020年的下半年环比增速低至5.2%。这是互联网行业发展的必然规律。而各类新经济的模式和业态的用户数也会经历类似的变化过程，当依靠用户增量获得预期高额现金流、进而获得诸多资金支持进一步的发展模式碰到增量规模日益缩减的瓶颈时，应该如何寻找新的增长点，就是应该思考的问题。

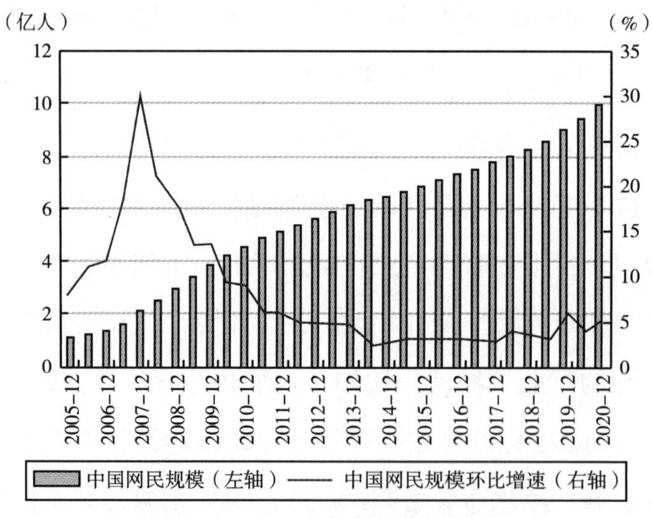

图5 中国网民规模及增速变化

数据来源：Wind数据库。

可能的思考方向是从结构性因素去寻找新的突破口，比如从城市到农村、从青少年到中老年；更重要的是技术创造以及优质内容的生产。

（三）制度不健全约束行业发展

新经济是新事物，传统经济形态下的行业规范、法律法规也要不断更新以匹配新经济才能保障其发展。曾经火热的互联网、P2P金融，因为规范和监管没有及时到位，引发诸多损害投资者利益的事件，使得行业一度低迷，部分资源被浪费。新经济发展过程中，大数据技术应用也会带来包括个人信息、行为习惯在内的个人隐私的泄露问题，一旦没有事先做好标准化、有前瞻性的规范，就会造成既损害消费者利益、又因停顿而阻滞行业发展的后果。

四、关于中国新经济的展望

新经济是我国创新驱动战略的重要组成部分，是转换经济发展方式、实现长期稳定发展的关键。如何更好地促进其成长，需要综合考虑。

短期内推动新经济的增长，应注重现有技术和模式在商业上的成果转化与行业规范的建立。前者是通过提高转换效率和转化效果来体现新经济的作用和重要性，后者是其平稳运行在既定轨道上的重要保障。

中期内保障和激励新经济的发展，需要建立与新经济相关的健全投融资体制和人才梯队，解决钱和人的问题。新经济中的各种技术和新模式由于还未经过实践检验而有很大的风险性，而新经济又有轻资产运营的特点，所以相关企业获得传统债券或股权的融资的机会比较少，需要发挥财政资金的作用，建立一定的风险补偿机制增强社会各方资金对新经济投资的意愿。在人才梯队的建设方面，一是要通过高等教育培养高端技术人才，二是要通过职业教育充实新经济各行业所需要的专门人才，三是要健全收入分配机制，激发参与者的活力。

放眼新经济的长期发展，要特别注重制度的作用。让一切创新的源泉充分涌流的制度环境是新经济长远发展的根本保障。制度供给不到位，物不能尽其用，人不能尽其力。不同时间内社会的运作会产生不同的制度，脱离经济发展现实的旧制度会阻碍经济中各要素的合理配置进程，扼杀经济的活力。在新经济的科创领域，以注册制为基础的科创板，是让较成熟的创新成果获得合意机遇的制度安排，应继续在这条道路上走下去，逐步完成产权保护、创新补贴、人才福利等各层面制度的建设，为新经济发展打造完整的制度拼图。

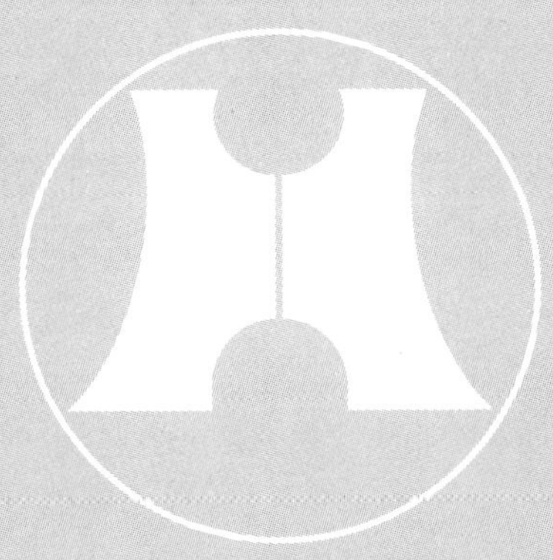

分报告十五：文化产业活力强，受外部环境影响大

执笔：苏京春　盛中明

2020年，从文化企业营收数据看，文化产业整体规模增长虽受疫情影响出现较显著下滑，但相对其他产业仍保持着较强的活力。在文化产业内部，行业维度上，以内容创作为核心的企业规模增长快、受疫情影响小，但受消费场景制约的文化休闲服务相关行业经营出现较大幅度下滑；地域维度上，西部地区文化产业增速领先全国且持续性较强，但东北地区文化产业发展面临较大困难。新冠肺炎疫情对2020年文化产业的发展提出了现实的挑战。得益于有效的疫情防控措施，消费场景约束带来的对文化产业的负面影响将持续减小，但收入预期不稳仍将制约文化产业的复苏进程。

一、文化产业的概念内涵及其2020年发展态势简述

（一）文化产业的概念与行业分类

根据2019年12月发布的《中华人民共和国文化产业促进法（草案送审稿）》，文化产业指的是以文化为核心内容而进行的创作、生产、传播、展示文化产品和提供文化服务的经营性活动，以及为实现上述经营性活动所需

的文化辅助生产和中介服务、文化装备生产和文化消费终端生产等活动的集合。

在国家统计局发布的《文化产业分类（2018）》中，文化产业覆盖了九个大类的行业。根据定义，我们可以将文化产业按行业分为三个层级：一是核心层，包括新闻出版、广播电影电视和文化艺术；二是外围层，包括网络文化服务、休闲娱乐服务以及广告、会展等行业；三是相关层，相关层主要连接着文化产业与制造业，涵盖了文化用品、设备以及相关文化产品的生产和销售。

（二）文化产业发展整体现状

2020年全年，全国规模以上文化及相关产业企业营业收入累计值为9.85万亿元，较之同期规模以上工业企业106.14万亿元的营业收入，文化产业的规模相对处于一个较低的水平。

如图1所示，2020年，文化产业的发展态势基本与整体经济走势同步走出了V型复苏的路径。第一季度，规模以上文化及相关产业企业营业收入大幅下滑13.9%，此后便触底反弹，全国保持了2.2%的正增长，高于全国规模以上工业企业营收收入0.8% 的增幅。文化产业中的文化产品制造行业与工业小范围重合，在疫情冲击下，其全年规模以上企业营收增速的表现强于工业，原因有二：一是文化产业本身的基数小，在相对的快速增长期中，经历疫情的暂时性负面影响后，其回调速度也会高于工业；二是随着我国经济增长，居民收入水平提高，文化消费需求逐渐扩大，为文化产业发展提供了充足动力。

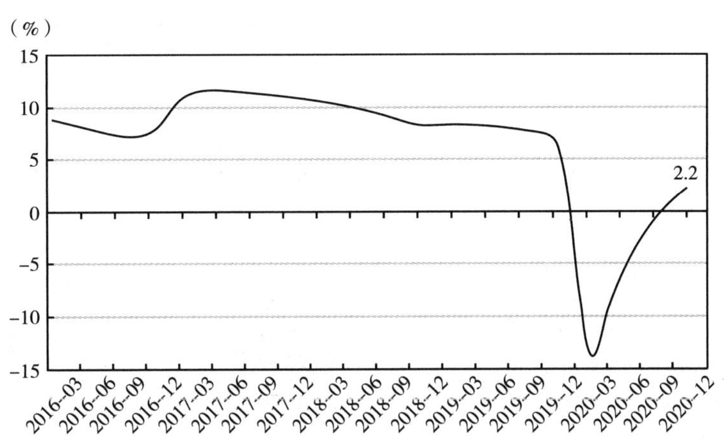

图1　全国规模以上文化及相关产业企业营业收入累计同比增速

数据来源：Wind数据库。

（三）文化产业发展中的行业与地域特征

1.从行业维度分析

营业收入增速可以体现行业规模的变动趋势，结合2020年全年文化产业相关行业营业收入累计同比增速数据（图2）可以看出，文化产业各行业中，以新闻信息、创意设计为主的核心层行业活力最强，外围的传播辅助行业次之。而在疫情影响下，受制于消费场景的文化休闲娱乐服务营收受挫巨大，全年同比下滑30.2%，且在全年内恢复进程较为缓慢。与此相关联，当线下休闲娱乐行业发展受到疫情制约时，相关的文化产品生产和销售行业营收也在全年出现较大幅度下滑，文化传播渠道、文化辅助生产和中介服务以及文化批发和零售业营收分别下降了11.8%、6.9%和4.5%。

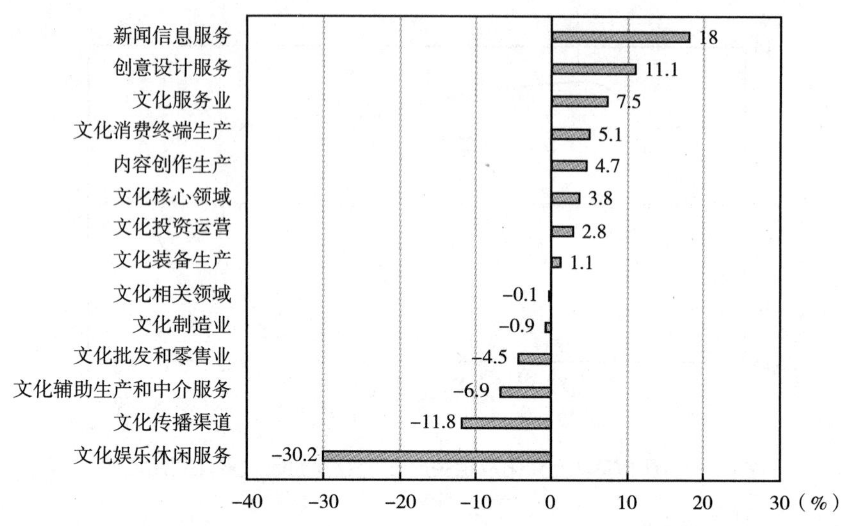

图2　2020年全年文化产业相关行业营业收入累计同比增速

数据来源：Wind数据库。

新闻信息服务行业是文化产业中营收增速最快的一部分，其2020年全年累计营收增速高达18%，与其他行业拉开较大差距，这体现出当前时代对即时性信息的需求量显著提高，结合互联网与行业整合，相关企业的经营也呈现良好的态势。并且其受疫情管控的影响较小，增长情况维持在往年的正常水平。创意设计服务（11.1%）、文化服务业（7.5%）、文化消费终端生产（5.1%）、内容创作生产（4.7%）、文化核心领域（3.8%）以及文化投资运营（2.8%）的规模增速均超过整体文化产业营收增速，表明以内容创作为主的行业在文化产业内部规模扩张，说明文化产业发展的基础依旧比较牢固。

2. 从地域维度分析

西部地区文化产业规模增速高于东中部，且在时间序列上也呈现良好态势，而东北地区文化产业发展相较其他地区存在着明显困境（参见图3）。

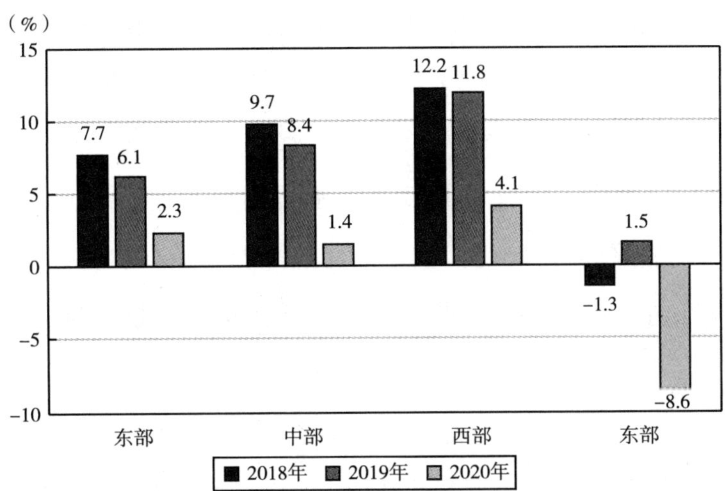

图3　东、中、西部以及东北地区规模以上文化企业营收累计同比增速

数据来源：Wind数据库。

2020年，西部地区规模以上文化企业营业收入累计同比增速达到4.1%，虽较上年同期大幅下降，但在疫情影响背景下，增速高于全国增速1.9个百分点；并且，西部地区的这一增速也分别高于东部和中部地区1.8、2.7个百分点，显示出西部地区在文化产业发展中的显著优良态势。

然而，东北地区的文化产业发展却不尽如人意。2020年其规模以上文化企业营收累计同比增速为-8.6%，近年来一直处于增长态势一直低迷，疫情背景下更加恶化。这与东北地区传统产业相对衰落、人口外流密切相关。

二、疫情常态化防控背景下文化产业前景分析

（一）消费场景约束带来的负面影响将持续减小

新冠肺炎疫情发端于2019年12月，其“人传人”的特性在2020年1

月20日左右得到公示确认。鉴于其传染性以及当前的防控形势，以武汉为代表的若干城市自2020年1月23日起陆续限制人员流动，春节期间，“不聚集、不走动”成为全国范围内的共识，这对线下文化产业已经形成了较大的负面影响。此后，全国性的疫情蔓延得到有效控制，但受境外疫情影响，我国疫情防控依然常态化。线下文化消费的场景虽然没有完全恢复到正常状态，但疫情对线下文化产业在消费场景方面的负面影响在全年内逐步减小。

以电影行业为例。2020年初的电影春节档本是支撑全年票房的重要时间段，2019年春节档7天票房达58.59亿元，占全年票房641.19亿元的9.1%。2020年春节档原定有《唐人街探案3》《囧妈》《夺冠》《姜子牙》《紧急救援》《急先锋》和《熊出没7》7部主要影片上映。但由于防疫需要以及观影需求的急剧下滑，1月23日，上述7部主要影片宣布撤档。2020年大年初一全国电影票房仅181万元，而上年同期则高达14.58亿元。[①]

一季度以后，随着疫情防控有效，电影市场逐步回暖。根据国家电影局发布数据，2020年中国电影总票房204.17亿元，相比2018年下降66.5%，相比2019年下降68.2%。虽然降幅依然巨大，但考虑到票房恢复到上年同期三成的成绩几乎是在一季度行业冻结的情况下达成的，并且中国在历史上首年成为全球票房最高的电影市场。这显示疫情对线下文化产业的负面影响在全年内逐步减小，结合目前疫情防控进展，这一缩减态势将得到延续。

（二）收入预期不稳将制约文化产业的复苏进程

疫情是严峻的，但疫情总会得到控制。文化产业中的线下部分都需要以

① 数据来源于猫眼。

人群聚集为基础，疫情一旦得到控制，消费场景就会逐步正常化，文化产业也会修复其发展能力。在疫情的控制过程中，面临较大困难的依然是中小文化企业以及在文化产业中提供服务的个人，一个季度甚至两个季度的经营困难对于大企业来说可以有相对多的缓冲手段，但对于中小企业以及个人，短期的经营困难就会造成现金流紧张以及生存危机。得益于2020年全面有效的帮扶及税费减免政策，众多中小企业和个体户并未在一季度的行业冻结期倒闭关停。这一持续经营的前提使得文化产业在一季度疫情得到控制后，开始逐步复苏。

但在消费场景逐步正常化的前提下，文化产业、尤其是线下文化休闲服务的复苏进程仍会受到居民收入预期不稳定的影响。2020年居民收入实际增速仅2.1%，较2019年下降3.7个百分点；消费支出实际同比增速-4%。而往前回溯，居民实际可支配收入已连续三年下降，实际消费支出增速也连续两年下降。并且，以居民消费支出与可支配收入的比值为消费率，可见消费率在近年也是逐年下滑的，从2016年的71.8%下降至2020年的65.9%，下降了5.9个百分点。

整体收入增速和消费率下降的同时，教育、文化和娱乐支出在居民消费中的占比也不如往年。2020年第一季度与上半年，教育、文化和娱乐支出在居民消费中的占比显著下滑至6.89%和6.83%，其后在2020年全年虽回升至9.58%，但仍较上年同期低了2.08个百分点（参见图4）。加之经济下行压力，居民收入预期不稳，文化消费需求受到一定程度的抑制，文化产业也会受到制约。

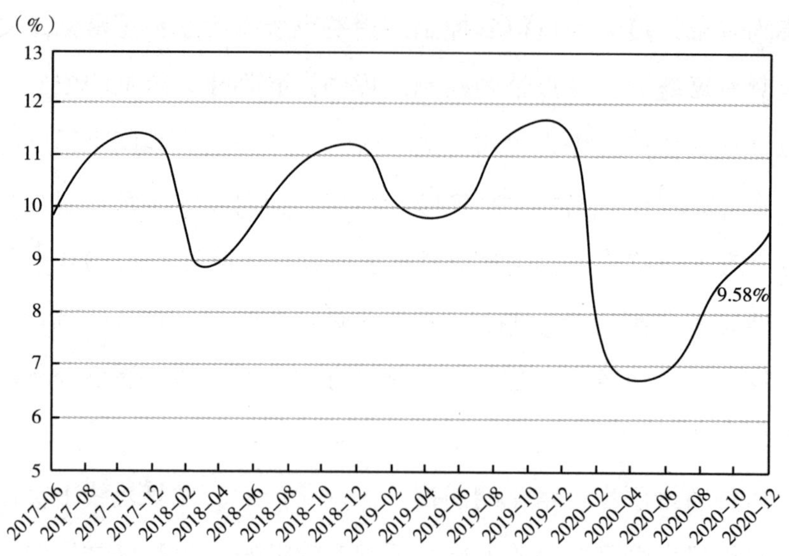

图4　全国居民人均消费支出中教育、文化和娱乐支出占比

数据来源：Wind数据库。

三、总结与政策建议

从文化企业营收数据看，文化产业整体规模增长虽受疫情影响出现较显著下滑，但相对其他产业仍保持着较强的活力。在文化产业内部，行业维度上，以内容创作为核心的企业规模增长快、受疫情影响小，但受消费场景制约的文化休闲服务相关行业经营出现较大幅度下滑；地域维度上，西部地区文化产业增速领先全国且持续性较强，但东北地区文化产业发展面临较大困难。新冠肺炎疫情对2020年文化产业的发展提出了现实的挑战。消费场景约束带来的负面影响将持续减小，但收入预期不稳将制约文化产业的复苏进程。下一步，为应对疫情冲击、促进文化产业持续发展，应做好以下工作。

首先，财政政策及时跟进。在支持相关企业发展的政策上，应适当延长电影业、旅游业以及文化产品制造相关企业的税费减免政策，持续缓解疫情冲击。在针对居民个人的政策上，一方面对于因疫情冲击而暂时性失去收入或失业的个人应给予妥善保障以托底；另一方面，应从提振消费出发，通过支持就业和完善社保体系稳定居民收入预期。

其次，加快科技与文化产业的融合步伐以提振文化制造业发展。文化制造业增长低迷的重要原因之一在于其在某些方面还未能通过技术革新满足更好的文化体验。以VR产业为例，从硬件设备来说，VR和3D一样，需要佩戴眼镜才能观看，但VR眼镜普遍比较笨重，会削弱消费者的文化消费体验。如果企业能够在不影响显示效果的前提下开发出非常轻便的VR眼镜，必将实现行业内的赶超。

再次，同步推进知识产权保护和文化市场机制健全工作，以继续支撑文化内容的优化。优质文化内容的创作者在知识产权受到严格保护的前提下才能心无旁骛地进行文化内容生产，国家应在知识产权保护的基础上培育和发展各类文化产品和要素市场，消除地区分割和行业壁垒，鼓励建设传输便捷、互联互通、城乡贯通、安全可控的文化传播体系，促进文化产品和人才、产权、技术、信息等文化生产要素合理流动。

最后，互联网条件下政府应平衡好监管与鼓励文化产业发展的关系。文化产业在传播中实现其主要价值，不规范的行业监管下文化产业存在风险，但过度的监管又会破坏创作、传播的自由进程，政府应平衡好监管与鼓励文化产业发展的关系，在协调中使文化产业健康持续发展。